短视频

策划、拍摄、制作与运营推广

从入门到精通

（AI加强版）

靖秋　谢雯婷 ◎ 著

内 容 提 要

本书从短视频的实际应用出发,主要讲解了短视频的策划、拍摄、后期制作与运营推广等方面的实操技能与技巧。同时,本书将当前热门的人工智能技术(AI)融入短视频内容策划、剪辑与制作、营销与推广等方面的应用与实战,以助力短视频创作者快速掌握短视频行业的前沿技术。

本书共分为11章,涵盖的内容有认识短视频、短视频的规划与布局、短视频定位与内容策划、短视频标题与脚本创作、短视频的**拍摄技法**、短视频制作要点与上传方法、使用Premiere编辑短视频、使用抖音拍摄、编辑与发布短视频、使用剪映App制作奇趣的短视频、高效推广短视频、短视频变现。

本书以实用技能为核心,以人工智能技术为亮点,全面翔实地将短视频的策划、拍摄、剪辑与制作、营销与推广等技能技巧融入实际工作中,实操性强。本书非常适合各类短视频创作者阅读,同时也适合从事新媒体传播实践工作的人员使用,也可作为本科院校及高职高专院校市场营销类、企业管理类、商业贸易类、电子商务类专业的新媒体类课程的教学用书。

图书在版编目(CIP)数据

短视频策划、拍摄、制作与运营推广从入门到精通:AI加强版 / 靖秋,谢雯婷著. —— 北京:北京大学出版社,2025.3. —— ISBN 978-7-301-35830-6

Ⅰ. F713.365.2;TN948.4

中国国家版本馆CIP数据核字第202558FV79号

书　　　名	短视频策划、拍摄、制作与运营推广从入门到精通(AI加强版) DUANSHIPIN CEHUA、PAISHE、ZHIZUO YU YUNYING TUIGUANG CONG RUMEN DAO JINGTONG(AI JIAQIANG BAN)
著作责任者	靖　秋　谢雯婷　著
责任编辑	杨　爽　蒲玉茜
标准书号	ISBN 978-7-301-35830-6
出版发行	北京大学出版社
地　　　址	北京市海淀区成府路205号　100871
网　　　址	http://www.pup.cn　新浪微博:@北京大学出版社
电子邮箱	编辑部 pup7@pup.cn　总编室 zpup@pup.cn
电　　　话	邮购部 010-62752015　发行部 010-62750672　编辑部 010-62570390
印　刷　者	北京鑫海金澳胶印有限公司
经　销　者	新华书店
	720毫米×1020毫米　16开本　20.5印张　355千字
	2025年3月第1版　2025年3月第1次印刷
印　　　数	1-4000册
定　　　价	79.00元

未经许可,不得以任何方式复制或抄袭本书之部分或全部内容。
版权所有,侵权必究
举报电话:010-62752024　电子邮箱:fd@pup.cn
图书如有印装质量问题,请与出版部联系。电话:010-62756370

前　言

在数字化浪潮的推动下，短视频已经成为传播信息、表达自我、创造价值的重要载体。其快速、直观、生动的特性，让其在社交媒体、广告营销、娱乐休闲等多个领域展现出巨大潜力。然而，随着短视频行业的蓬勃发展，如何有效地策划、拍摄、制作与运营短视频，成为许多创作者和从业者面临的挑战。

随着人工智能技术的不断进步，AI在短视频制作中的应用为行业带来了革命性的变化。AI技术的应用不仅提升了短视频制作的效率，还增加了创意表达的可能性。为了帮助短视频创作者和从业者把握这一趋势，本书应运而生，旨在提供一本全面、实用、前沿的参考指南。

本书内容丰富，全书共分为十一章，每一章都围绕短视频的关键环节进行深入剖析。从短视频的策划、拍摄、后期制作到运营推广，全书系统地介绍了短视频制作的全过程。特别地，本书结合了当前热门的人工智能技术，将AI融入短视频的策划、剪辑与制作、营销与推广等各个环节，帮助读者快速掌握短视频行业的前沿技术，提升创作效率和推广效果。

本书注重实用性和前沿性，以实用技能为核心，以人工智能技术为亮点，将短视频的策划、拍摄、剪辑与制作、营销与推广等技能技巧融入实际工作中。书中不仅提供了清晰的讲解思路，还包含大量的实操技巧和案例分析，确保读者能够在学习后迅速上手，将所学知识应用于实际工作中。

无论你是短视频创作的初学者，还是有一定经验的从业者，或是对短视频制作感兴趣的新媒体直播电商从业者，本书都能为你提供宝贵的参考和启示。本书同样适合作为高等院校相关专业学生的学习资料，帮助学生系统地了解短视频行业，掌握AI短视频制作的核心技能。

在这个短视频盛行的时代，我们希望通过这本书，能够激发更多人的创作热情，提升短视频的创作质量和推广效果，共同推动短视频行业的发展和繁荣。愿每一位读者都能从本书中受益，成为短视频领域的佼佼者。

> **温馨提示**
>
> 本书附赠资源已上传至百度网盘，供读者下载。请读者关注封底"博雅读书社"微信公众号，找到"资源下载"栏目，输入本书77页的资源下载码，根据提示获取。

本书由四川传媒学院的靖秋与谢雯婷老师编写。靖秋负责编写第1章至第7章，谢雯婷负责编写第8章至第11章。

由于编者能力有限，成书时间仓促，书中若有错漏之处，还望读者谅解并不吝指正。

目 录

01 第 1 章 认识短视频

1.1 短视频概述 // 2
    1.1.1 什么是短视频 // 2
    1.1.2 短视频的类型 // 3
1.2 短视频的商业价值 // 4
1.3 短视频行业不可触碰的"雷区" // 6
1.4 秘技一点通 // 6
1.5 实战训练 // 9

02 第 2 章 短视频的规划与布局

2.1 了解不同短视频平台的特点与流量特征 // 11
    2.1.1 抖音 // 12
    2.1.2 快手 // 13
    2.1.3 微信视频号 // 15
    2.1.4 小红书 // 16
    2.1.5 B站（哔哩哔哩bilibili） // 18
2.2 熟悉短视频平台的流量推荐机制 // 20
2.3 选择短视频平台的4个关键因素 // 21
2.4 短视频营销账号矩阵布局 // 24
2.5 多平台短视频营销中的定位配合与引流策略 // 28
2.6 秘技一点通 // 29
2.7 实战训练 // 32

第 3 章 短视频定位与内容策划

3.1 短视频的定位原则 // 34
    3.1.1 做什么：内容定位 // 34
    3.1.2 给谁看：观众定位 // 36
    3.1.3 留下什么印象：标签定位 // 37
    3.1.4 AI助力：使用文心一言为短视频定位 // 37

3.2 短视频的账号创建 // 39
    3.2.1 确定与分析对标账号 // 39
    3.2.2 注册一个短视频账号 // 41
    3.2.3 完善短视频账号信息 // 42
    3.2.4 AI助力：使用文心一言编写短视频账号信息 // 43

3.3 短视频内容策划的基本步骤 // 44
    3.3.1 确定目标受众 // 45
    3.3.2 确定内容主题 // 46
    3.3.3 创意设计 // 47
    3.3.4 制订拍摄计划 // 48
    3.3.5 拍摄视频素材 // 49
    3.3.6 剪辑和编辑视频 // 50
    3.3.7 发布推广 // 51
    3.3.8 数据分析与优化 // 52

3.4 策划短视频选题的法则 // 54
    3.4.1 八大法则 // 54
    3.4.2 AI助力：使用文心一言助力爆款短视频选题策划 // 59

3.5 轻松策划各类常见短视频 // 60
    3.5.1 策划技能技巧展示类短视频 // 61
    3.5.2 策划评论类短视频 // 61
    3.5.3 策划知识教学类短视频 // 62
    3.5.4 策划幽默搞笑类短视频 // 63
    3.5.5 策划剧情类短视频 // 64
    3.5.6 策划产品展示类短视频 // 64
    3.5.7 策划品牌推广类短视频 // 65

3.5.8 AI助力：使用文心一言生成短视频内容策划文案 // 66
3.6 秘技一点通 // 67
3.7 实战训练 // 69

第 4 章
短视频标题与脚本创作

4.1 短视频标题的特点与创作技巧 // 71
    4.1.1 短视频标题的特点 // 71
    4.1.2 短视频标题的创作方法 // 77
    4.1.3 短视频标题的6个创意技巧 // 78
    4.1.4 爆款短视频标题示例分析 // 81
    4.1.5 AI助力：使用文心一言生成爆款短视频标题 // 83
4.2 短视频脚本编写的方法 // 84
    4.2.1 短视频脚本的概念、作用与类型 // 84
    4.2.2 短视频脚本的结构与写作要点 // 88
    4.2.3 编写短视频脚本的注意事项与"万能公式" // 90
4.3 短视频脚本策划要点 // 91
    4.3.1 从产品维度策划脚本 // 92
    4.3.2 从粉丝维度策划脚本 // 93
    4.3.3 从营销策略维度策划脚本 // 94
    4.3.4 AI助力：使用文心一言生成短视频分镜头脚本 // 95
4.4 秘技一点通 // 97
4.5 实战训练 // 101

第 5 章
短视频的拍摄技法

5.1 熟悉短视频拍摄工具 // 103
    5.1.1 4种常见拍摄工具 // 103
    5.1.2 4种常见辅助工具 // 107
5.2 短视频常用的拍摄技法 // 109
    5.2.1 镜头语言：引导观众的思维 // 109

5.2.2 运镜：用镜头的移动表现视角运动 // 111
5.2.3 转场：两个场景之间的切换效果 // 114
5.2.4 走位：演员在拍摄时的移动路线 // 117

5.3 短视频常用的布光技法 // 117
5.3.1 光源：类型不同，效果各异 // 117
5.3.2 光位：7种方向，7种效果 // 118
5.3.3 光质：聚散软硬，灵活运用 // 120
5.3.4 室内人物视频布光技巧 // 121
5.3.5 室外视频拍摄布光技巧 // 121

5.4 短视频常用的5种构图技法 // 122

5.5 四大短视频主题拍摄要点详解 // 125
5.5.1 产品营销类视频的拍摄原则 // 125
5.5.2 美食类视频的拍摄原则 // 130
5.5.3 生活记录类视频的拍摄原则 // 132
5.5.4 知识技能类视频的拍摄原则 // 135

5.6 秘技一点通 // 139

5.7 实战训练 // 142

第6章
短视频制作要点与上传方法

6.1 短视频的制作规范 // 144

6.2 短视频制作步骤 // 145
6.2.1 整理原始素材 // 145
6.2.2 素材剪辑及检验 // 147
6.2.3 添加声音、字幕、特效 // 148
6.2.4 输出符合要求的短视频 // 148

6.3 短视频制作注意事项 // 149

6.4 发布短视频 // 151
6.4.1 选择最适合的上传平台 // 152
6.4.2 短视频的发布技巧 // 153
6.4.3 短视频的上传方法 // 153

6.5 秘技一点通 // 158

6.6 实战训练 // 160

第 7 章
使用 Premiere 编辑短视频

7.1 用 Premiere 制作精彩的短视频 // 162

    7.1.1 新建项目并导入素材 // 162

    7.1.2 素材的剪切与拼接 // 165

    7.1.3 为片段添加转场效果 // 169

    7.1.4 添加音乐、音效与配音 // 171

    7.1.5 添加字幕并调整字幕时间线 // 179

    7.1.6 使用"超级键"抠图更换视频背景 // 182

    7.1.7 制作视频变速特效 // 186

    7.1.8 为音频降噪,提高音质 // 188

    7.1.9 制作画中画特效 // 190

    7.1.10 制作视频倒放特效 // 192

7.2 案例:制作高点赞的短视频 // 194

    7.2.1 精准、精练的字幕 // 195

    7.2.2 放大的视频细节 // 196

    7.2.3 无声胜有声的配乐 // 198

7.3 AI 助力:使用 Premiere 的"场景编辑检测"功能对素材进行自动检测与剪辑 // 199

7.4 AI 助力:使用 Premiere 的"场景编辑检测"功能合成剪辑片段 // 201

7.5 AI 助力:使用 Premiere 的"自动"功能完成画面调色 // 203

7.6 AI 助力:使用 Premiere 的"语音识别"功能自动生成字幕 // 206

7.7 秘技一点通 // 208

7.8 实战训练 // 213

第 8 章
使用抖音拍摄、编辑与发布短视频

8.1 了解抖音 App 的功能界面 // 215

8.2　抖音常用拍摄技巧 // 219
　　8.2.1　设置滤镜与道具并进行拍摄 // 219
　　8.2.2　视频分段拍摄与合成 // 221
　　8.2.3　调整拍摄速度让视频更加有趣 // 222
　　8.2.4　制作合拍视频 // 223
　　8.2.5　AI助力：使用抖音"AI效果"一键生成数字分身 // 224
8.3　抖音常用编辑技巧 // 226
　　8.3.1　为视频添加背景音乐 // 226
　　8.3.2　为拍摄好的视频添加贴纸与特效 // 227
8.4　将短视频发布到抖音平台 // 229
8.5　设置好看的视频封面 // 230
8.6　AI助力：使用抖音的"AI创作"功能快速生成视频封面 // 231
8.7　秘技一点通 // 232
8.8　实战训练 // 233

第9章　使用剪映App制作奇趣的短视频

9.1　了解剪映App的功能界面 // 235
9.2　智能抠像，轻松抠出视频中的人物 // 236
9.3　音乐踩点，制作有节奏感的卡点短视频 // 237
9.4　打字效果，展示动态录入特效 // 239
9.5　分屏功能，展示多画面效果 // 240
9.6　识别歌词，提取音频歌词内容 // 242
9.7　色度抠图，快速除去背景 // 243
9.8　AI助力：使用剪映的"图文成片"功能生成短视频 // 245
9.9　AI助力：使用剪映的"一键成片"功能生成Vlog片头 // 246
9.10　AI助力：使用剪映的"模板"功能生成短视频 // 248
9.11　秘技一点通 // 251
9.12　实战训练 // 256

第10章 高效推广短视频

10.1 设计吸引粉丝的短视频名片 // 258
    10.1.1 什么是短视频的名片 // 258
    10.1.2 起一个好听好记的昵称 // 258
    10.1.3 上传符合定位的头像 // 260
    10.1.4 撰写吸引目光的视频标题 // 263
    10.1.5 策划方便推广视频的分类标签 // 268
    10.1.6 撰写引发兴趣的简介 // 269
    10.1.7 编辑让人忍不住点击的封面 // 271

10.2 短视频发布也有讲究 // 272
    10.2.1 用"@"功能提醒粉丝观看 // 272
    10.2.2 选择高效的发布时间段 // 273
    10.2.3 发布规律要明确 // 274

10.3 提升视频权重与账号权重 // 274
    10.3.1 平台流量池及推荐核心算法 // 274
    10.3.2 什么是新作品流量触顶机制 // 276
    10.3.3 视频权重与账号权重的作用 // 277
    10.3.4 权重与播放量是何关系 // 277
    10.3.5 如何根据基础数据测算权重 // 278
    10.3.6 提高权重的六大妙招 // 279
    10.3.7 被平台降权后的补救方法 // 279
    10.3.8 提高点赞量的4个方法 // 280
    10.3.9 提高评论比的4个方法 // 283
    10.3.10 提高播放量和互动量的九大关键环节 // 285

10.4 用DOU+工具将短视频推上热榜 // 287
    10.4.1 抖音平台的推荐和分发的原理是什么 // 287
    10.4.2 新账号怎样投DOU+ // 289
    10.4.3 什么样的场景最适合投DOU+ // 290
    10.4.4 分析DOU+热门的核心逻辑 // 291
    10.4.5 DOU+投放技巧与常见问题 // 292

10.5 短视频播放与推广效果数据分析 // 293

10.5.1　不可不知的衡量指标 // 293

10.5.2　一定要重视初始推荐量 // 294

10.5.3　同期发布的多个短视频数据差距较大之解惑 // 294

10.5.4　分析相近题材短视频的数据 // 294

10.5.5　分析他人的爆款短视频数据 // 295

10.5.6　根据成绩差距来改进工作 // 295

10.6　其他推广方法 // 296

10.6.1　合作推广 // 296

10.6.2　线下活动推广 // 298

10.6.3　AI助力：使用文心一言快速生成线下活动推广策划案 // 299

10.6.4　社交媒体推广 // 301

10.6.5　AI助力：使用文心一言快速生成微博推广文案 // 302

10.6.6　AI助力：使用文心一言快速生成知乎推广文案 // 303

10.6.7　付费推广 // 303

10.7　秘技一点通 // 304

10.8　实战训练 // 306

第 11 章　短视频变现

11.1　渠道分成 // 308

11.2　广告合作 // 308

11.3　粉丝变现 // 309

11.4　电商变现 // 311

11.5　IP形象打造 // 312

11.6　知识付费 // 312

11.7　其他变现方式 // 314

11.8　秘技一点通 // 314

11.9　实战训练 // 316

01 Chapter 认识短视频

▶ **本章导读**

5G时代已经悄然拉开序幕，短视频正在占据越来越多的传播渠道，成为信息呈现的主流方式。于是，各类短视频平台如雨后春笋般快速成长，抢占流量的财富风口。各类互联网企业、自媒体达人都瞄准机会，纷纷涌入短视频行业，分享短视频的市场红利。

为了帮助即将进入短视频行业的读者朋友快速认识短视频，本章主要介绍短视频的概念，让读者了解短视频的特点、类型和商业价值，以及该领域不可触碰的"雷区"。

▶ **本章要点**

- ★ 了解短视频的概念
- ★ 了解短视频的类型
- ★ 了解短视频的商业价值
- ★ 了解短视频不可触碰的"雷区"

1.1 短视频概述

今天，短视频已然成为新一代的互联网风口。作为一种新兴的娱乐方式，短视频不受时间、地点的限制，在短时间内拥有了大量全年龄段用户，创造了极其可观的利润。本节将讲述什么是短视频，短视频的类型，总结短视频的商业价值，梳理短视频行业不可触碰的"雷区"。通过以上要点，让仍在短视频行业外观望的创业者，了解短视频的独特魅力，明白为什么要做短视频。

1.1.1 什么是短视频

短视频，顾名思义就是时长较短的视频。从一定程度上来说，时长的缩短的确是短视频相较于在线视频的最大特点，但时下人们所接触到的短视频，更具有区别于传统长视频的鲜明特色，具体如下。

- 短小精悍，内容有趣。短视频的时长一般在15秒到1分钟之间，比传统长视频体量更小。同时，相对于文字图片来说，视频能够带给用户更好的视觉体验，在表达时也更加生动形象。因为时间有限，短视频展示出来的内容往往更加精练和吸引人，符合用户碎片化的视听习惯，降低人们观看短视频的时间成本。

- 互动性强，社交黏度高。观众可以在短视频App中对视频进行点赞、评论，或是在自己的好友圈内进行转发，还可以给播主发送私信，播主也可以对评论、私信进行回复。这加强了用户与用户，以及用户与播主之间的互动，增加了社交黏性。

- 具有"草根"性。短视频的兴起，让许多"草根"出身的短视频创作者火了起来。和传统媒介相比，短视频的门槛更低，运营团队可根据市场的走向和最近火爆的元素或话题来灵活安排创作内容，如在抖音上热度不减的"李子柒""papi酱"等，都是"草根"明星的代表。

- 娱乐性强。许多以创意类轻喜剧为主要内容的账号，如"陈翔六点半"，其创作内容能在业余时间为用户带来轻松与幽默，缓解了上班族的压力，收获了大量的粉丝。

- 剪辑手法充满创意。短视频常常运用充满个性和创意的剪辑手法，如运用比较动感的转场和节奏，或是加入解说、评论等，将用户带入播主的节奏中，让人欲罢不能。

短视频与长视频的区别

短视频和长视频在时间长度、内容形式、传播方式等方面存在明显的区别。短视频更注重内容的精简和创意的突出，更适合在社交平台上进行分享传播；而长视频则更注重深度和广度，需要更完整、系统地呈现内容，更适合在专门的视频平台上进行观看和分享。

1.1.2 短视频的类型

在短视频发展如火如荼的今天，运营者想要创作出高人气的短视频内容，就需要先了解目前深受观众喜爱的短视频内容有哪些，再针对性地进行内容策划。现如今，最受观众喜爱的短视频类型有6种，如表1-1所示。

表1-1 观众喜爱的六大短视频类型

类型	特点	典型案例（抖音账号）
才艺展示类	主要展示各种才艺，如唱歌、跳舞、绘画、乐器演奏等。它们通常以精彩的表演和独特的创意吸引观众，让观众感受到艺术的魅力和无限可能。这类视频的特点是富有创意和观赏性，能够激发观众的欣赏和赞美之情	"小三金"
生活分享类	主要分享生活点滴，如美食制作、旅行记录、家居装修、日常琐事等。它们通常以第一人称的视角展现，让观众感受到亲切和真实。这类视频的特点是轻松、有趣，能够激发观众对生活的热爱和向往	"安秋金"
搞笑娱乐类	主要以幽默、搞笑的内容为主，如搞笑短片、恶搞视频、搞笑配音等。它们通常以轻松幽默的方式呈现，让观众在欢笑中释放压力，获得愉悦感。这类视频的特点是趣味性强、娱乐性好，能够吸引大量观众观看和分享	"陈翔六点半"
知识科普类	主要传递各种知识和信息，如科学原理、历史文化、生活常识等。它们通常以简洁明了的方式呈现，让观众在轻松愉快的氛围中获取知识。这类视频的特点是实用、有深度，能够提升观众的知识水平和认知能力	"模型师老原儿"

续表

类型	特点	典型案例（抖音账号）
情景短剧类	通常展现一个完整的故事，故事中有俊男靓女作为主演，而故事脚本一般由创作团队创作，或直接收集粉丝投稿进行润色	"温暖一家"
创意剪辑类	这类短视频在抖音等平台上往往能够获得较高的点赞和分享量，因为它们通过独特的剪辑手法和创新的思维，给观众带来新颖、有趣和有艺术感的视觉体验	"毒舌电影"

1.2 短视频的商业价值

短视频能在短短几年内火爆发展，除了其自身具有超强的感染力外，也具有其他自媒体无法比拟的商业价值。

1. 广告投放与品牌宣传

短视频平台为企业提供了广告投放的渠道。由于短视频具有用户观看量大、广告投放精准、互动性强等特点，品牌广告、促销活动广告等多种形式的广告投放服务得以在短视频平台上实现。此外，短视频可以通过创意剪辑、特效处理等方式，使广告内容更加生动有趣，提高广告的点击率和转化率。

案例：某知名化妆品品牌在抖音上投放了一支短视频广告，通过创意剪辑和特效处理，展示了产品的独特魅力和使用方法。这支广告不仅吸引了大量用户的关注和点赞，还提高了产品的知名度和购买率。

2. 形成社群与增强用户黏性

短视频平台可以为企业和用户之间建立联系，形成一个社群。企业可以通过发布优质内容来吸引用户，与用户进行互动，增强用户黏性，提高品牌忠诚度。这种社群效应不仅有助于品牌形象的塑造，还可以为后续的营销活动提供稳定的用户基础。

案例：某服装品牌在抖音上开设了一个官方账号，定期发布时尚穿搭、新品推荐等内容。通过与用户的互动和评论回复，该品牌成功吸引了大量忠实粉丝，形成了一个活跃的社群。这些粉丝不仅经常购买该品牌的产品，还积极分享和传播该品牌的内容。

3. 推广产品与提高营销效果

短视频可以通过展示产品特点、使用方法、效果等多种形式来推广产品。通过生动形象的展示，企业可以提高用户的购买欲望，实现更好的营销效果。此外，短视频还可以与其他营销手段相结合，如优惠券、限时折扣等，进一步提高营销效果。

案例：某家电品牌在抖音上发布了一条短视频，展示了其新款智能家电产品的功能和优势。通过生动的演示和实用的场景展示，该视频成功吸引了用户的关注和兴趣，提高了产品的购买率。此外，该品牌还结合抖音的电商功能，实现了线上销售和转化。

4. 品牌传播与提高品牌影响力

短视频可以通过有趣、独特、有内容的形式来传播品牌，吸引更多的目标用户。通过短视频，企业可以打造自己的品牌形象，提高品牌影响力。同时，短视频的分享和转发功能也有助于品牌信息的传播，提高品牌的知名度。

案例：某饮料品牌通过抖音平台发布了一系列有趣的短视频，展示了品牌年轻、活力、创新的形象。这些视频内容不仅吸引了大量用户的观看和分享，还提高了该品牌在年轻人群中的知名度和影响力。

5. 电商衍生与提高交易额

短视频平台上不乏各种各样的商品推介和购买链接，由此带来的交易额也体现了其商业价值。通过短视频展示产品特点和优势，可以引导用户进行购买，提高交易额。此外，短视频还可以与电商平台相结合，实现线上线下的联动营销，进一步提高交易额。

案例：某知名电商平台在抖音上开设了一个官方账号，定期发布各类商品的短视频推介和购买链接。通过生动展示商品特点和优势，该账号成功吸引了大量用户的关注和购买。这些用户不仅可以直接在抖音上进行购买，还可以通过分享和转发的方式扩大商品的曝光度和销售量。

综上所述，短视频的商业价值主要体现在广告投放与品牌宣传、形成社群与增强用户黏性、推广产品与提高营销效果、品牌传播与提高品牌影响力及电商衍生与提高交易额等方面。随着短视频技术的不断发展和应用场景的扩大，短视频的商业价值还将得到进一步挖掘和发挥。

1.3 短视频行业不可触碰的"雷区"

短视频行业的"雷区"主要包括侵犯他人版权、发布违法违规内容、恶意炒作和虚假宣传等。这些行为不仅违反法律法规，也损害用户权益和平台声誉，因此在短视频创作中应严格避免触碰这些"雷区"。

1. 道德雷区

短视频行业的风气是在发展过程中不断被净化的。在其萌芽阶段，也曾出现过部分猎奇与"边缘化"的短视频。目前，由于各短视频平台的审核机制不断完善，这类视频已经无法通过严格的审核。新加入行业的运营者也要坚守道德底线，做到不发布涉及他人隐私的视频，不发布含有虚假消息，特别是含有未经验证的虚假病理知识或治病偏方等内容的视频。

2. 法律雷区

短视频作为一种营利手段，受到法律法规的限制。个人或企业进行内容策划、拍摄时，都需要遵循相关的法律法规，千万不能触碰法律的红线。

特别是对于刚进入短视频行业的新手来说，某些行为即使看起来并非"大凶大恶"，也可能是触犯国家法律法规的。例如，在视频中恶搞人民币、国歌、国旗，或是穿警服、军装拍摄视频等。平台审核通不过事小，因为无知而触碰了法律红线并承担相应的后果事大。

3. 平台雷区

除了不能触碰道德与法律的底线，平台的规则也是不能违反的。短视频运营团队如果违反平台规则，可能导致视频权重降低或是被封号等严重后果。不同平台的具体规则不尽相同，但是大致上都包括"不能营销、出现硬广和LOGO""不能盗用他人的短视频或含有水印"等。短视频创作者要坚持原创，输出高质量的视频内容。

1.4 秘技一点通

1. 三大内容禁区

短视频并非法外之地，部分创作者可能由于法律意识薄弱，或出于猎奇心态，发布一些"看上去好像不违法"的作品。那么，不仅该账号会遭到封号处理，短视频制作人员也需要负相关法律责任。短视频创作团队坚决不能触碰的内容有以下三种。

（1）黄、赌、毒与血腥暴力。与黄、赌、毒，以及血腥暴力有关的内容是绝对不能发布的。如果视频中出现此类内容，那么短视频创作团队不仅违反了平台的规定，还违背了国家法律。其中，播主要特别注意，短视频中不能出现危险武器，也不要做出危险动作，或是伤害自己和他人的行为。

（2）封建迷信。在图文领域十分火爆的星座、算命、手相、面相等内容，在短视频平台并不能随意发布。虽然星座与取名这方面的内容在短视频平台有一定播放量，但面相、手相之类，短视频创作团队就需要谨慎发布了，因为发布这类内容有被判定为封建迷信的风险。

（3）药品、保健品。在短视频平台买东西是大多数人都有的经历，但短视频播主推荐的商品大多是服装、食品、日用品等，不会出现药品与保健品等。例如，抖音明确规定："禁止分享包括但不限于违法违规商品、药品、保健品等。"

2. 免费素材平台——让灵感源源不断

持续不断地输出优质、不重复的垂直领域内容，是短视频创作团队在确定账号发展的领域后，需要解决的重要问题之一。优质的素材内容一部分来源于短视频创作团队中专业人员自身的知识储备，另一部分则可以在互联网找寻合适的内容并进行加工。较为优质的网络素材平台包括百度经验、搜狐、今日头条、小红书等。百度经验可以为技能、知识类账号提供较多的素材，而小红书可以为美妆类账号提供灵感。百度经验中的分类如图1-1所示。

图1-1 百度经验内容分类

进入百度经验的首页可以看到，搜索框下方的菜单栏中有"分类"菜单选项。点击后会显示具体的分类，这些分类包括"美食/营养""职场/理财""时尚/美容"等。视频创作团队可以在与自身账号领域相匹配的分类中，寻找观众感兴趣的内容素材进行加工。

3. 把握短视频的"黄金时长"

短视频虽"短",但目前对于短视频的时长并没有一个固定的规范。在无具体规定的情况下,有经验的短视频创作团队并不会拼命追求短视频的"长度",而是想尽办法保证视频的完播率,即保证所有刷到视频的观众将这个视频看到最后。

要保证完播率,除了需要在视频开头几秒内抓住粉丝的眼球,同时也建议短视频创作团队将时长控制在短视频的"黄金时长"——30秒以内。超过30秒容易让疲惫、注意力不集中的观众丧失观看的耐心。另外,除非视频内容质量过硬,或是本身为剧情类短视频,可以用剧情的跌宕起伏来把控住观众的好奇心,否则视频的时长尽量不要超过1分钟。

4. 弄清短视频与直播的关系

短视频与直播作为两种不同的内容传播形式,在多个层面都呈现出相辅相成的关系。

(1)短视频对直播的补充与预热。

短视频具有时长短、内容精练的特点,这使其在吸引观众注意力和快速传达信息方面具有天然优势。因此,短视频常常被用作直播的预热工具。在直播开始前,创作者或品牌方可以制作一系列与直播内容相关的短视频,通过社交平台进行传播。这些短视频可以展示直播的亮点、预告精彩内容,或者分享与直播主题相关的有趣故事,从而激发观众的兴趣和期待。

此外,短视频还可以作为直播的补充内容。在直播结束后,创作者可以截取直播中的精彩片段,制作成短视频进行二次传播。这样不仅可以延续直播的热度,还可以为那些错过直播的观众提供观看的机会。

(2)直播对短视频的延伸与拓展。

直播以其实时性、互动性和沉浸式的体验,为观众提供了更加深入、全面的内容。对于短视频而言,直播是一个很好的延伸和拓展平台。通过直播,创作者可以与观众进行实时互动,解答观众的问题,分享更多的信息和观点。这种互动不仅可以增强观众对创作者的信任感和归属感,还可以为短视频的创作提供更多灵感和素材。

同时,直播也可以作为短视频的推广渠道。在直播过程中,创作者可以引导观众关注其短视频账号,或者分享短视频的链接,从而吸引更多的观众关注和观看短视频。

（3）内容创作与用户体验的共融。

无论是短视频还是直播，都需要内容创作者精心策划和制作高质量的内容。短视频需要注重画面美感、剪辑技巧和音效搭配，以在有限的时间内传达出最大的信息量；而直播则需要注重内容的连贯性、互动性和实时性，以吸引观众的持续关注和参与。

在用户体验方面，短视频和直播都需要关注视频质量、播放速度、互动体验等方面。优质的视频质量和流畅的播放速度是吸引观众的基本要素；而丰富的互动体验则可以让观众更加沉浸其中，提升观看的满意度和忠诚度。

（4）营销推广的协同作用。

短视频和直播在营销推广方面也具有协同作用。通过短视频的广泛传播和直播的实时互动，品牌方可以更好地推广产品和服务，吸引潜在客户的关注。同时，创作者也可以通过短视频和直播的联动，实现粉丝的转化和变现，提升个人的商业价值。

综上所述，短视频与直播在多个层面都呈现出相辅相成的关系。它们各自具有独特的优势和特点，可以在不同的场景下发挥各自的作用。同时，它们也在内容创作、用户体验和营销推广等方面实现了共融和协同作用，为创作者和品牌方提供了更加多元化和高效的传播方式。

1.5　实战训练

（1）列举6个抖音平台粉丝量较多的账号，要求涵盖才艺展示类账号、生活分享类账号、搞笑娱乐类账号、知识科普类账号、情景短剧类账号、创意剪辑类账号。

（2）分析快手平台的雷区有哪些。

02 Chapter 短视频的规划与布局

▶ 本章导读

无论是个人还是创作团队，要想做好短视频，首先得有一个整体的规划与布局。短视频账号的规划与布局也是短视频运营工作的重要内容。如果将运营账号比作大海中的一艘巨轮，那么提前规划布局就是在为这艘巨轮制定合适的航线。选择哪个平台进行运营，运用何种方式进行推广，是否建立矩阵等，都是短视频创作者或创作团队首先应当着重思考的问题。

为了帮助读者更好地选择适合自身账号发展的平台，本章介绍了目前较受欢迎的五个主流短视频平台的特点与流量特征、选择短视频平台的四大要素，以及入驻平台后如何布局短视频营销矩阵，包括创建营销账号矩阵和多平台营销自媒体矩阵的方法与技巧。

▶ 本章要点

★ 了解不同短视频平台的特点与流量特征
★ 熟悉短视频平台的流量推荐机制
★ 掌握选择平台的四个关键因素
★ 熟悉常见短视频矩阵模式
★ 熟悉多平台短视频营销中的定位配合与引流策略

第 2 章　短视频的规划与布局

2.1　了解不同短视频平台的特点与流量特征

不同短视频平台的侧重点与生态环境不尽相同，运营者需要提前了解不同短视频平台在市场上的占有率、主要用户群体和生态环境等，并与自身情况结合进行分析，谨慎迈出第一步。

在我国，首个踏入短视频这片蓝海的，要数2014年5月上线的"美拍"，它的口号是"10秒也能拍大片"，将短视频这一概念推向了普罗大众。同年9月，微信6.0带着新增的短视频功能面世，短视频的影响进一步扩大。次年，主要面向女性群体的小红唇App正式推出，UGC时代的序幕缓缓拉开。

UGC是什么？

UGC，全称为"User Generated Content"，即用户原创内容。这一概念最早起源于互联网领域，主要指用户将自己原创的内容通过互联网平台进行展示或提供给其他用户。它并不是某一种具体的业务，而是一种用户使用互联网的新方式，即由原来的以下载为主变成下载和上传并重。

随着Web2.0概念的兴起，UGC成为互联网内容创作与组织模式中的一种新兴方式。它的发布平台包括微博、博客、视频分享网站、维基、在线问答、社交网站（SNS）等社会化媒体。这种模式的特点是用户不仅是互联网内容的浏览者，更是创作者和供应者。它能够调动用户的积极性，让他们参与到内容创作中来，推动了互联网内容的多样化和丰富化。

今天，短视频领域形成了以抖音、快手为霸主，其他短视频App各有千秋的局面。这些短视频App十分相似，却又拥有不同的特色。想要寻找最适合自身发展的平台，短视频创作团队不仅要从整体上把握当今时代短视频领域的共性，还需要了解不同App的特点。

2.1.1 抖音

抖音是由北京抖音信息服务有限公司在2016年9月上线的一款音乐创意短视频社交软件。抖音平台是一个以短视频为核心内容的社交平台，以其独特的创意特效、个性化推荐算法和高度互动的用户体验吸引了全球亿万用户。它以娱乐化、碎片化的内容形式满足了现代人的快节奏生活需求，让人们在短暂的时间内轻松享受视听盛宴，并有机会展示自己的创意和才华。

抖音页面十分简洁，用户打开App后，就能在首页直接浏览抖音推荐的短视频。用户需要在特定位置对短视频进行搜索，否则无法按照其他方式浏览短视频。同时，抖音也没有明显的"播放"与"暂停"按钮，对于正在播放的短视频来说，点击屏幕，就能实现暂停，如图2-1所示。

图2-1 抖音App主页的播放与暂停状态

1. 平台特点

抖音不仅是一个观看视频的平台，更是一个创作、分享和交流的社区，用户在这里可以发现、参与并创造各种热门话题和有趣内容，与其他用户形成紧密的社交联系。简言之，抖音平台是一个集娱乐、创意和社交于一体的短视频分享平台，为人们带来了全新的内容消费和互动体验。

抖音平台具有以下特点。

- 短视频为主：抖音平台以短视频为主要内容形式，视频时长通常在15秒到1分钟之间，适合快节奏、碎片化的消费习惯。

- 高度娱乐化：抖音以娱乐内容为主，涵盖音乐、舞蹈、搞笑、美食、时尚等多个领域，满足用户轻松娱乐的需求。

- 个性化推荐：抖音采用先进的算法技术，根据用户的兴趣和行为习惯进行个性化内容推荐，提高用户黏性。

第 2 章 短视频的规划与布局

- 互动性强：抖音平台注重用户互动，用户可以通过点赞、评论、分享等方式与其他用户互动，形成活跃的社交氛围。
- 创作门槛低：抖音提供了丰富的创作工具和特效，使得用户即使没有专业的视频制作技能也能创作出有趣、有创意的短视频。
- 视频间的无缝衔接：在抖音中，视频与视频之间的切换，采取的是无缝衔接的模式，用户想要浏览下一条短视频，只需用手指向上轻轻一划。这种与"刷微博"类似的、没有"尽头"的浏览设置，很容易让用户沉迷其中，对抖音"上瘾"。

2. 流量特征

抖音平台的流量特征如下。

- 流量巨大：抖音作为全球知名的短视频平台，拥有庞大的用户群体和活跃的社交功能，每天产生大量的视频内容和用户互动数据。
- 时段性分布：抖音用户活跃时段主要集中在晚上和周末，这些时段的流量相对较高。
- 内容导向明显：抖音的流量分布受到内容质量和用户兴趣的影响，热门话题、优质内容和创意视频往往能够获得更多的曝光和流量。
- 用户黏性高：由于抖音平台具有高度的娱乐性和互动性，用户在使用过程中容易形成依赖和习惯，从而提高用户黏性。

总之，抖音平台以其短视频为主、高度娱乐化、个性化推荐等特点吸引了庞大的用户群体，形成了活跃的社交氛围。同时，其流量特征表现为流量巨大、时段性分布、内容导向明显和用户黏性高等。这些因素共同推动了抖音平台的快速发展和持续创新。

2.1.2 快手

快手是北京快手科技有限公司旗下的产品。快手的前身是一款叫"GIF 快手"的软件，诞生于 2011 年 3 月。该软件最初是用来制作、分享 GIF 图片的手机应用。

2012 年 11 月，快手从纯粹的工具应用转型为短视频社区，供用户记录和分享工作、生活。随着智能手机的普及和移动流量成本的下降，快手在 2015 年以后迎来快速发展。同时，快手也推出了全新的产品定位：着重记录被主流媒体忽视的普通人的生活。快手的页面设计与抖音大相径庭，是可供用户选择的"封面展示型"。用户可以通过短视频的封面自行选择视频进行浏览，如图 2-2 所示。

在图2-2中，左图为进入快手App后首页所示的内容。点击进入其中某段短视频后，短视频播放页面如右图所示。

1. 平台特点

快手平台具有以下特点。

- 广泛的用户基础与内容多样性：快手拥有庞大的用户群体，涵盖各个年龄段和地域的用户。平台上的内容种类繁多，从生活分享、才艺展示到娱乐八卦等，满足了不同用户的兴趣和需求。

图2-2 快手App主页

- 强社交属性：快手注重用户之间的互动和社交，用户可以通过点赞、评论、分享等方式与其他用户进行互动，形成活跃的社区氛围。这种社交属性使用户更容易产生黏性，从而增加平台的使用时长和活跃度。

- 重视地域文化：快手平台上有很多地域特色明显的内容，如方言、民间传统等。这种对地域文化的重视使快手在中小城市和农村地区具有较高的用户基础，形成了独特的竞争优势。

- 电商直播的兴起：近年来，快手在电商直播领域取得了显著进展。许多商家和个人通过快手平台开展直播带货活动，实现了商品销售和推广。这种电商直播模式不仅为商家提供了一个新的销售渠道，也为用户带来了更直观、更有趣的购物体验。

2. 流量特征

快手平台的流量特征如下。

- 流量来源多元化：快手的流量来源较为多元化，包括用户主动搜索、推荐算法推送、社交分享等多种方式。这种多元化的流量来源使快手的内容更容易被用户发现和传播。

- 用户黏性高：由于快手平台具有强社交属性和丰富多样的内容，用户在使用过程中容易产生黏性。许多用户会定期浏览和互动，形成了稳定的用户群体和活跃的社区氛围。

- 地域流量分布不均：由于快手用户主要集中在中小城市和农村地区，因此地域流量分布相对不均。一些地域特色明显的内容更容易在这些地区获得关注和传播。
- 时段性流量波动：与抖音等平台类似，快手的流量也存在时段性波动。晚上和周末等时间段是用户活跃度较高的时期，而白天则相对较低。

总之，快手平台以其广泛的用户基础、丰富的内容种类、强社交属性和电商直播的兴起等特点吸引了大量用户。同时，其流量特征表现为多元化来源、高用户黏性、地域分布不均和时段性波动等特点。

2.1.3 微信视频号

微信视频号是腾讯公司在2020年1月22日正式宣布开启内测的内容平台，旨在为用户提供一个新的内容记录与创作平台。视频号位于微信的"发现"页内，紧邻"朋友圈"入口下方，允许用户通过发布图片和视频等内容来进行创作和分享。这些内容包括但不限于不超过1分钟的视频及不超过9张的图片，并且可以附带文字和公众号文章链接。用户可以直接在手机上发布内容，无须使用PC端后台，并通过点赞、评论等方式进行互动，还可以将内容转发到朋友圈或聊天场景中与他人共享。

1．平台特点

微信视频号可以被视为一个集创作、分享、商业推广于一体的短视频平台，它利用微信的社交关系链，使每个用户都能轻松创建个人公开的账号，通过视频内容、直播或小程序等多种形式与公域流量相结合，实现内容的广泛传播。

微信视频号平台具有以下特点。

- 微信生态内的流量巨头：视频号作为微信内置的短视频平台，拥有微信庞大的用户基础作为支撑。这意味着视频号能够直接触达微信的数亿用户，无须额外进行用户获取。
- 社交属性强大：视频号充分利用了微信的社交属性，用户可以轻松地将视频分享给微信好友、朋友圈或微信群。这种社交裂变效应使视频内容能够迅速在微信生态内传播。
- 内容形式多样：视频号支持上传多种格式的视频内容，包括横屏、竖屏、短视频、长视频等。这为创作者提供了更多的表达方式和创作空间。

- 商业化进程加速：随着视频号功能的不断完善和开放，越来越多的商家和品牌开始将视频号作为营销和推广的重要阵地。视频号也逐步推出了广告投放、直播带货等商业化功能，满足商家的多样化需求。

> **知识看板**
>
> 微信视频号不仅是一个个人的创作平台，也为企业提供了新的商业推广渠道。商家可以通过微信视频号进行直播带货，扩大销售范围。此外，企业微信已经支持绑定微信视频号，使企业在单聊、群聊、朋友圈中可以向客户展示微信视频号动态和直播，并展示成员的联系信息，以便客户添加联系。

2. 流量特征

微信视频号的流量特征如下。

- 流量来源以微信内为主：微信视频号的流量主要来源于微信内部，包括微信好友分享、朋友圈转发、公众号链接等。这使视频号的流量获取相对封闭，但也更加精准和高效。
- 用户黏性较强：由于视频号与微信的无缝对接，用户在使用微信视频号时无须跳转到其他应用或平台。这种流畅的使用体验有助于增强用户的黏性和活跃度。
- 内容质量决定流量分配：微信视频号采用算法推荐与人工审核相结合的方式对内容进行分发。优质的内容更容易获得推荐和曝光，从而吸引更多的流量。因此，创作者需要注重提升内容的质量和吸引力。
- 流量增长迅速但竞争激烈：随着微信视频号功能的不断完善和开放，越来越多的创作者和商家涌入平台，使流量竞争日益激烈。然而，与此同时，微信视频号的整体流量也在快速增长，为创作者和商家提供了更多的机会和可能性。

总之，微信视频号平台凭借其微信生态内的流量优势、强大的社交属性、多样化的内容形式及不断加速的商业化进程等特点，吸引了越来越多的创作者和商家入驻。同时，其以微信内为主的流量来源、较强的用户黏性、内容质量决定流量分配及迅速增长但竞争激烈的流量特征也为创作者和商家带来了挑战和机遇。

2.1.4 小红书

小红书是由行吟信息科技(上海)有限公司开发的。该平台由创始人毛文超和瞿芳于2013年创立，是一个面向年轻人的生活方式分享平台，旨在帮助用户发现全球好物，并成为消费者的消费决策入口。

自2013年成立以来，小红书最初是作为境外旅游购物的心得分享平台崭露头角。随着平台的发展，小红书逐渐以美妆和个护为核心内容，引领市场潮流。随着时间的推进，小红书的内容生态愈发丰富，不仅涵盖美妆和个护，还延伸至运动、旅游、家居、酒店、餐馆及数码设备等多个领域，全面触及用户的消费经验和生活方式的方方面面。

1. 平台特点

小红书平台具有以下特点。

- 以女性用户为主导：小红书的用户群体以年轻女性为主，这使平台上的内容更加偏向女性消费、生活、时尚等领域。女性用户通常更加注重生活品质和消费体验，因此小红书上的内容往往也更加精细和具有生活气息。
- 社交与电商结合：小红书不仅是一个社交平台，也是一个电商平台。用户可以在平台上分享购物心得、晒单、评价商品，也可以直接购买商品。这种社交与电商结合的模式使用户能够更加便捷地获取购物信息和完成购买行为。
- 精细化内容生产：小红书上的内容主要以图文、短视频等形式呈现，且内容质量较高。用户可以通过搜索或浏览推荐页找到感兴趣的内容，同时也可以通过关注博主或参与话题讨论等方式获取更多信息。这种精细化内容生产模式使小红书的内容更加具有吸引力和可读性。
- 用户黏性高：由于小红书上的内容以生活方式、消费决策等为主，用户通常需要在平台上花费较长时间浏览、搜索和互动。这使小红书的用户黏性较高，用户也更容易形成对平台的依赖和信任。

> **知识看板**
>
> 从用户构成来看，小红书的用户群体始终呈现年轻化的趋势，其中18～34岁的用户占比高达74%。在性别分布上，女性用户占据了绝对主导地位，占比高达88.37%，而男性用户则占11.61%。这一用户结构决定了小红书平台的内容倾向，女性用户作为主要群体，不仅消费能力强，而且拥有旺盛的消费需求。
>
> 小红书的核心功能主要有三项：发布笔记、浏览笔记及商城购

物。在发布笔记方面，小红书鼓励用户通过照片和视频形式记录生活，并通过添加创意标签，使笔记内容更加生动有趣。对于浏览笔记的用户，小红书提供了关注、点赞、收藏和评论等社区互动功能，有效提升了社区的活跃度和用户黏性。此外，小红书还基于用户数据沉淀，精选优质商品，建立了自营电商平台，为用户提供更加便捷的购物体验。

2. 流量特征

小红书平台的流量特征如下。

- 女性用户占比高：由于小红书以女性用户为主导，因此平台上的流量也主要以女性用户为主。这使平台上的内容更加偏向女性消费、生活、时尚等领域，也更容易吸引女性用户的关注和互动。
- 搜索与推荐双重驱动：小红书的流量主要来自搜索和推荐两种方式。用户可以通过搜索关键词找到感兴趣的内容或商品，也可以通过浏览推荐页发现新的内容和博主。这种双重驱动模式使小红书的流量更加分散和多样化。
- 内容质量决定流量分配：小红书采用算法推荐和人工审核相结合的方式对内容进行分发。优质的内容更容易获得推荐和曝光，从而吸引更多的流量。因此，创作者需要注重提升内容的质量和吸引力以获取更多的流量。
- 受季节性因素影响：由于小红书上的内容以生活方式、消费决策等为主，因此平台上的流量也会受到季节性因素的影响。例如，在节假日或特定季节前后，相关主题的流量会有所上升。

总之，小红书平台以女性用户为主导、社交与电商结合、精细化内容生产等特点使其成为一个备受欢迎的生活方式分享和消费决策平台。同时，其女性用户占比高、搜索与推荐双重驱动、内容质量决定流量分配及受季节性因素影响等流量特征也为创作者和商家提供了更多的机会和挑战。

2.1.5　B站（哔哩哔哩bilibili）

哔哩哔哩，英文名称为bilibili。该网站于2009年6月26日创建，是中国年轻一代的标志性品牌及领先的视频社区，被网友们亲切地称为"B站"。哔哩哔哩由上海宽娱数码科技有限公司及其关联公司提供服务。

第2章 短视频的规划与布局

B站早期是一个ACG（动画、漫画、游戏）内容创作与分享的视频网站。经过十年多的发展，B站围绕用户、创作者和内容，构建了一个源源不断产生优质内容的生态系统，并已经成为涵盖7000多个兴趣圈层的多元文化社区。

1. 平台特点

B站平台具有以下特点。

- 二次元文化的发源地与聚集地：B站起初作为一个ACG（动画、漫画、游戏）内容为主的视频分享平台，深受二次元爱好者的喜爱。至今，B站依然保持着对二次元文化的深度投入和支持，拥有大量二次元相关的优质内容和创作者。

- 弹幕互动系统：B站独特的弹幕系统是其一大特色，用户可以在观看视频的同时发送弹幕，与其他用户实时互动，分享观点、感受，这种独特的互动方式大大增强了用户的参与感和社区归属感。

- 多元化内容生态：除了二次元内容，B站也逐渐扩展至舞蹈、音乐、生活、科技、知识分享等多个领域，吸引了各类用户的入驻和创作，形成了丰富多元的内容生态。

- 活跃的社区氛围：B站的用户群体以年轻人为主，他们活跃、富有创造力，乐于分享和交流。这使B站的社区氛围非常活跃，各类话题讨论、创作分享层出不穷。

- 重视原创内容：B站积极鼓励和支持原创内容的创作，为众多独立创作者提供了一个展示自我、分享才华的舞台，也培养了大量优秀的创作者和作品。

2. 流量特征

B站平台的流量特征如下。

- 年轻用户占比高：B站的用户群体以年轻人为主，尤其是"90后"和"00后"，他们是B站流量的主要贡献者。这部分用户活跃度高、消费能力强，对新鲜事物充满好奇和热情。

- 活跃度高：B站的用户黏性很强，他们在平台上的活跃度高，不仅观看视频，还积极参与弹幕互动、评论讨论等，为平台提供了丰富的用户数据和互动信息。

- 内容驱动流量：B站的流量主要来源于优质内容的吸引和推荐。优秀的创作者和作品能够吸引大量用户观看和互动，进而带动流量的增长。因此，内容的质量和创意性对B站的流量至关重要。

- 移动端流量占比高：随着移动互联网的普及和发展，越来越多的用户通过移动设备访问B站。这使B站的移动端流量占比越来越高,成为其流量增长的重要动力。

- 商业化进程加速:近年来,B站逐渐加速商业化进程,推出了广告、大会员、直播打赏等多种变现方式。这些商业化举措不仅为B站带来了更多的收入来源,也进一步推动了其流量的增长。

总之,B站平台以其独特的二次元文化、弹幕互动系统、多元化内容生态和活跃的社区氛围等特点吸引了大量年轻用户。同时,随着商业化进程的加速和内容质量的不断提升,B站的流量也有望继续保持快速增长的态势。

2.2 熟悉短视频平台的流量推荐机制

抖音、快手、微信视频号、小红书和B站等短视频平台的流量推荐机制均基于大数据和算法,结合用户兴趣、行为、内容质量和社交关系等多种因素,精准推送个性化内容,旨在提升用户体验、促进内容传播,并吸引更多用户。表2-1所示,为各个短视频平台流量推荐机制详情。

表2-1 各个短视频平台流量推荐机制

平台名称	流量推荐机制
抖音	抖音的推荐机制非常注重用户的个性化需求和兴趣。抖音通过算法分析用户在平台上的行为,如观看、点赞、评论和分享等,来构建用户的兴趣模型。基于这个模型,抖音会推送与用户兴趣相关的内容。此外,抖音还注重内容的多样性,会尝试推送不同类型的内容,以满足用户的多样化需求。在叠加推荐阶段,抖音会根据内容的热度、用户反馈等因素,逐步增加内容的曝光率
快手	快手更强调内容的原创性和真实性。快手的推荐算法会综合考虑内容的质量、用户反馈和话题标签等因素,为优质内容提供更多曝光机会。此外,快手还注重社交关系的利用,通过用户的社交行为(如关注、私信等)来推荐相关内容。同时,快手还具备地域性推荐功能,能够根据用户的地理位置推荐相关内容
微信视频号	微信视频号充分利用微信的社交属性进行推荐。它会根据用户的社交关系(如好友、关注的人等)来推荐相关内容。此外,微信视频号还会根据用户在微信生态内的行为(如浏览、搜索等)来推送相关内容。这种基于社交关系和用户行为的推荐方式,使微信视频号的内容更具针对性和个性化

续表

平台名称	流量推荐机制
小红书	小红书的推荐机制更加注重内容的品质和话题的匹配度。小红书会对内容进行严格的审核和筛选，确保内容的质量和合规性。同时，小红书还会根据话题标签和用户兴趣来推荐相关内容。此外，小红书还注重用户之间的互动和反馈，通过点赞、评论等功能来评估内容的质量，并据此调整推荐策略
B站	B站的推荐机制相对复杂。它结合用户的兴趣偏好、内容质量、话题标签和互动行为等多种因素进行推荐。B站的算法会根据用户在平台上的行为（如观看、点赞、评论等）来构建用户的兴趣模型，并基于这个模型来推荐相关内容。同时，B站还注重内容的多样性和新颖性，会尝试推送不同类型和风格的内容给用户

总的来说，这些短视频平台的流量推荐机制都是基于大数据和算法来实现的，它们会根据用户的兴趣、行为和内容的质量等多种因素来推荐相关内容。这些机制旨在提升用户体验、促进内容的传播和分享，并帮助平台吸引更多用户。

2.3 选择短视频平台的4个关键因素

短视频平台不仅数量繁多，且各具特色，让人眼花缭乱。但挑选一个适合自身发展的短视频平台又是短视频运营的重中之重。刚进入行业的新人团队可以从以下4个关键因素着手，来进行平台的选择。

1. 平台调性

每个短视频平台都有自己独特的风格和定位，这决定了它吸引的受众群体和内容类型。因此，选择平台时需要考虑平台的调性是否与你的品牌或内容相匹配。

不同的平台有着不同的属性和特点，用户群体也会因此而有所差异。短视频创作团队在选择平台时，需要考虑账号未来的发展方向、定位及营销的目的，同时也要了解各平台的调性与用户特点，以便找到适合的目标用户群体并最终锁定平台。

以小红书平台为例，它是一个以分享消费经验和生活方式为主的社交平台，用户群体以年轻女性为主，内容主要涉及美妆、时尚、旅游、家居等领域。因此，关于汽车修理或机械制造方面的专业内容，针对的是男性用户群体，就不太适合在小红书平台上发布。因为小红书平台的用户群体和内容调性更偏向于女性化和生活化，与汽车修理或机械制造等较为男性化和专业化的内容不太相符，这可能导致内容无法得到有效的传播和推广，甚至可能引起用户的反感和抵触情绪。

综上所述，在选择短视频平台时，短视频创作团队需要充分了解各平台的属性和特点，以及用户群体的需求和喜好，以便选择最适合的平台进行发布和推广。同时，也需要根据账号未来的发展方向和定位，制定相应的营销策略和内容规划，以确保内容能够得到有效的传播和推广，达到预期的营销效果。

2. 平台规则

每个短视频平台都有自己的规则和政策，包括内容发布、审核、推荐和广告政策等。了解并遵守平台的规则，可以确保你的内容能够顺利发布并获得良好的曝光。因此，短视频创作团队需要学会灵活调整，根据不同平台的规则对视频进行不同的剪辑和调整。

例如，在多渠道分发短视频时，如果要在不允许直接出现店铺的LOGO、店名等内容的App上发布视频，就需要提前将视频中含有这些内容的部分剪辑掉。这需要短视频创作团队对视频素材进行仔细审查和调整，以确保视频内容符合平台的规则和限制。

此外，同样一段视频素材的配乐也可以根据不同的平台进行更换。这是因为不同平台的用户群体和喜好可能会有所不同，更换配乐可以更好地适应不同平台的用户需求和风格。

总之，短视频创作团队需要了解不同平台的规则和限制，并根据实际情况进行灵活调整，以确保视频内容能够得到有效的传播和推广。同时，也需要根据账号未来的发展方向和定位，制定相应的营销策略和内容规划，以确保内容能够符合不同平台的要求和用户需求。

3. 推荐机制

随着越来越多的创作者入驻各个平台，平台对于内容的要求也越来越严格。因此，在平时的运营中，需要着重去获取平台的各类资源，包括推荐位、流量补贴、现金补贴等。新媒体团队在运营过程中可以考虑如何获取这些资源。

下面是获得资源的一些建议。

- 了解平台规则和要求：首先需要了解平台的规则和要求，包括内容质量、创意性、实用性等方面的要求。只有符合平台的要求，才有可能获得更多的资源。
- 提高内容质量：提高内容质量是获取资源的关键。需要注重内容的创意性、实用性和传播性，让内容更加符合用户需求和平台要求。

- 积极互动和合作：与平台建立良好的互动和合作关系，可以增加获得资源的机会。可以通过参加平台的各类活动、与其他创作者互动、提供优质的建议等方式，与平台建立良好的关系。
- 定期更新和优化：定期更新和优化内容，可以提高内容的曝光率和用户黏性，从而增加获得资源的机会。可以根据平台的规则和用户需求，定期更新和优化内容，提高内容的传播效果。

总之，获取平台的资源需要注重内容质量、积极互动和合作、定期更新和优化等方面。只有不断提高自己的能力和水平，才有可能在竞争激烈的市场中获得更多的资源和成功。

4. 合作机制

选择短视频平台时，也要考虑与平台合作的机会。一些平台可能提供与品牌合作、赞助或广告合作的机会，这可以帮助你扩大品牌影响力并获得更多的收益。此外，一些平台还可能提供与其他创作者或行业领袖的合作机会，这可以帮助你建立更广泛的人脉和资源网络。

在成本有限的情况下，与部分渠道合作并将栏目授权给这些渠道发行是一个明智的选择。与渠道合作，可以节省人力和资源，同时扩大多个渠道的影响力。这种策略可以利用合作伙伴的专业知识和资源，共同推广内容，提高栏目的曝光度和知名度。

总之，选择合适的推广平台是在成本有限的情况下扩大栏目影响力的有效途径。通过灵活运用这些策略，你可以更好地实现内容推广和商业目标。

多渠道推广是非常重要的，特别是对于依靠单一平台的风险较高的账号。通过在多个平台上发布和推广内容，可以降低风险，避免因单一账号出现问题而失去一切积累。同时，多渠道推广也可以带来更多的流量和用户，增加栏目的曝光度和影响力。前面提到的几大主流平台都是很好的推广选择。这些平台具有庞大的用户群体和广泛的影响力，可以有效地扩大内容的传播范围。在选择平台时，需要根据账号的定位和目标用户群体来选择合适的平台，并针对不同平台的特点进行内容策划和推广策略的制定。

2.4 短视频营销账号矩阵布局

单个账号在短视频平台单打独斗的力量是十分有限的，短视频创作团队会建立多个账号与主账号组成矩阵。不同账号在各自平台造势，多方位吸引粉丝，同时互相合作，形成传播合力。矩阵营销就是建立一个链式传播，通过矩阵式账号互相引流，在主账号下形成粉丝流量的内部引流，避免粉丝流失，提升粉丝量，同时扩大影响力的一种方式与手段。

常见的矩阵模式包括图2-3所示的4种，分别是：1+N矩阵、AB矩阵、蒲公英矩阵及HUB矩阵。这些矩阵模式各有特点，适用于不同类型的短视频系列账号。

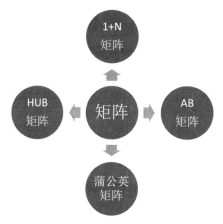

图2-3 常见的矩阵模式

1. 1+N矩阵

1+N矩阵是一种常见的矩阵模式，其中"1"代表主账号，"N"代表多个子账号。

- 特点：以一个主账号为核心，辅以多个子账号，形成一个中心辐射状的结构。主账号负责整体品牌形象的塑造和传播，子账号则围绕主账号的内容或特定主题进行拓展。
- 适用场景：适用于品牌宣传、产品线推广或针对不同受众群体的细分内容。
- 应用建议：新手可以从一个主账号开始，逐步拓展子账号，确保内容的质量和风格与主账号保持一致，同时注重子账号之间的差异化定位。

举例来说，在西安凭借抖音走红后，我国不少旅游城市纷纷效仿，重庆就是其中之一。它采用1+N矩阵模式，以"重庆文旅"为主账号，之下分别建立"平安重庆""重庆发布""重庆观察"等子账号，共同组成了宣传重庆美食、美景及各类资讯的短视频宣传体系。"重庆旅游"下的子账号如图2-4所示。

2. AB矩阵

AB矩阵是一种双账号矩阵模式，其中A账号和B账号分别代表不同的受众群体或内容定位。A账号可以针对目标受众发布相关内容，而B账号则可以针对其他潜在受众发布相关内容。这种矩阵模式可以帮助品牌或个人扩大受众群体，提高曝光率和影响力。

图2-4　抖音中"重庆文旅"的子账号

- 特点：A账号和B账号相互独立，但内容相互关联，共同构成一个完整的短视频系列。两个账号可以互为补充，也可以分别针对不同的用户群体。
- 适用场景：适用于有多个品牌或产品线，或者需要针对不同受众群体进行差异化营销的情况。
- 应用建议：新手可以先确定一个主账号（A账号），然后根据目标受众和内容需求，创建与之相互补充的B账号。保持两个账号内容的连贯性和互补性，避免重复和冲突。

例如，当当在抖音上建立的矩阵就是典型的AB矩阵，其形象账号为"当当图书"，品牌账号为"当当网"，前者主推当当图书的信息，后者主推当当网的品牌包括当当图书的信息。众所周知，当当本身的主营业务就是图书业务，二者同步发力，能将这块业务进行更有力的推广，同时二者各自定位明确，不会出现信息混乱的状况。

AB矩阵的优势可以总结为两个关键点。

（1）两个账号同时发力，一主一辅，在做好清晰定位的基础上，避免信息混乱，可以达到显著的宣传效果。

（2）两个账号分别运用不同的宣传方式，如一"硬"一"软"，"硬"是指某一账号直接进行硬广告的推广，信息全面且详细；"软"是指另一账号通过故事演绎或是热点插入的方式进行软推广。二者结合，达到"1+1>2"的效果。

3. 蒲公英矩阵

蒲公英矩阵是一种多账号矩阵模式，其中主账号像蒲公英一样，将内容传播到其他子账号中。主账号可以是个人号或企业号，负责发布品牌或个人的核心信息，并将内容传播到其他子账号中。子账号可以是不同类型、不同定位或针对不同受众的账号，负责发布更加细分的内容，并与主账号形成互动和关联。

- 特点：多个账号围绕一个核心账号展开，形成类似蒲公英的分散状结构。每个账号都有相对独立的内容定位，但整体上保持与核心账号的一致性。
- 适用场景：适用于品牌有多个子品牌或产品线，需要分别进行宣传和推广的情况。
- 应用建议：新手可以先确定一个核心账号，然后围绕这个核心账号逐步拓展其他账号。确保每个账号都有明确的定位和独特的内容，同时保持与核心账号的关联性和一致性。

蒲公英矩阵的信息从一个主账号进行传播后，其他多个账号进行转发，再以其他账号为中心进行新一轮的扩散。这类矩阵模式比较适合旗下子公司或子品牌较多的企业，由母公司建立核心账号，统一管理旗下多个子账号。但值得一提的是，核心账号不能对子账号的运营进行过多的干涉，以免影响其运作。

> **知识看板**
>
> 蒲公英矩阵的子账号既有特性又有共性，其对应的目标群体也是一样。搭建蒲公英矩阵需要注意以下几点。
>
> （1）各账号之间定位有明确性、一致性，同时账号的内容一定要具有独特性。如此才能避免因为内容雷同导致粉丝审美疲劳。
>
> （2）根据粉丝受众来决定要转发的账号，如果某账号需要转发

内容，那么一定要选择与其目标粉丝重合度高的内容进行转发，做到覆盖相应目标粉丝。

（3）转发内容不能过于垂直，要具有一定的大众性，否则传播范围难以扩大。

蒲公英矩阵的优势在于：利用转发功能，通过矩阵的力量扩大信息覆盖面，其次，做到信息多次触及粉丝，形成持续影响力，进一步加强粉丝对企业的印象。京东就是依照蒲公英矩阵模式，在抖音平台建立了属于自己的矩阵，"京东"本身是主账号，旗下开设了"京东客服""京东超市官方旗舰店""京东物流""京东手机"等账号，如图2-5所示。

在该矩阵中，由京东担任核心账号并管理子账号，但并不干涉子账号的具体事务。其视频内容除了在进行大范围宣传时需要统一，其余时间由子账号自行决定发布内容。

4. HUB矩阵

HUB矩阵是由一个核心账号领导其他子账号，子账号之间的关系是平等的，信息由核心账号放射

图2-5　抖音中的京东矩阵

向子账号，子账号之间的信息并不互相交互。此种形式多适用于集团旗下分公司较多，且相互分隔比较明显的情况。

- 特点：多个账号围绕一个中心账号（HUB账号）进行内容创作和分享，形成一个紧密的社群结构。HUB账号负责聚合和分发其他账号的内容，形成一个集中的内容聚合地。
- 适用场景：适用于需要建立社群或用户社区的短视频系列账号，如知识分享、兴趣爱好等。
- 应用建议：新手可以先创建一个HUB账号，然后吸引和邀请其他相关账号加入，共同创作和分享内容。注重社群氛围的营造和用户互动，提高用户黏性和活跃度。

HUB矩阵与蒲公英矩阵看起来相似,但实际上差别比较大。新手们可以通过比较二者搭建注意事项的不同来进行深入理解。搭建HUB矩阵,需要注意以下两点。

(1)各个账号之间存在地域性差异,所以在运营时,要从内容选择、粉丝覆盖方面做出差异性调整。

(2)地方账号可以尝试开展本地服务,吸引更多本地粉丝,与全国类的账号在内容与功能上形成互补。

以上四类矩阵对应不同的实际情况,新媒体团队可以以此为参考,或是进行结合或改良创造出属于自己的矩阵模式,获取更多流量资源。

想要拥有一个有效的账号矩阵并不是一件容易的事,前期的科学决策与后期的悉心维护缺一不可。建立矩阵的第一步是对矩阵进行系统的设计,即为矩阵中不同的账号进行精准的角色定位,每一个账号承担的角色都是独一无二的,同时,每一个账号都需要按照角色定位来进行规划和发展。例如,矩阵中的主账号,其作用是统领其他所有账号,巩固核心账号的地位。而矩阵中的引流账号,则专门负责为主账号进行引流,在该账号的个性签名或视频评论区列出主账号的名称,突出自身与主账号的关系,引导粉丝关注主账号。

除了角色定位,短视频创作团队还应当熟悉几种常见的矩阵模式,了解矩阵模式不仅可以为团队搭建矩阵提供思路,还能让新手们对于矩阵中账号所扮演的角色,拥有更深层次的了解。

2.5 多平台短视频营销中的定位配合与引流策略

多平台矩阵营销,就是在多个平台建立账号、创作内容并发布。判断短视频成功的关键在于流量。因此,许多运营团队除了在本平台进行引流,还会从短视频平台以外的社交媒体多方位吸引粉丝,跨越平台建立短视频矩阵账号,加快账号的成长速度。

当涉及多平台短视频营销时,了解每个平台的定位特点并制定相应的策略是至关重要的。不同平台往往具有不同的用户群体、内容风格及互动方式,因此,运营团队需要根据这些特点来定制内容,确保信息在不同平台上都能够得到有效传播和引流。

首先,明确每个平台的定位是基础。例如,抖音以其短小精悍的视频内容和高度娱乐化的特色吸引了大量年轻用户,而B站则更注重内容创作和二次元文化。运营团队需要深入了解这些平台的特色,确保发布的内容与平台风格相符,从而增加被用户关注和转发的机会。

其次,制定相互配合的引流策略是关键。这包括在不同平台上发布相互关联的内容,引导用户在不同平台间进行跳转和互动。例如,可以在抖音上发布短视频,同时在微博或B站上发布相关的长文或深入解读,吸引用户点击链接进行跳转。此外,利用平台间的互推功能,如微博的转发、B站的合作推荐等,也可以有效提高内容的曝光度和引流效果。

同时,利用社交媒体平台也是加速引流的有效手段。除了在短视频平台上发布内容外,运营团队还可以在其他社交媒体平台上发布与短视频相关的帖子、动态和互动活动,吸引潜在用户的关注和参与。例如,可以在微信朋友圈、微博或知乎上发布与短视频内容相关的讨论或互动活动,引导用户点击链接观看并参与互动。

最后,持续优化和迭代策略也是必不可少的。通过对不同平台的数据分析,了解用户的行为习惯和喜好,不断优化内容策略和发布时间,提高引流效果。同时,保持对新兴平台和趋势的关注及时调整策略,确保营销活动的持续性和创新性。

综上所述,多平台短视频营销中的定位配合与引流策略需要综合考虑不同平台的定位特点、用户群体及互动方式。通过制定明确的策略、优化内容质量和互动方式及持续迭代和创新,运营团队可以在不同平台上实现有效引流和营销目标。

2.6 秘技一点通

1. 三大定位技巧,稳固短视频矩阵

许多新手在建立了短视频矩阵后,却无法做到让矩阵发挥作用。这可能是由于团队忽视了矩阵中的每一个基本单位,本身也都是一个需要经营的短视频账号,导致对矩阵中各个账号的定位不明确,矩阵整体不稳固,无法发挥其引流作用。

那么,团队应当如何把握矩阵中的每一个账号的定位,以此使短视频矩阵发

挥更大的作用呢？

（1）垂直定位。一个账号只专注一个领域。一方面，垂直定位这一点，是每一个短视频账号都需要做到的。短视频不是朋友圈，不能随心所欲地发布内容，要做垂直定位，发布主题一致的视频。另一方面，垂直类的账号技术门槛更低、运营起来更轻松。对于团队而言，运营整个短视频矩阵，工作量已经不小，若能更加高效地工作是最好不过的。此外，定位太过于混乱，也不利于账号推荐。

（2）布局中不可或缺的定位。在一般情况下，特别是对于企业来说，有三类定位是矩阵内必须存在的，那就是：行业号、专家号及企业号。行业号可以帮助企业奠定行业地位，表达权威性；专家号帮助企业奠定专家地位，突出专业性；企业号帮助企业奠定企业地位，打造专属于该企业的独特风格。

（3）定位要有相关性。虽说在矩阵中，每个子账号都要有自己的独特性，但是各个子账号之间还是要有一定的相关性，如目标粉丝群相近、内容有关联等，否则子账号之间很难相互导流。

2. 4种热门又易上手的矩阵搭建模式

矩阵搭建已经不再是一小部分人的"高端玩法"，而是所有运营团队都要掌握的运营绝技。那么，如何成功搭建一个既能规避风险，又能增加短视频成为爆款概率的稳固矩阵呢？

（1）以企业、品牌、服务为中心搭建矩阵：对于企业、品牌、MCN机构来说，短视频平台是一块裂变增粉的沃土。它们纷纷以自身为中心搭建矩阵，以增强品牌影响力。

例如，以品牌为中心，拓展出产品、服务矩阵的小米手机，该品牌旗下的"小米手机""小米商城""小米有品"等十余个账号，抖音粉丝总量将近1000万。除此之外，还有以服务为中心，延伸出多个内容板块的丁香园，它旗下的"丁香医生""丁香妈妈""丁香生活研究"等账号，累计粉丝超过六百多万。

（2）以播主、网红为中心搭建矩阵：在抖音平台，以网红、大V为中心，搭建矩阵是一种极为常见的模式。每一位网红、每一个领域都有自己的上限，当遭遇瓶颈期时，许多网红、播主往往在同一领域，甚至其他领域重新开辟账号，结合前期的成功经验与已有的粉丝基础，快速搭建抖音矩阵。例如，大号带小号模式的"彭十六elf"，该账号粉丝突破三千万，之后其团队分别开拓了"六猪碎碎念""彭十六的小棉袄"等账号作为新的粉丝增长点，如图2-6所示。

图2-6 "彭十六elf"的大号与小号

还有一些团队，直接开拓了新领域，如账号"宛如"。大家可能对它不太熟悉，但提到其旗下账号"玩车女神"，相信有车一族的观众一定在抖音上刷到过。

（3）以家庭关系为中心搭建抖音矩阵：家庭关系其实本身就是一种天然的矩阵，家庭中的各成员不仅可以同时在某位"主角成员"的作品中一同出镜，还可以以拍摄者等神秘角色，吸引主账号粉丝的关注。

（4）以某种成功模式为中心搭建抖音矩阵：围绕某一成功模式搭建的矩阵，多以垂直领域账号为主。这类矩阵搭建主要分为两个步骤，第一步，找到一种成功模式；第二步，快速批量化复制。

例如，在运营较为成熟、粉丝量较大的"PPT之光"之后，出现了"Word之光""PR剪辑之光""Excel之光"等系列账号，这些账号都借鉴了大号的成功经验，甚至是大号的命名模式，以此吸引大号的粉丝。

3. 矩阵号如何导流——4种方法供你选择

如何让粉丝知道这个账号有其他的小号呢？短视频创作团队不必为此困扰，将大号的粉丝导流到小号的方式不止一种，团队可以灵活运用。

（1）客串合拍视频：这是将大号的粉丝引向小号最直接的办法。合拍视频发布在大号中，当视频热度足够高时，一部分粉丝会自动流向小号，对小号进行关注。

（2）在文案中及评论区互动或@对方：作品评论区是目前短视频平台最活跃的粉丝互动场所。如果大号通过评论区与小号进行互动，或@对方并进行置顶，就会激发活跃粉丝的好奇心，进而完成对小号的导流。

在文案中直接@小号比评论区互动更直接，当用户想一探究竟时，只需要点击小号的昵称就可以直接跳转，大大简化了用户的转化路径。

（3）关注中只有矩阵账号：这一方式比上述几种方式都要隐蔽许多，但也是一种集中导流的有效方式。在大号的铁粉中，总有一部分会点开账号主页的关注列表进行浏览，这样就可以借助粉丝的好奇心来实现引流。

（4）在个人简介中标注：个人简介区，不仅是展现账号个性的区域，也是带号引流的有效区域。此处不仅可以展示账号在其他平台的昵称，更可以直接为本平台的小号进行引流。

以上4种为小号导流的方式，团队既可以单独操作，也可以彼此组合。在运营短视频账号的过程中多多尝试，才能最终实现引流的目的。

2.7 实战训练

（1）分析"Beast野兽派"在抖音和小红书平台的内容异同点。
（2）分析"东方甄选"账号在抖音平台的账号矩阵布局。

03 Chapter 短视频定位与内容策划

▶ 本章导读

策划短视频账号是对短视频账号进行全面规划和设计的过程，旨在明确账号的定位、目标受众、内容策略、风格调性及运营计划等。它涵盖从账号创建到内容制作、发布、互动与数据分析的各个环节，确保账号能够在短视频平台上脱颖而出，吸引并留住目标受众的关注和喜爱。通过精心策划，短视频账号可以形成独特的品牌形象，提供有价值的内容，并与受众建立紧密的联系，从而实现品牌传播、用户增长和转化等目标。

短视频的定位与内容策划是短视频策划的重要内容，短视频创作者首先要根据自身的资源、特长、市场需求，以及短视频的运营目的来进行准确定位。俗话说，"男怕入错行，女怕嫁错郎"。对于短视频来说，精准定位是非常重要的，关系到短视频的发展前途和方向。本章将介绍短视频的定位原则、短视频内容策划的四个要点、短视频脚本的编写技巧，以及各类常见短视频内容的策划方法和技巧。通过本章的学习，读者朋友可以根据所学知识策划出独具特色的短视频内容。

▶ 本章要点

- ★ 掌握短视频的定位原则
- ★ 掌握短视频账号创建的基本步骤
- ★ 掌握短视频内容策划的基本步骤
- ★ 熟悉各类常见短视频的策划方式

3.1 短视频的定位原则

运营短视频账号,精准的定位是必不可少的。这不仅是因为有了定位才能更好地策划短视频内容,更是因为精准定位是快速推动新手账号成长为头部账号的核心。观察那些百万、千万粉丝的大号,可以很容易地看出"社交化+垂直"的账号在高地中独占鳌头,它们往往是在自身擅长的垂直领域,切中了目标用户的实际需求点,创造了独一无二的标签,才迅速成长起来的。由此,可以总结出短视频定位的三个关键要素:内容定位、观众定位、标签定位。

3.1.1 做什么:内容定位

内容定位是账号定位中十分关键的步骤,它在时间线上决定了账号后期的内容策划方向,也在垂直层面决定了账号面临的对手是谁、观众又是谁。内容定位需要结合两大要素来考虑,如图3-1所示。

图3-1 决定内容定位的两大关键要素

在图3-1中可以看到,决定内容定位的两大关键要素分别是:兴趣特长与热门可持续。兴趣特长是从短视频创作团队本身出发,一方面让团队对持续产出的内容保持热情;另一方面要保证内容的质量。热门可持续则是从市场出发,一方面要保证当下产出的内容是受到市场欢迎的,有一定的受众;另一方面要确保该内容是可持续经营的,能够长期保证粉丝基础存在。目前,短视频领域受欢迎,且存在持续发展空间的内容有以下6种类型。

1. 搞笑类

不难发现,不管短视频细化内容如何改变、平台如何变换,搞笑类的短视频一直都占据着十分重要的位置。甚至可以说,大部分短视频都与搞笑类内容有着千丝万缕的联系。这种情况的形成有着它独特的内在原因:随着社会节奏的日益加快,人们承受的压力也越来越大,搞笑类内容能给人们带来欢乐,调节人们的心情,起到舒缓压力的作用。

2. 教程类

教程类内容的涵盖范围比较广,如美妆教程、穿搭教程、美食制作教程、软件技能教程等，都属于教程类内容。这类内容拥有独到的经验与逐步分解、简单易学的步骤，能让观众在短时间内掌握一个小技巧。据相关数据统计，教程类内容在各个短视频平台的搜索量呈逐年上涨趋势。

3. 测评类

测评类内容在短视频平台拥有十分庞大的受众基础，不管是美妆测评、美食测评、电子产品测评还是游戏测评等，都通过展示某款产品在购买、使用、售后服务等过程中的体验，满足观众不花一分钱"提前体验"的需求。据相关数据统计，绝大多数观众在购买某款产品，特别是大金额产品前，会在网上查看相关的测评信息，测评类视频内容因此而生，也因此而盛。

4. Vlog类

Vlog是Video Blog或Video Log的缩写，意思是视频记录、视频博客或视频网络日志。Vlog是记录播主的所见所闻、日常生活等内容的短视频，这类视频展现了播主的生活态度，极具风格，能吸引偏爱这类风格的观众，拉近观众与播主之间的心理距离，满足观众对于不同类型生活的好奇心与向往之情。目前，Vlog类内容的范围正在扩大，喜爱Vlog的粉丝也越来越多。

5. 解说类

解说类内容中较为大众所知的要数影视作品解说，但其实游戏解说等解说类内容，也拥有一批坚实的粉丝。影视解说可以让人们提前了解一部影视剧的主要内容及精彩之处，让大家提前判定此剧是否值得一看。同时，对于个人时间较少的上班族来说，影视解说可以让他们在短时间内迅速"看完"一部影视剧。

影视解说类内容越来越丰富了，它们风格各异，有的拥有独特的搞笑风格，有的见解独到、内涵丰富，有的则将搞笑与深刻进行了有机融合。只要电影与电视剧的市场持续红火，影视解说类内容就能经久不衰。

6. 游戏类

游戏类内容捕获了大量的游戏爱好者。目前，游戏直播、游戏测评、游戏音乐等，都是吸引游戏群体的"利器"。近年来，越来越多的爆款游戏出世，玩家群体之大，消费能力之高，大家有目共睹。如果短视频创作团队是相关领域的资深玩家，那么可以选择在游戏类内容中深耕。

3.1.2 给谁看：观众定位

观众定位是短视频定位中十分重要的组成部分，因为短视频的运营成果始终体现在流量数据上，而流量数据的本质就是一个又一个的观众。只有找准了短视频的受众，才能进行有针对性的策划、运营及推广。短视频创作团队在定位用户群体时，可以从以下三个方面着手。

1. 产品价值

从产品价值的角度来对观众进行定位，其本质是判断观众对团队推出的产品的需求是否足够强烈。这里的产品不仅仅是指播主带货的实际产品，短视频内容也是团队推出的软性产品。例如，某账号的观众定位是20～35岁的年轻男性，那么针对这一群体，账号应当输出这部分观众最需要的"产品"。在内容上可以选择办公软件教学、汽车知识讲解、游戏直播等；在带货时，可以选择汽车周边产品、男士衬衣等。以上这些产品就是与观众"对口"的产品，而不是美妆知识、穿搭分享、女款均码打底衫或是化妆棉。

只有对团队推出的产品有需求的用户，才是有价值的用户。产品和观众是否"对口"这一点，团队不仅可以在前期进行调查，还可以通过检验的方法来进行二次判断。

2. 商业价值

商业价值是指观众的规模、消费能力、传播能力，短视频创作团队需要对观众的这三项指标进行考察后，再根据其消费能力有针对性地选择产品。消费能力是商业化的关键因素，如果账号的用户群体消费能力很低，那么团队就要考虑转换群体。例如，短视频账号很少将观众群体定位在"三四线城市中，年龄在50～70岁的男性"，就是考虑到了这一群体的消费能力不强。

在观众定位合理的基础上，如果短视频内容对观众很有价值，那么观众自然就会自发地为账号传播内容，账号用户群体也会像滚雪球一样越来越大。

3. 获取难度

获取难度是指打动用户群体的难易程度和成本，新手短视频创作团队要注意，获得用户的成本一定要低于商业价值。如果获得用户的成本过高，那么就要考虑更换一个获取途径。其实，获取观众群体的最佳途径就是发布短视频，一段爆款短视频可以很容易地为账号增粉几百甚至几万，这个方法不仅成本低，而且与短视频本身的传播目的重合，可谓一举多得。

3.1.3 留下什么印象：标签定位

众所周知，当今的短视频领域已是一片红海，不是谁都能在进驻后轻松收获粉丝并实现变现的。只有用心打造差异化的人设，持续产出优质的内容，才能获取一席之地。而打造差异化的人设，就是标签定位。

提起"网红鼻祖"papi酱，你的脑海中会浮现什么样的标签？可能离不开"搞笑""毒舌""戏精"，甚至是"高颜值""高学历""才华"等，这些标签就是papi酱为自身账号打造的标签定位。成功的标签定位是指由于播主长期使用同一种独特的表达方式，而在观众心中留下的固定印象。

图3-2 常见标签定位

在图3-2所示的常见标签定位中，最显眼的标签为"真人出镜"。为何要强调这一标签呢？这是因为真人出镜，也就是新手常说的"露脸"，对于短视频平台而言，是十分重要的。如果播主颜值尚可，那么建议播主尽可能地在化妆、造型后采用真人出镜的方式进行视频拍摄。因为真人出镜不仅能获得平台更多的流量扶持，帮助账号迅速蹿红，同时还能在无形中拉近观众与播主之间的距离，更好地吸收粉丝。

如果播主选择真人出镜进行拍摄，那么在与拍摄内容不冲突的情况下，标签定位建议向"搞笑""吐槽""毒舌""戏精"这些热门标签靠拢。如果播主在多方权衡后最终选择不露脸，那么就需要短视频创作团队更加注重内容的质量，同时，深入把握观众心理，打造更加独特的标签定位，抓住缝隙市场，在风格上成为先行者，才能在红海中脱颖而出。

3.1.4 AI助力：使用文心一言为短视频定位

首先，AI技术具备强大的数据处理和分析能力，能够深度挖掘用户的行为、喜好和兴趣点。通过对大量数据的分析，AI能够准确识别目标受众，并为短视频提供精准的定位建议。这有助于确保短视频内容更符合目标受众的需求和期望，提高观众的参与度和留存率。

其次，AI技术可以实时监测和分析市场趋势及竞争对手的情况。通过对市场数据的收集和分析，AI能帮助短视频创作者了解当前的市场热点和用户需求，以及竞争对手的优劣势。这有助于短视频在激烈的市场竞争中脱颖而出，实现更好的传播效果。

此外，AI技术还可以提供个性化的推荐和定制化服务。通过对用户数据的深度挖掘和分析，AI能构建精细的用户画像，并根据用户的喜好和需求推荐相应的短视频内容。这不仅可以提高用户体验和满意度，还可以增加用户黏性，促进短视频平台的长期发展。

最后，AI技术还可以为短视频创作者提供智能化的创作辅助。例如，通过智能剪辑、音频优化、标签优化等功能，AI可以帮助创作者提高视频的质量和吸引力，降低创作成本和时间成本。

由此可见，使用AI为短视频定位主要在于其能够提供精准的目标受众识别、市场趋势分析、个性化推荐和智能化创作辅助等功能，有助于提升短视频的传播效果和用户体验。

例如，使用文心一言协助短视频定位。

> **提问：**
> 请为小红书平台的一个服装穿搭类账号做视频定位工作，包括这个账号的内容定位、观众定位及标签定位。

文心一言回答：

小红书服装穿搭类账号视频定位方案

一、内容定位

日常穿搭分享：以日常穿搭为主，分享各种场合（如通勤、约会、旅行等）的穿搭技巧和搭配建议。

时尚潮流解析：紧跟时尚潮流，分析当下流行的服装款式、颜色和元素，为用户提供前沿的时尚资讯。

搭配技巧教学：针对不同身材、肤色和气质的用户，提供个性化的搭配技巧教学，帮助用户提升穿搭水平。

品牌服装评测：对热门品牌服装进行评测，分享穿着体验、优缺点及搭配建议，为用户提供购买参考。

二、观众定位

年轻女性群体：主要面向18～35岁的年轻女性，她们对时尚有较高追求，注重个人形象，愿意在穿搭上投入时间和精力。

时尚爱好者：对时尚有浓厚兴趣，关注潮流动态，喜欢尝试新颖、个性的穿搭风格。

职场女性：有一定消费能力，注重职场形象的塑造，穿搭需要既符合职业要求又能展现个人魅力。

三、标签定位

日常穿搭：强调穿搭的实用性和日常性，适用于各种场合。

时尚潮流：关注时尚界的最新动态，分享最前沿的穿搭趋势。

搭配技巧：提供实用的搭配技巧，帮助用户提升穿搭水平。

品牌评测：客观评价热门品牌服装，为用户提供购买建议。

通过以上内容定位、观众定位和标签定位，该小红书服装穿搭类账号将能够形成独特的风格和特色，吸引目标受众的关注，提高账号的影响力和用户黏性。同时，不断优化内容质量，关注用户需求变化及时调整定位策略，将有助于该账号在竞争激烈的市场中脱颖而出。

3.2 短视频的账号创建

短视频账号的创建是短视频营销的第一步，它涉及确定账号的名称、头像、简介等基本信息，以及选择适合目标受众的平台进行注册。在创建过程中，需要确保这些信息能够准确传达账号的定位和特色，吸引潜在用户的关注。同时，还需要进行合理的隐私设置和账号安全选项设置，以保护账号的安全和稳定运营。精心创建短视频账号，可以为后续的内容制作和发布奠定坚实的基础，提升账号在短视频平台上的影响力和竞争力。

3.2.1 确定与分析对标账号

确定和分析对标账号是短视频账号创建过程中的关键步骤，在确定与分析对标账号之前，首先需要明确自己的品牌定位、目标受众及核心竞争力，以便找到与自己相似或具有参考价值的对标账号。

1. 确定对标账号

对标账号的选择应该基于行业相关性、内容质量、受众群体及影响力等多个因素进行综合考虑。确定对标账号的过程可以分为以下4个步骤。

（1）明确自己的定位和目标：你需要清楚自己的短视频账号定位是什么，你的目标受众是谁，你的内容主题和风格是什么。这将帮助你找到与你相似或具有参考价值的对标账号。

（2）搜索和筛选：在短视频平台上，你可以通过关键词搜索、浏览推荐列表、关注同行或同类账号等方式，找到一些可能的对标账号。然后，你可以根据账号的粉丝量、播放量、互动情况、内容质量等因素进行筛选。

（3）深入分析：对于筛选出来的候选对标账号，你需要进行更深入的分析。这包括观察它们的视频内容、风格、更新频率，分析它们的受众、互动情况，了解它们的运营模式、合作方式及商业变现手段等。

（4）确定对标账号：根据分析结果，选择1～3个与你的账号定位、目标受众、内容风格等最为接近的对标账号。这些账号将作为你学习和借鉴的对象，帮助你优化自己的账号运营和内容制作。

在确定对标账号的过程中，你也可以寻求专业人士或社群的帮助，他们的经验和建议将为你提供更广阔的视野和更深入的见解。同时，随着你的账号发展和目标变化，你可能需要不断调整和优化你的对标账号选择。

2. 分析对标账号

一旦确定了对标账号，就要进行深入的分析。这包括观察对标账号的视频内容类型、风格、更新频率及受众互动情况等。通过分析对标账号的内容特点，可以了解受众的喜好和需求，为自己的账号内容策划提供参考。同时，还可以观察对标账号的互动情况，如评论、点赞和分享等，以了解受众的反馈和参与度，为自己的账号互动策略提供借鉴。分析对标账号的具体内容包括以下5个方面。

（1）内容分析：观察对标账号的视频内容，分析其内容类型、风格、更新频率等。了解它们如何吸引和留住观众，以及观众对它们的内容有何反馈。

（2）受众分析：研究对标账号的受众，包括他们的年龄、性别、兴趣等。这可以帮助你更好地了解你的目标受众，并优化你的内容策略。

（3）互动分析：分析对标账号的互动情况，如评论、点赞、分享等。了解它们如何与观众互动，提高观众的参与度和黏性。

（4）数据分析：如果可能的话，获取对标账号的数据，如粉丝量、播放量、转化率等。通过数据分析，你可以了解它们的账号表现和发展趋势。

（5）运营模式分析：研究对标账号的运营模式，包括它们的内容制作流程、合作方式、商业变现手段等。这可以为你提供宝贵的经验和启示。

总之，确定和分析对标账号是一个综合性的过程，需要你对短视频行业有深

第 3 章 短视频定位与内容策划

入的了解和研究。通过这个过程，你可以找到与你的账号定位相似或具有参考价值的账号，并从它们的成功经验中学习和借鉴，为自己的账号创建和运营提供有力的支持。

3.2.2 注册一个短视频账号

注册短视频账号非常简单，只需要准备并输入手机号即可快速注册。这里以注册抖音账号为例，讲解注册短视频账号的具体操作。

第1步：打开抖音App，在首页底部找到并点击"我"选项，进入账号登录页面，如图3-3所示。

第2步：进入登录账号页面，在底部找到并点击"以其他账号登录"选项，如图3-4所示。

第3步：输入手机号，点击"验证并登录"按钮，如图3-5所示。

图3-3 点击"我"选项　　图3-4 点击"以其他账号登录"按钮　　图3-5 点击"验证并登录"按钮

完成验证后，系统进入自己的页面，即可开始完善信息。需要填写昵称、性别、生日等，并上传头像和设置签名档。

以上是使用手机号码注册账号的操作，大家也可以选择使用微博、QQ、微信等账号登录。用手机号码注册的好处是权重较高，能够获得较好的搜索排名。

3.2.3 完善短视频账号信息

完善短视频账号信息不仅可以提升品牌形象和观众信任度，还能够优化内容推荐、增加互动机会并促进商业合作。因此，对于希望在短视频领域取得成功的账号来说，完善信息是非常重要的一步。完善短视频账号信息的优势主要体现在以下5个方面。

（1）增强品牌形象：一个信息完善的短视频账号能够展现清晰、专业的品牌形象。精心设计的头像、背景图和简介，可以向观众传达账号的定位、风格和价值观，从而增强观众对账号的认知和记忆。

（2）提升观众信任度：完善的信息能够让观众感受到账号的可靠性和诚信度。例如，提供详细的联系方式和合作信息，可以让观众在需要时方便地联系到账号，建立更紧密的互动关系。同时，这也能够增加观众对账号的信任感，提高他们的黏性和参与度。

（3）优化内容推荐：短视频平台通常会根据账号信息来推荐相关内容给观众。因此，完善的信息有助于平台更准确地理解账号的定位和内容特点，从而向目标受众推荐更精准的内容。这有助于提高账号的曝光率和点击率，吸引更多潜在观众。

（4）增加互动机会：通过完善的信息，账号可以吸引更多观众的关注和互动。例如，在简介中提及账号的特色活动或话题挑战，可以鼓励观众参与并分享相关内容，增加账号的活跃度和粉丝黏性。

（5）促进商业合作：对于希望与品牌或商家合作的短视频账号来说，完善的信息能够展示账号的专业性和商业价值，吸引更多潜在合作伙伴的注意。同时，详细的合作方式和联系方式也能够方便双方进行沟通和洽谈，促进商业合作的顺利进行。

在完善短视频账号信息过程中，可以使用AI来助力，具体原因如图3-6所示。

- **个性化与精准性**：AI可以通过对大量数据的分析，理解目标受众的兴趣、喜好和行为模式，从而帮助制定更加个性化和精准的内容策略。这有助于短视频账号更好地定位自己的内容方向，吸引并留住目标受众。

图3-6 AI助力完善短视频账号信息

- **内容优化**：AI技术可以分析过往视频的表现，如观看时长、点赞、评论等数据，从而找出受欢迎的元素和不受欢迎的部分。这有助于创作者了解哪些内容类型、风格或话题更受欢迎，进而优化后续的创作。

- 自动化工具：AI还可以作为自动化工具，帮助处理一些烦琐的任务，如视频剪辑、字幕添加、音频处理等。这能够节省创作者的时间和精力，使他们能够更专注于内容的创意和策划。
- 趋势预测：AI可以分析当前的流行趋势和热门话题，为短视频账号提供有关未来内容方向的建议。这有助于创作者紧跟潮流，保持内容的时效性和新鲜度。
- 用户互动提升：AI还可以帮助优化用户互动，如自动回复评论、智能推荐相关内容等。这不仅可以提高用户的满意度和参与度，还有助于增强账号的影响力和粉丝黏性。

3.2.4 AI助力：使用文心一言编写短视频账号信息

使用AI编写短视频账号信息，具有以下3个方面的优点。

（1）AI的高效性和创新性使编写短视频账号信息更为迅速和精准。AI技术可以快速分析并理解账号的定位、目标受众及内容特点，生成符合品牌调性和市场需求的账号信息，大大提高了编写效率。

（2）AI的个性化和精准性有助于提升短视频账号的吸引力。通过对用户数据的分析，AI能够洞察用户的喜好和行为模式，为账号定制个性化的信息，从而更好地吸引和留住目标受众。

（3）AI还能在短视频账号信息的优化和更新方面发挥重要作用。随着市场和用户需求的不断变化，AI可以实时监测并调整账号信息，确保其始终与品牌形象和市场趋势保持一致。

使用AI编写短视频账号信息有助于提升账号的专业性、吸引力和市场竞争力，为短视频创作者和内容生产者带来诸多便利和优势。

在使用AI编写短视频账号信息时，还需要注意保持信息的原创性和独特性。虽然AI工具可以生成大量内容，但过于模板化的信息可能降低受众的关注度。因此，在编写过程中需要适当加入个性化的元素和创新点，使账号信息更具吸引力和竞争力。

例如，使用文心一言来编写短视频账号信息。

> **提问：**
> 请为一个创意生活教程类的账号编写账号信息，包括账号名称、账号简介、头像设计、内容定位等信息。

> **文心一言回答：**
> 短视频账号信息
> 账号名称：【创意视界】
> 账号简介：探索创意的边界，分享生活的点滴美好。这里有精彩的短视频，有趣的生活分享，还有不定期的惊喜活动等你来参与。让我们一起在【创意视界】里，发现更多精彩瞬间！
> 头像设计：采用一个简洁明快的图案，结合现代简约风格，展现出【创意视界】的时尚感和活力。
> 背景图：展示一系列精选的短视频截图，呈现出丰富多样的内容，吸引观众点击关注。
> 内容定位：
> （1）创意生活：分享创意十足的生活小贴士、手工DIY、美食制作等，展现生活的美好与创意。
> （2）短视频教程：教授短视频拍摄、剪辑、配音等技巧，帮助观众提升短视频创作能力。
> （3）趣味互动：举办线上活动、话题挑战等，鼓励观众参与互动，增加粉丝黏性。
> 目标受众：年轻人、短视频创作者、生活美学爱好者等。
> 更新频率：每周至少更新3次，保持内容的新鲜度和活跃度。
> 合作与联系方式：欢迎与品牌、商家、达人等进行合作，共创优质内容。如需合作或咨询，请私信联系我们。

3.3 短视频内容策划的基本步骤

短视频内容策划的基本步骤包括明确目标受众，理解他们的需求和兴趣；确定内容主题，选择与品牌或产品相关的主题和风格；构思创意内容，包括故事情节、角色和场景等；编写脚本，明确视频的结构、台词和对话；准备拍摄，包括设备、环境、演员和团队；进行拍摄和后期制作，确保视频质量和效果；发布并推广短视频，选择合适的平台和推广策略；最后，分析数据并优化内容，根据观众反馈进行迭代更新。这些步骤共同构成了短视频内容策划的完整流程。

3.3.1 确定目标受众

短视频内容策划的第一步是确定目标受众，这是一个至关重要的环节，因为它决定了后续所有策划和制作的方向。以下是关于如何确定目标受众的详细讲解和举例分析。

1. 理解目标受众

在开始策划任何短视频内容之前，首先要明确你的视频是为了吸引哪一类人群。这涉及对目标受众的深入理解，包括他们的年龄、性别、职业、兴趣、消费习惯等。

2. 市场调研

进行市场调研，了解目标受众在短视频平台上的观看习惯、喜好、活跃时间等。这可以通过查阅行业报告、分析竞争对手的受众群体、参与社交媒体讨论等方式获得。

3. 定位与细分

根据市场调研的结果，对你的目标受众进行定位和细分。例如，如果你的产品是一款面向年轻人的时尚服饰，你的目标受众可能是18～30岁之间的年轻人，他们关注时尚、潮流，并且活跃在各大社交媒体平台上。

4. 内容匹配

根据目标受众的特点，制定与他们匹配的内容策略。这包括主题选择、风格定位、语言表达等。确保你的短视频内容能够引起目标受众的兴趣和共鸣。

假设你是一家健康食品品牌，想要通过短视频来推广你的产品。你的目标受众可能是关注健康、注重饮食的人群。在确定目标受众后，你可以进行以下策划。

- 主题选择：围绕健康饮食、健康生活方式等主题展开，吸引关注健康的人群。
- 风格定位：采用轻松、自然、亲切的风格，与目标受众建立情感连接。
- 语言表达：使用简洁明了的语言，传达产品的健康价值，同时避免过于复杂的科学术语，确保目标受众易于理解。

通过以上策划，你的短视频内容将更有可能吸引并留住关注健康的目标受众，从而实现品牌传播和产品推广的目的。

总之，只有深入了解并精准定位目标受众，才能制作出有吸引力、有影响力的短视频内容。

3.3.2 确定内容主题

确定内容主题是短视频内容策划的核心环节之一，它决定了视频的整体走向和风格，同时也是吸引观众的关键因素。内容主题为整个视频提供了核心思路。一个好的主题能够吸引观众的注意，激发他们的共鸣，并传达视频的核心信息。通过明确主题，创作者可以更好地规划视频的结构、选择合适的拍摄手法和剪辑风格，以及编写引人入胜的脚本。以下是关于如何确定短视频内容主题的详细阐述以及举例分析。

1. 分析目标受众

深入了解目标受众的兴趣、需求和喜好，选择与他们产生共鸣的主题。通过市场调研、社交媒体互动等方式，了解受众的关注点和热门话题，从而确定与之相关的主题。

2. 关联品牌或产品

确保所选主题与品牌或产品相关联，能够突出品牌特点和产品优势。选择与品牌形象相符的主题，有助于提升品牌认知度和形象塑造。

3. 创意与创新

在确定主题时，注重创意和创新，避免与竞争对手的内容雷同。尝试从不同角度、用新颖的方式呈现主题，以吸引观众的注意。

假设你是一家运动鞋品牌，想要通过短视频来展示新款运动鞋的特点和优势。在确定内容主题时，你可以考虑以下3个方向。

- 运动场景展示：选择运动场景作为主题，展示新款运动鞋在跑步、打篮球等运动中的出色表现。通过拍摄运动员在实际运动中的镜头，展现运动鞋的舒适度、支撑力和抓地力等特点。

- 时尚搭配：将新款运动鞋与时尚搭配相结合，展示其时尚、潮流的一面。可以选择与潮流博主或明星合作，拍摄他们在不同场合穿着新款运动鞋的时尚造型，吸引年轻、注重时尚的受众。

- 故事化呈现：通过讲述一个与新款运动鞋相关的故事，展现其背后的品牌故事或设计理念。例如，可以拍摄一部关于运动员通过坚持训练和穿着新款运动鞋取得突破、实现梦想的短片，传递品牌积极向上的价值观。

无论选择哪种主题，都要确保与品牌形象和目标受众相契合，同时注重创意和视觉效果，以吸引观众的注意并传达视频的核心信息。

3.3.3 创意设计

创意设计是短视频内容策划中至关重要的环节，它能够为观众带来新鲜感和吸引力，使视频在众多内容中脱颖而出。创意设计是短视频内容的灵魂，它能够赋予视频独特的个性和魅力。通过创意设计，可以创造出令人难忘的场景、引人入胜的故事情节和令人捧腹的幽默元素，从而吸引观众的眼球并留下深刻印象。创意设计还能够增强视频的辨识度和传播力，提升品牌或产品的知名度。以下是关于短视频内容策划的创意设计的详细阐述。

1. 突破常规

勇于打破传统思维模式，尝试不同的创意手法和表达方式。通过独特的视角、创新的剪辑手法或别致的呈现方式，创造出与众不同的视频内容。

2. 运用故事叙述

通过故事化的叙述方式，将观众带入一个充满情节和情感的世界。利用反转、悬念、情感冲突等元素，构建引人入胜的故事情节，使观众产生共鸣。

3. 突出个性化元素

在视频中加入独特的个性化元素，如独特的角色设定、个性化的台词、别致的场景设计等，使视频具有鲜明的个性和风格，与其他内容形成差异。

4. 结合热门话题和趋势

关注当前的热门话题和流行趋势，将其融入视频创意中。通过与时下热点相结合，吸引观众的注意力，并增加视频的曝光度和传播力。

以一部名为《时间旅行者的一天》的短视频为例，这部视频通过创意设计，将观众带入了一个充满奇幻和想象力的世界。

视频中的主角是一位时间旅行者，他在一天之内穿越到了不同的历史时期，经历了各种奇特的冒险。整个视频通过精心设计的场景、服装和道具，展现了不同历史时期的特色和风貌，同时结合幽默诙谐的台词和情节，让观众在欣赏美景的同时，也感受到了欢乐和轻松。

这部视频的创意设计体现在多个方面，首先是故事情节的构建，通过时间旅行的概念，创造了一个充满奇幻和冒险的故事世界。其次是场景和道具的设计，精心还原了不同历史时期的场景和服饰，使观众仿佛身临其境。最后是台词和幽默元素的运用，通过幽默诙谐的对话和情节设置，让观众在欣赏视频的同时，也能感受到轻松和愉悦。

通过创意设计，这部短视频成功吸引了观众的眼球，并给观众留下了深刻的印象。它不仅展示了创作者独特的个性和风格，也提升了品牌或产品的知名度和吸引力。

综上所述，创意设计是短视频内容策划中不可或缺的一环。通过突破常规、运用故事叙述、突出个性化元素和结合热门话题和趋势等手法，可以创作出独特而引人入胜的短视频内容，吸引观众的关注和喜爱。

3.3.4 制订拍摄计划

制订拍摄计划是短视频内容策划中不可或缺的一环，它可以确保视频内容的连贯性、拍摄效率及最终呈现效果的质量。以下是制订拍摄计划的详细步骤，并辅以具体案例分析。

1. 确定视频主题与风格

明确短视频想要传达的核心信息，以及目标受众。这决定了视频的整体风格和调性。

2. 分析目标受众

深入了解目标受众的喜好、需求和观看习惯，以确保视频内容能够吸引他们，并让他们产生共鸣。

3. 故事板制作

将视频内容分解为一系列镜头或场景，并为每个镜头或场景标注描述、拍摄角度、时长等。

4. 确定拍摄地点与设备

根据故事板选择合适的拍摄地点，并确定所需的拍摄设备，如相机、灯光、麦克风等。

5. 制定时间表及预算规划

制定时间表：为每个镜头或场景分配预计的拍摄时间，制定详细的拍摄进度表。
预算规划：估算拍摄所需的费用，包括人力、物力、场地租赁等，并确保预算在合理范围内。

6. 组建与培训团队

组建一支专业的拍摄团队，并为团队成员提供必要的培训和指导。

下面以拍摄某城市旅游推广短视频为例，来讲解制订拍摄计划的方法与要点。

- 主题：旅游推广短视频，展示某城市的独特魅力和旅游景点。
- 确定视频主题与风格：选择"探索之旅"作为主题，风格定位为轻松、活泼，以吸引年轻受众。
- 分析目标受众：目标受众为喜欢旅行、探索的年轻人。因此，视频内容应包含城市的历史文化、美食、特色景点等元素。
- 故事板制作：将城市的不同景点和特色文化融入故事中，制作一系列有趣的镜头，如无人机航拍城市全景、街头艺人表演、当地特色美食等。
- 确定拍摄地点与设备：选择城市的标志性建筑、历史街区、美食街等作为拍摄地点。拍摄设备使用高清相机、稳定器、无人机等。
- 制定时间表：为每个镜头分配预计的拍摄时间，并制定详细的拍摄进度表，确保拍摄进度与预算相符。
- 预算规划：根据拍摄需求和设备租赁费用，制定合理的预算，并预留一定的余地以应对可能出现的额外费用。
- 组建与培训团队：组建一支包括导演、摄影师、演员、后期制作人员等在内的专业团队。团队成员接受相关培训，以确保拍摄质量和进度。

这部短视频在发布后受到了广泛关注，成功吸引了大量游客到该城市旅游。同时，该视频也在社交媒体上获得了大量转发和点赞，进一步提高了该城市的知名度。

通过明确主题、分析受众、制作故事板、确定拍摄地点与设备、制定时间表、预算规划和组建团队等步骤，可以确保短视频项目的顺利进行，并实现预期的推广效果。

3.3.5 拍摄视频素材

拍摄视频素材是短视频内容策划中的核心环节，它直接关系到最终视频的质量和观众的体验。以下是关于拍摄视频素材的详细步骤。

1. 准备阶段

- 确保所有的拍摄设备（如相机、手机、灯光、麦克风等）都已经准备妥当并处于良好状态。

- 根据故事板或拍摄计划，明确每个镜头的具体需求。
- 对拍摄地点进行预先的勘察，确保了解环境、光线和其他可能影响拍摄的因素。

2. 拍摄阶段

- 根据故事板或拍摄计划，按照顺序进行拍摄。
- 注意镜头的稳定性，使用三脚架或其他稳定设备来避免画面抖动。
- 确保画面清晰，调整焦距和曝光，以获得最佳的视觉效果。
- 捕捉细节和特色，以展示故事或产品的独特之处。

3. 记录与检查

- 在拍摄过程中，确保记录每个镜头的元数据（如时间、地点、设备等）。
- 定期检查拍摄的视频素材，确保质量符合要求，并及时调整拍摄策略。

4. 收尾阶段

- 完成所有镜头的拍摄后，进行最后一次检查，确保所有需要的内容都已拍摄完成。
- 备份和存储视频素材，以防止数据丢失。

充分的准备、稳定的拍摄、细节的捕捉与及时的检查和备份，可以确保获得高质量的视频素材，为后续的剪辑和制作打下坚实的基础。

3.3.6 剪辑和编辑视频

在短视频内容策划中，剪辑和编辑视频是非常关键的一步。这涉及将拍摄好的素材进行精心的处理，以创作出吸引人、流畅和有逻辑的短视频内容。以下是剪辑和编辑视频的详细步骤。

1. 导入素材

将拍摄好的视频素材导入剪辑软件中。同时，导入其他可能需要的素材，如音频、图像、文字等。

2. 剪辑处理

根据故事板或策划要求，对视频素材进行剪辑。这包括删除不必要的部分、调整片段的顺序、修剪长度等。同时，可以运用剪辑技巧，如跳剪、交叉剪辑等，以增加视频的动感和趣味性。

3. 添加特效和过渡效果

为视频添加特效和过渡效果，以增强视觉吸引力。这可以包括滤镜、颜色调整、动画效果等。同时，合理地使用过渡效果，可以使不同片段之间的切换更加自然和流畅。

4. 添加音频和字幕

为视频添加背景音乐、音效和字幕。音频的选择要与视频内容相匹配，能够增强观众的情感体验。字幕则可以帮助观众更好地理解和记忆视频内容。

5. 调整节奏和时长

根据视频的整体风格和目标受众，调整视频的节奏和时长。过长的视频可能会让观众失去兴趣，而节奏过快则可能让人难以理解。因此，要找到一个平衡点，让视频既有趣又易于理解。

6. 导出和分享

完成剪辑和编辑后，导出视频文件。根据需求选择合适的导出格式和分辨率。最后，将视频分享到合适的平台或渠道，让更多人观看和分享。

通过合理的剪辑处理、特效和过渡效果的添加、音频和字幕的配合及节奏和时长的调整，你可以打造出吸引人、有趣且易于理解的短视频内容。

3.3.7 发布推广

在短视频内容策划的最后阶段，发布推广是至关重要的。即使你制作了一支高质量、有创意的短视频，如果没有有效的推广策略，它可能无法获得足够的曝光和观众。以下是短视频发布推广的步骤。

1. 选择合适的平台

（1）分析目标受众活跃的平台和喜好，选择最适合发布你短视频内容的平台，如抖音、快手、B站、小红书等。

（2）了解各平台的发布规则、推荐算法和用户群体特点，以便更好地制定推广策略。

2. 优化标题和描述

（1）为视频起一个吸引人的标题，确保标题简短、明确，并能概括视频内容。

（2）编写描述性的文字，简要介绍视频内容，并合理使用关键词，提高搜索曝光率。

3. 利用标签和分类

（1）为视频添加相关的标签，这有助于用户通过搜索找到你的视频。

（2）将视频归类到正确的分类中，使其更容易被目标受众发现。

4. 制订发布计划

（1）选择最佳的发布时间，如周末或晚上等用户活跃的时间段。

（2）定期发布内容，保持更新频率，以维持观众的关注度。

5. 合作与联动

（1）与其他相关领域的达人或品牌进行合作，通过互推互粉、共同创作等方式扩大影响力。

（2）参与平台活动或挑战，提高视频曝光率。

6. 利用付费推广

如果预算允许，可以考虑使用平台的付费推广服务，如抖音的DOU+推广、B站的商业推广等，增加视频的曝光率。

7. 持续互动与反馈

（1）在视频发布后，密切关注观众评论和反馈，及时回复和互动，建立稳固的粉丝群体。

（2）根据反馈调整内容和推广策略，不断优化短视频内容和发布效果。

通过选择合适的平台、优化标题和描述、利用标签和分类、制订发布计划、合作与联动、付费推广及持续互动与反馈等，你可以有效提高短视频的曝光率和观众参与度，实现推广目标。

3.3.8 数据分析与优化

在短视频内容策划的最后阶段，数据分析与优化是关键的一环。通过对短视频的数据进行深入分析，你可以了解观众的行为和喜好，从而优化内容策划，提高短视频的曝光率和观众参与度。以下是短视频数据分析与优化的步骤及案例分析。

1. 收集数据

- 使用专业的数据分析工具或平台来收集短视频的观看数据，包括观看次数、点赞数、评论数、分享数等。
- 确保收集到的数据全面、准确，并涵盖不同时间段和平台。

2．整理和分析数据

- 对收集到的数据进行整理、分类和归纳，以便更好地分析。
- 分析数据的变化趋势、观众行为模式及观众喜好等。

3．识别问题和机会

- 根据数据分析结果，识别短视频内容策划中存在的问题和不足。
- 发现潜在的改进机会和优化空间，以提高短视频的质量和吸引力。

4．制定优化策略

- 根据数据分析结果，制定具体的优化策略，如调整内容方向、改进拍摄手法、优化标题和描述等。
- 确定优化目标和时间计划，以便跟踪和评估优化效果。

5．实施和优化

- 将优化策略付诸实践，调整短视频内容策划的各个环节。
- 不断监控数据变化，根据实际情况进行进一步的优化和调整。

下面以美食制作短视频为例，进行数据分析与优化。

第1步：收集数据。使用短视频平台的数据分析工具，收集关于美食制作短视频的观看数据。

第2步：整理和分析数据。发现某些类型的美食制作短视频观看次数较高，如甜品、家常菜等。

发现观众在观看短视频时更喜欢简洁明了的步骤和清晰的画面。

第3步：识别问题和机会。发现某些复杂菜品的教学短视频观看次数较低，可能是步骤过于烦琐或画面不够清晰。

发现观众对高清画质和快节奏剪辑的短视频更感兴趣。

第4步：制定优化策略。调整内容方向，增加简单易学且受欢迎的家常菜和甜品教学短视频。

提高拍摄和剪辑水平，使用高清设备和专业的剪辑手法，提高短视频的画面质量和观赏性。

第5步：实施和优化。按照优化策略调整美食制作短视频的内容策划和制作流程。

持续监控数据变化，根据观众反馈和数据分析结果，不断优化短视频内容和制作方式。

通过数据分析与优化，美食制作短视频的观看次数、点赞数和评论数都有了显著提升，吸引了更多观众的关注和参与。

通过对短视频数据的深入分析，你可以了解观众的行为和喜好，发现存在的问题和机会，从而制定针对性的优化策略。不断实施和优化短视频内容策划，可以提高短视频的质量和吸引力，吸引更多观众的关注和参与。

3.4 策划短视频选题的法则

策划短视频选题要求策划者深入了解目标受众，选择能够引起观众共鸣的主题，创新表达方式，紧跟热点趋势，构建鲜明的人设，触动观众情感，提供实用价值，注入趣味元素，以及讲述引人入胜的故事。

3.4.1 八大法则

策划短视频选题的法则包括共鸣法则、创新法则、热点法则、人设法则、情感法则、实用法则、趣味法则和故事法则。通过综合运用这些法则，你可以策划出既有深度又有广度的短视频选题，从而吸引观众、传递价值并提升传播效果。

1. 共鸣法则

在短视频策划中，共鸣法则指的是选择那些能够引起观众共鸣的主题和内容。这种共鸣可以基于观众的经验、情感、价值观或文化背景等方面。当观众在观看视频时，能够从中看到自己的影子或感受到与自身相关的情感共鸣，他们就更可能对该视频产生兴趣和关注。

例如，一个短视频平台希望推出一档关于职场新人成长的节目。在这个节目的策划中，可以运用共鸣法则，选择那些职场新人普遍面临的问题和挑战作为主题，如如何与同事相处、如何提升职业技能、如何应对工作压力等。通过邀请具有相关经验的职场人士分享他们的经验和故事，或者让职场新人自己讲述他们的成长经历，这样的节目就很容易引发观众的共鸣。

观众在观看这样的节目时，会不由自主地联想到自己在职场中的经历和感受，从而与节目内容产生情感上的连接。这种共鸣不仅增强了观众对节目的认同感和黏性，还使节目更容易在社交媒体上被分享和传播，进一步扩大其影响力。

因此，在策划短视频选题时，运用共鸣法则，选择那些能够引起观众共鸣的主题和内容，是提升短视频吸引力和传播效果的重要手段。

2. 创新法则

在短视频策划中，创新法则指的是追求创意和新颖性，打破常规，避免同质化，以独特的视角和内容吸引观众。创新是短视频行业中非常重要的一个方面，因为观众对于新鲜、有趣、独特的内容总是充满好奇和兴趣。

例如，一个短视频平台想要推出一档关于旅行的节目。在众多的旅行节目中，如何让自己的节目脱颖而出，吸引观众的眼球呢？这时就可以运用创新法则。

一种可能的创新方式是采用全新的拍摄手法和呈现方式。比如，可以利用无人机进行航拍，展示平常难以观察到的美景；或采用第一人称视角，让观众仿佛置身于旅行之中。此外，还可以在内容上进行创新，比如邀请不同行业的嘉宾，分享他们独特的旅行经验和见解，或者通过虚拟现实技术，让观众能够亲身体验目的地的风土人情。

这样的创新方式能够打破传统旅行节目的框架，给观众带来全新的视听体验，从而吸引更多的观众关注和参与。同时，创新也是短视频行业持续发展的动力，只有不断创新，才能在这个竞争激烈的市场中脱颖而出。

因此，在策划短视频选题时，运用创新法则，以独特的视角和内容吸引观众，是提升短视频吸引力和竞争力的关键。

3. 热点法则

在短视频策划中，热点法则指的是紧跟时事热点和流行趋势，选取热门话题或事件作为短视频选题，以吸引观众的关注。时事热点和流行趋势往往能够引起大众的广泛关注和讨论，因此，利用这些热点来制作短视频，能够迅速吸引观众的眼球，提升视频的曝光度和点击率。

以近年来流行的短视频为例，每当有重大社会事件或热点话题出现时，总能在短视频平台上看到与之相关的内容。比如，某明星的热门事件、重要的体育比赛、突发的自然灾害等，都会引发大量的短视频创作和分享。这些短视频往往能够迅速传播开，吸引大量观众观看和讨论。

假设某段时间内，网络上出现了关于环保的热门话题，如"垃圾分类"或"减少塑料使用"等。在这种情况下，短视频创作者可以紧跟这一热点，制作与环保相关的短视频内容。比如，可以分享一些垃圾分类的小技巧，或者展示一些减少塑料使用的创新方法。这样的选题不仅紧跟热点，还能传递积极的社会价值观，引发观众的共鸣和思考。

通过运用热点法则，短视频创作者能够迅速抓住观众的注意力，提升视频的曝光度和影响力。然而，也需要注意避免过度追求热点而忽视内容的质量和深度。只有在热点与高质量内容相结合的情况下，才能真正实现短视频的有效传播和价值体现。

4. 人设法则

在短视频策划中，人设法则指的是根据目标受众设定符合品牌形象的人格化特征，使观众能够对短视频内容产生特定的预期和认同感。构建鲜明的人设可以使短视频内容更具吸引力和辨识度，从而在竞争激烈的市场中脱颖而出。

以美食短视频为例，许多成功的美食短视频创作者都拥有独特的人设。例如，有的创作者以专业厨师的形象出现，分享高端烹饪技巧和精致菜品；有的则以家庭主妇或普通食客的角度，介绍家常菜肴和烹饪心得。这些不同的人设定位，使观众可以根据自己的喜好和需求，选择关注适合自己的创作者和内容。

在人设构建过程中，创作者需要注意保持一致性。无论是视频风格、语言表达还是内容选择，都应该与设定的人设相符合。同时，创作者还需要根据目标受众的需求和喜好，不断调整和优化人设定位，以保持与观众的紧密互动和黏性。

以某知名美食短视频创作者为例，该创作者以家庭主妇的形象出现，分享简单易学的家常菜肴和烹饪技巧。在视频中，她以亲切自然的语气与观众交流，分享自己的烹饪心得和家常故事。这种温馨、贴近生活的人设定位，使观众在观看视频时能够感受到家的温暖和亲切感，从而产生较强的认同感和黏性。

总之，人设法则是短视频策划中不可或缺的一部分。通过构建鲜明的人设定位，可以使短视频内容更具吸引力和辨识度，从而吸引更多观众的关注和喜爱。同时，创作者还需要注意保持人设的一致性，并与目标受众保持紧密互动和黏性。

5. 情感法则

情感法则是短视频策划中的一项重要原则，它强调在内容创作中运用情感元素，触动观众的情感，从而增强观众与短视频内容之间的情感连接。情感共鸣能够激发观众的观看兴趣，提高内容的吸引力，并促使观众分享和传播视频。

以一部名为《时光倒流三十年》的短视频为例，该视频运用情感法则取得了显著的成功。视频讲述了一位老人意外穿越回三十年前的故事，与年轻的自己和已故的伴侣重逢。通过展现老人与年轻时的伴侣之间深厚的情感和回忆，视频成功引发了观众对亲情、爱情和时光流逝的共鸣。

在视频中，情感元素的运用非常巧妙。首先，通过展现老人与年轻时的伴侣的甜蜜互动，观众能够感受到他们之间深厚的情感。其次，通过老人对过去的回忆和感慨，观众能够体会到时光流逝的无情和珍贵。最后，视频以老人与年轻时的伴侣的离别作为高潮，让观众深刻感受到生命的短暂和珍贵。

这部短视频通过情感法则的运用，成功触动了观众的情感。观众在观看过程中不仅能够感受到故事的情感张力，还能在其中找到自己的影子，回忆自己的过去和珍惜当下的情感。这种情感共鸣使观众更容易对视频产生认同感和黏性，从而提高视频的传播效果。

因此，在短视频策划中，运用情感法则是非常重要的。创作者需要深入了解目标受众的情感需求，通过巧妙运用情感元素，触动观众的情感，从而创作出更具吸引力和传播力的短视频内容。

6. 实用法则

实用法则在短视频策划中强调的是内容的实用性和价值性，即短视频需要为观众提供具有实际帮助或应用价值的信息或技巧。通过分享实用知识、技能或工具，短视频能够满足观众的实际需求，提升他们的生活质量或工作效率，从而吸引观众的关注和喜爱。

以一部名为《五分钟学会做家常面食》的短视频为例，该视频运用实用法则取得了成功。视频内容针对观众在家常面食制作方面的需求，详细展示了如何快速简单地制作美味面食。通过清晰的步骤演示和实用的制作技巧，观众可以在短时间内学会制作多种面食，满足家庭日常饮食的需求。

这部短视频之所以受欢迎，关键在于其实用性。首先，它针对的是观众普遍关心的饮食问题，提供了实用的解决方案。其次，视频内容简洁明了，易于理解和操作，观众可以迅速掌握所需技能。最后，通过实际制作过程的展示，观众可以直观地看到效果，增加了观众对视频内容的信任感。

实用法则在短视频策划中的应用广泛，不仅限于生活技能类内容。例如，在教育领域，可以制作短视频分享学习方法和技巧；在职场领域，可以分享工作技能和职场经验；在健康领域，可以提供健康知识和保健建议等。只要短视频内容具有实用价值，能够满足观众的需求，就能够吸引观众的关注和喜爱。

因此，在短视频策划中，运用实用法则是非常重要的。创作者需要深入了解目标受众的需求和痛点，提供具有实际帮助或应用价值的信息或技巧。通过分享实用知识、技能或工具，创作者可以创作出更具吸引力和实用性的短视频内容，满足观众的实际需求，提升他们的生活质量或工作效率。

7. 趣味法则

趣味法则是短视频策划中的重要原则之一，它强调在内容创作中注入幽默、趣味和轻松的元素，以吸引观众的注意力，提升观看体验。创作有趣、好玩的视频内容，可以激发观众的兴趣和好奇心，使他们更愿意花费时间观看和分享。

以一部名为《狗狗的神奇舞蹈》的短视频为例，该视频成功运用了趣味法则。视频内容展示了一只可爱的狗狗随着音乐节奏跳舞的场景。通过精心编排的舞蹈动作和欢快的音乐，视频呈现出一种轻松、有趣的氛围，让观众在观看过程中忍俊不禁，产生强烈的共鸣和分享欲望。

这部短视频之所以受到欢迎，关键在于其趣味性。首先，狗狗作为宠物本身就具有可爱和亲近的属性，容易引起观众的喜爱。其次，通过精心设计的舞蹈动作和音乐，视频营造了一种轻松愉快的氛围，让观众在忙碌的生活中找到了片刻的轻松和乐趣。最后，视频的剪辑和后期处理也增加了趣味性，如添加特效、音效等，使整个视频更加生动有趣。

除了宠物类短视频外，趣味法则还广泛适用于其他类型的短视频创作。例如，搞笑类短视频可以通过夸张的表演、幽默的对白等方式营造轻松愉快的氛围；创意类短视频则可以通过独特的创意和想象力打造出令人惊叹和好玩的视觉效果。

总之，在短视频策划中运用趣味法则是非常重要的。创作者需要深入了解目标受众的喜好和兴趣点，通过注入幽默、趣味和轻松的元素，创作出有趣、好玩的短视频内容，吸引观众的注意力，提升观看体验。同时，也需要注意保持内容的真实性和自然性，避免过度夸张或做作，以保持观众的信任和喜爱。

8. 故事法则

在短视频策划中，故事法则指的是以故事为核心，构建引人入胜的叙述结构，通过情节、角色和冲突等元素，将观众带入一个完整而富有张力的故事世界。好的故事能够引发观众的情感共鸣，增强观看体验，使短视频内容更具吸引力和传播力。

以一部名为《时间的礼物》的短视频为例，该视频成功运用了故事法则。视频讲述了一个老人通过一本旧相册回忆起自己与已故妻子共同度过的美好时光的故事。通过精心构建的情节和角色塑造，视频展现了一个感人至深的爱情故事，让观众

第 3 章 短视频定位与内容策划

在观看过程中感受到了时间的无情和爱情的永恒。

在这部短视频中，故事法则的运用体现在以下几个方面。

- 情节构建：视频以老人翻开旧相册为起点，通过一系列回忆片段的拼接，展现了老人与妻子从相识、相恋到相濡以沫的过程。情节紧凑且富有张力，让观众在情感上产生共鸣。
- 角色塑造：视频通过展现老人与妻子的互动和对话，成功塑造了两个鲜活的角色。观众可以感受到他们之间的深厚感情和默契，从而更加投入地观看故事。
- 冲突与转折：视频在情节发展中设置了冲突和转折，如妻子因病离世等情节，使故事更加扣人心弦。观众在经历情感起伏的过程中，更加深入地捕捉到了故事的情感内核。

通过运用故事法则，《时间的礼物》这部短视频成功地吸引了观众的关注，让他们在观看过程中感受到了强烈的情感共鸣。这种情感共鸣不仅增强了视频的观看体验，还使视频在社交媒体上得到了广泛的分享和传播。

因此，在短视频策划中，运用故事法则是非常重要的。创作者需要注重情节构建、角色塑造及冲突与转折等要素，通过讲述一个引人入胜的故事，吸引观众的关注并引发情感共鸣。同时，也需要根据目标受众的喜好和需求，选择合适的故事类型和主题，以确保短视频内容的吸引力和传播力。

3.4.2 AI助力：使用文心一言助力爆款短视频选题策划

使用文心一言助力爆款短视频选题策划，不仅可以提高策划的效率和精准度，还可以激发更多的创意灵感，优化内容质量，实现跨领域融合与创新。这将有助于我们打造出更多受欢迎的爆款短视频，提升品牌影响力和用户黏性。

> 提问：
> 请为快手平台的一个摄影教学类账号生成3个短视频选题策划，并说明这么策划的理由。

> 文心一言回答：
> 以下是为摄影教学类账号生成的3个短视频选题策划及其理由：
> 选题一：一分钟学会用手机拍出专业级人像
> 内容策划：
> 开篇：快速介绍手机摄影在人像拍摄中的潜力。

技巧一：利用手机自带的人像模式或专业模式进行拍摄。

技巧二：讲解如何通过调整角度、利用自然光来突出人物特点。

结尾：展示几个快速拍摄的实例，并鼓励观众尝试。

策划理由：

人像摄影是摄影中非常受欢迎的一个分支，而手机作为日常携带的工具，其摄影功能日益强大。这个选题旨在教会观众如何利用手机快速拍出专业级的人像作品，满足大众对实用性和便捷性的需求。

选题二：风景摄影中的色彩运用与情感表达

内容策划：

开篇：阐述色彩在风景摄影中的重要性。

技巧一：分析不同色彩在风景中的表现与情感联系。

技巧二：讲解如何通过后期处理来增强或改变色彩，以达到情感表达的目的。

结尾：展示几个通过色彩运用增强情感表达的风景作品。

策划理由：

风景摄影是摄影爱好者常涉及的领域，而色彩是构成风景美感的重要因素。通过讲解色彩在风景摄影中的运用，可以帮助观众更好地理解如何通过摄影来表达自己的情感，提升作品的艺术性。

选题三：夜景摄影的实用技巧与注意事项

内容策划：

开篇：强调夜景摄影的挑战与魅力。

技巧一：讲解如何选择合适的拍摄地点和时机。

技巧二：分享如何设置相机参数，如ISO、快门速度、光圈等。

注意事项：提醒观众在夜景拍摄中需要注意安全问题和器材保护。

结尾：展示几个成功的夜景摄影作品，并鼓励观众实践。

策划理由：

夜景摄影对于很多摄影爱好者来说都是一个挑战，但同时也是一个能够创作出独特作品的机会。通过分享实用技巧和注意事项，可以帮助观众克服夜景摄影中的难题，拍摄出令人惊艳的作品。

这三个选题都结合了摄影教学的实用性和观众的兴趣点，旨在通过短视频的形式，快速、有效地传递摄影技巧和知识，帮助观众提升自己的摄影水平。

3.5 轻松策划各类常见短视频

短视频的策划除了可以从产品、粉丝、营销三个维度来进行，更常见的是按照不同的类型来进行。通过类型策划短视频的方式更加普遍,也更加实用,可以根据不同类型短视频的特点来进行针对性的策划。

3.5.1 策划技能技巧展示类短视频

技能技巧展示类短视频,是短视频实用功能的重要体现之一。这类短视频吸粉速度非常快,通常一段实用技能短视频火爆后,就能迎来粉丝量的大爆发。策划这类视频需要从观众的角度出发。

首先,技能技巧展示类短视频最吸引用户的地方是"实用",因此制作这类短视频时,最根本的出发点就是"展示的技能一定要实用",要能够切实帮助用户解决实际生活中的棘手问题,从而让用户体验到解决问题的快感。

其次,出于解决实际问题的目的,这类短视频在表达上,不能让用户觉得难懂,而应当是大多数甚至所有的用户观看后都能马上学会这个小技能。所以,技能技巧展示类短视频需要将技巧或步骤拆分得很细,并用通俗易懂的语言进行表达,如图3-7所示。

除此之外,技能技巧展示类短视频的讲解方式最好是生动有趣的,让用户在解决实际问题的同时获得乐趣,从而让用户乐于

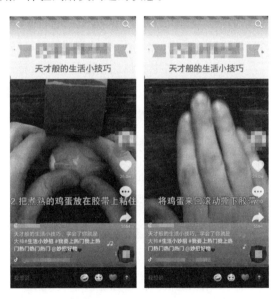

图3-7 通俗易懂的技能技巧展示类短视频

接受通过观看短视频解决实际困难这一模式,后续用户会对账号产生更多信任感。

3.5.2 策划评论类短视频

目前,在评论类短视频这一领域中,最火爆的是内容与电影、电视剧相关的短视频。在内容与影视剧相关的短视频中,存在更加细致的分类,包括但不限于恶搞吐槽、系列盘点等。这类视频在策划阶段,需要考虑以下两个要点。

1. 独树一帜的风格

从电影解说类视频账号"毒舌电影"的身上，很容易看出个人风格强烈的重要性。"毒舌电影"的视频中，不仅包含了对电影深刻而犀利的剖析，还巧妙地融入了解说者独特的嗓音特质和语言风格。这些特色元素，诸如富有感染力的语调、精准而幽默的影评词汇，以及时不时穿插的独到见解和机智点评，共同构成了"毒舌电影"辨识度极高的个人品牌标志。"毒舌电影"通过一系列标志性的语言特色和评论模式，让观众在享受电影解读的同时，深刻记住了这个账号独有的魅力，从而在众多电影解说账号中独树一帜。

2. 精彩的文案

"瞎看什么"是电影评论类账号中，文案十分出彩的一个。不管是幽默、深沉，还是俏皮、抒情，该账号的文案都拿捏得十分到位，还留下了让粉丝记忆深刻的标志性台词"爷爷、爷爷，奶油面包好好吃啊"。

文案是区分各电影评论类账号的重要标志，这类短视频的主要形式自面世以来并没有特别大的改变，一直都是画面与文案结合。而短视频的画面来自影视剧素材，除非有十分深厚的剪辑功底，否则只能以文案出彩。除此之外，创作者对电影的解读也只能体现在文案中。想要运营好电影评论类短视频的团队，一定要在文案上好好下功夫。

3.5.3 策划知识教学类短视频

知识教学类短视频是短视频领域的蓝海，虽然大多数人都看到了知识教学类短视频的巨大潜力，但一直没能出现现象级的播主，来提升知识教学类短视频在短视频领域的地位。由于知识教学类短视频的目的，以及形式上的限制，策划这类型短视频的重点在于以下两点。

1. 对症下药的知识点

知识教学类短视频的受众比较特殊，他们需要学习的知识点也许并不来自义务教育的知识范畴，也并非行业专业知识。短视频创作团队需要根据自身账号专注的知识定位，选取该领域中不艰深，又足够实用的知识点，且不能是入门级的知识，否则容易让观众因为知识点过难、不实用或是过浅，而丧失持续学习的兴趣。

2. 适合的时长

目前，短视频的时长有的已经超过十分钟，但用十分钟的时间、竖屏讲述一个知识点,很难保证观众抱有足够的耐心看完。所以,在策划知识教学类短视频时,一定要把握好每个视频的时长,不能过短,否则无法容纳足够的知识量;也不能过长,否则会导致观众丧失耐心。短视频创作团队可以将一个较长的知识点分为上下两集或是上中下三集来阐述,但一个知识点建议不要超过三集。

3.5.4 策划幽默搞笑类短视频

幽默搞笑类短视频向来是短视频中十分吃香的一类,拥有广泛的受众,且制作门槛相对较低。这类短视频有比较常见的两种形式,一种是个人吐槽,另一种则是情景剧。个人吐槽形式的幽默搞笑类短视频,制作起来成本较低,比较适合刚入门的短视频播主;而情景剧形式的幽默搞笑类型短视频,由于需要持续输出剧情连贯的内容,对团队的专业性要求会更高一点。

幽默搞笑类短视频的目的是让观众会心一笑,同时,打造账号IP,加深观众的印象,使他们养成持续观看的习惯。基于此,幽默搞笑类短视频的策划,除了要编写生动自然的搞笑剧情外,还需要注意以下两点。

1. 立住人设

不管是个人吐槽的形式还是情景剧的形式,幽默搞笑类短视频都需要为播主或演员,打造风格鲜明的人设,并在每一段短视频中尽情展现。以抖音号"毛光光"为例,该账号塑造的第一个经典角色就是柜姐"吴桂芳","吴桂芳"是一个爱贪小便宜、有些势利眼,但内心具有正义感的中年妇女。关于她的性格,在"毛光光"的每一集短视频中都有体现。例如,对看起来"只试不买"的顾客冷言冷语,但对忠实顾客"贵妇姐姐"关心备至,如图3-8所示。

图3-8 吴桂芳给贵妇姐姐送礼物

2. 加入热点

幽默搞笑类短视频是一种极易加入热门话语,或融入热点事件的视频类型。

对于个人吐槽类账号而言，团队可以在策划时，直接根据热点进行脚本创作，让播主直接发表关于某一热点事件的看法。而在情景剧形式的短视频中，则应当在推动剧情的同时，加入某一热点事件，或借演员之口，说出最近热门的话语。这样的策划能让观众感受到团队的用心，也更容易获得点赞。

3.5.5　策划剧情类短视频

剧情类短视频就好像一场短时长的电影，观众可以在不到一分钟的时间内看尽人生百态。在策划这类短视频时，需要注意以下两点。

1. 塑造丰满的人物形象

短视频的时长有限，要讲述一个足够打动人的故事，就需要在短时间内将人物形象立住。怎样在短视频内立住人物形象呢？这需要从背景环境、演员造型、行为动作等多个角度入手。

例如，一段以独居女性为主角的短视频，在背景环境方面，可以将演员的"家"布置得简单利落一些，或是特写杯子、枕头、碗筷等都是一人份。而在演员造型方面，独居女性一般在家并不会穿得过分隆重，因此可以抛开裙子，选择舒适的上衣与长裤。妆容尽量清淡，头发建议扎起来。在行为动作方面，演员可以大大咧咧一点，如果想要塑造一个工作型女性，可以让演员盘腿坐在沙发上，用笔记本电脑加班等。

树立一个丰满的人物形象在叙述中似乎需要花费笔墨雕琢许多细节，但在短视频中，上述所有的镜头时长加起来可以不超过10秒。这样的人物铺陈，可以让故事更加生动，也可以让观众更加感同身受。

2. 充分利用画外音与字幕

添加画外音是推进剧情的重要手法之一。在有限的时长中，靠演员对白来推进剧情发展是比较困难的，所以，在策划剧情类短视频时，建议通过画外音来交代故事环境、故事背景等，只在关键时运用演员对白增强剧情的真实性。特别需要注意的是，在进行画外音讲述时，一定要配上清晰的字幕。

3.5.6　策划产品展示类短视频

产品展示类短视频是播主或商家，出于产品销售的目的所拍摄的。这类短视频主要展示产品的外观、使用方式、性能等，同时也可能利用价格优惠吸引观众购买。产品展示类短视频的策划者，可以参考以下两点进行策划。

1. 融入合适的情境

将产品融入合适的情境，是一种十分高明的展现手法。例如，将淘米器放在淘米的过程中进行展示，将多功能衣架放在晾衣服的情境中进行展示。如此设计，才能让观众更加有代入感，能轻易地联想到自己使用这款产品的情形，如图3-9所示。

2. 与其他产品进行对比

在短视频平台销售的产品往往具有一定的优势，不管这一优势在于价格还是功能，或兼而有之。在功能方面具有

图3-9　融入情境的产品展示类短视频

优势的产品，可以设计与同类产品对比的展示环节，以凸显这款产品的优势。而在价格上具有优势的产品，也可以进行这类对比，着重凸显产品的高质量，让观众知道：便宜也有好货。

3.5.7　策划品牌推广类短视频

在短视频大行其道的今天，许多品牌也想登上这列"传播快车"，扩大自身的影响力。于是，品牌推广类短视频应运而生。

这类短视频的直接目的，是以短视频的形式推广自身品牌，宣传企业文化，加深用户对品牌的了解。基于此，品牌推广类短视频的策划工作需要满足以下两点要求。

1. 风格调性与品牌文化相符

品牌的风格是一以贯之的，不同品牌的风格也不尽相同。在进行品牌推广类短视频策划时，策划者应当充分照顾到该品牌的风格，策划与之风格相近的短视频。如果策划者为一个走高端路线的品牌，策划了一段十分接地气的推广短视频，那么不仅容易造成品牌方的不满，严重时甚至可能造成品牌客户的流失。

2. 针对品牌用户群体进行策划

每一个品牌都有其独特的受众，在策划品牌推广类短视频时，策划者应当先了解清楚品牌受众是哪一群体，以及该群体的具体标签。在了解清楚品牌受众的

定位后，策划者需要充分考虑受众对短视频的偏好。例如，某品牌的受众多为年轻女性，那么她们就会对风格时尚酷炫，带有高颜值演员的短视频更感兴趣，在策划品牌推广类短视频时就需要往该群体的喜好上去靠。如此，品牌推广类的短视频才能影响面更广，影响力更深。

3.5.8 AI助力：使用文心一言生成短视频内容策划文案

使用文心一言生成短视频内容策划文案，是一种高效且富有创意的方式。文心一言凭借其强大的自然语言处理能力，能够迅速理解并生成符合要求的文案内容，为短视频内容策划提供有力的支持。

> **提问：**
> 请为抖音平台的一个美妆知识账号写一篇短视频内容策划文案，包括开场、主题介绍等。

> **文心一言回答：**
> 短视频内容策划文案：美妆知识账号
> 一、开场
> 【背景音乐轻快活泼】
> 画面：镜头缓缓推进，展示精致的化妆品摆台，各种美妆产品琳琅满目。
> 旁白："大家好，欢迎来到×××的美妆世界！这里有你想要的美妆秘籍，让我们一起探索美丽的奥秘吧！"
> 二、主题介绍
> 画面：展示本期视频的主题海报或相关美妆产品。
> 旁白："今天，我们要为大家分享的是【主题名称】，无论是新手还是美妆达人，都能在这里找到适合自己的美妆技巧。"
> 三、技巧分享
> 基础护肤
> 画面：展示洁面、爽肤水、乳液等护肤产品。
> 旁白："首先，我们要做好基础护肤工作。选择适合自己的护肤产品，让肌肤保持水润、光滑。"
> 底妆打造
> 画面：展示粉底、遮瑕膏、散粉等底妆产品。
> 旁白："接下来，是底妆的打造。选择合适的粉底色号，均匀涂抹于面部，再用遮瑕膏遮盖瑕疵，最后轻轻扫上散粉定妆。"

眼妆教程

画面：展示眼影、眼线笔、睫毛膏等眼妆产品。

旁白："眼妆是妆容的重点，我们可以根据自己的眼型选择合适的眼影色彩，画出迷人的眼线，再刷上浓密的睫毛膏，让眼睛更有神采。"

唇妆与腮红

画面：展示口红、腮红等彩妆产品。

旁白："最后，是唇妆与腮红的点缀。选择一款适合自己的口红，轻轻涂抹在双唇上；再用腮红刷轻轻扫上腮红，增添气色。"

四、互动环节

画面：展示观众提问或评论的截图。

旁白："大家在使用美妆产品时，有没有遇到过什么问题或困惑呢？欢迎在评论区留言，我们会一一解答。"

五、结尾

画面：展示美妆知识账号的LOGO或二维码。

旁白："感谢大家观看本期的美妆知识分享，如果你喜欢我们的内容，请记得点赞、分享和关注哦！我们下期再见！"

六、片尾

【背景音乐渐弱】

画面：展示一些美妆小贴士或下期预告。

旁白："别忘了关注我们的账号，获取更多美妆知识和技巧。我们下期再见，美丽与你同行！"【画面淡出，短视频结束】

通过以上短视频内容策划文案，我们可以为美妆知识账号打造一系列有趣、实用的美妆教程视频，吸引更多观众的关注和喜爱。同时，加入互动环节和片尾小贴士，可以增加观众的参与度和黏性，提升账号的影响力和口碑。

3.6 秘技一点通

1. 不同年龄阶段的观众，最爱看什么内容

要让短视频捕获更多观众的心，就一定要了解账号受众最爱的内容是什么。笔者总结了不同年龄阶段观众点赞最多的视频类型，短视频创作团队在策划视频内容时可以进行参考。不同年龄阶段观众点赞最多的视频类型如下。

- "80后"：新闻、国家、儿童教育。

- "90后": 技能、新闻、温情、达人。
- "95后": 创意、搞笑。
- "00后": 校园、温情、动漫、明星。

短视频创作团队在了解不同年龄阶段观众最喜爱的内容之后,应当对这一结果进行灵活运用。例如,某账号主要面向年轻观众,那么其短视频策划可以往温情、明星相结合的方向去走。除此之外,短视频创作团队还可以定期对自身受众进行调研,掌握他们的喜好变化,以此创作出更多符合观众审美的短视频。

2. 差异化思路——让你"弯道超车"上热门

在文学写作中,有一种手法叫作"反弹琵琶"。同样,在短视频策划中,反弹琵琶的手法也可以让你出奇制胜。这一手法的核心就是差异化思路。

例如,在某款适用于敏感肌的护肤产品火遍全网时,推广这款产品的播主已经将第一批流量收割完毕,测评播主则瞬时收割了第二批。这时,难道没赶上推广与测评的播主就只能无动于衷了吗?当然不是。这时,播主可以利用差异化思路,在短视频中首先说明该产品火爆全网的事实,在承认产品各类优势后,说出产品不为人知的"小缺点"。例如,在使用时,可能会由于操作不当导致过敏,提醒大家一定注意。

除此之外,播主还可以对比该产品与其他品牌同类产品的性价比,得出"推荐学生党使用"或"有能力的姐妹们可以试着入手"等结论。最后附送观众几个敏感肌护肤小技巧,短视频的结构就十分完整了,在内容上也与其他短视频区别开来。采用这种差异化思路策划出的短视频,非常容易成为热门视频。

3. 坚持垂直领域的好处,你想象不到

如今,大大小小的短视频创作团队,都知道在短视频内容方面要坚持垂直领域。但是关于为什么要坚持垂直领域,却没人能一五一十地说清楚原因。其实,坚持内容垂直能获得非常重要的两个益处。

(1)获得标签化推送。许多从零开始运营账号的团队都知道,在养号时就开始浏览同领域的短视频,之后持续发布同一领域的细分内容,其目的就是让短视频平台为账号贴上明确的标签,便于后期视频发布时,平台能通过标签将视频推送给喜爱这一内容的用户浏览,为视频获取更多点赞与评论,也为账号带来更多关注,而不是将短视频推送给对这类内容不感兴趣的用户。

(2)获得更多的裁判流量。裁判流量是视频发布时获得的第一波流量。由于

该部分流量的多少直接影响到视频能否顺利进入下一个流量池,所以称之为裁判流量。

如果一个账号不坚持内容垂直,裁判流量会出现什么状况呢?例如,一个账号将A内容与B内容交替发布。那么,在初次推荐时,系统将账号发布的关于A内容的视频推送给相关用户,而用户中喜欢B内容的人并不喜欢该视频,就会导致完播率、点赞率都很低,数据很差,视频无法火起来,也无法达到进入下一个流量池的门槛。同理,发布B类内容时,也会因为无法获得喜爱A内容用户的点赞,导致数据不理想。长此以往,这一账号便无法持续积攒人气,很难获得十分理想的发展。这就是短视频账号一定要在垂直领域发展的原因。

3.7 实战训练

(1)在抖音平台,注册一个账号,并完善账号信息。

(2)借助AI工具,为一个服装穿搭类账号策划5个选题。

04 Chapter 短视频标题与脚本创作

> ▶ **本章导读**
>
> 　　短视频标题与脚本创作是短视频内容创作的核心环节，它们共同决定了视频是否能够吸引观众的眼球并引导他们深入观看。短视频标题需要简洁而吸引人，既要概括视频内容，又要激发观众的好奇心，引导他们点击观看。脚本创作则注重情节设计、镜头切换和创意元素的融入，确保视频内容有趣、有价值和有吸引力。通过精心打磨标题与脚本，可以打造出色的短视频内容，提升观众的观看体验，进而实现品牌宣传、用户互动和转化等目标。

> ▶ **本章要点**
>
> ★ 了解短视频标题的特点
> ★ 掌握短视频标题的创作技巧
> ★ 了解短视频脚本的概念、作用与类型
> ★ 熟悉短视频脚本的结构与写作要点
> ★ 掌握编写短视频脚本的注意事项与"万能公式"
> ★ 掌握短视频脚本策划的3个维度

第 4 章 短视频标题与脚本创作

4.1 短视频标题的特点与创作技巧

短视频标题的创作方法与技巧在于结合观众兴趣、视频内容、流行元素和独特观点，以简洁、吸引人且易于理解的方式呈现，从而激发观众点击观看的欲望。

4.1.1 短视频标题的特点

短视频标题的特点主要体现在图4-1所示的吸引力、简洁性、独特性、引导性等方面。

1. 吸引力

短视频标题的吸引力是其最显著的特点之一。一个好的标题应该能够瞬间抓住观众的眼球，激发他们的好奇心，促使他们点击观看视频。这种吸引力通常来自标题的新奇性、趣味性、悬疑性或与观众自身利益相关的内容。

图4-1 短视频标题的特点

例如，"从0到1，看我如何30天练出马甲线！"这个标题既具有新奇性（观众可能想知道如何在短时间内练出马甲线），又具有趣味性（通过"从0到1"的表述增加了挑战性和成就感），同时还具有一定的悬疑性（观众会好奇具体的健身方法和效果）。这样的标题就具有很强的吸引力，能够吸引大量对健身感兴趣的观众点击观看。

总之，短视频标题的吸引力在于其能够准确捕捉观众的兴趣点，通过新奇、有趣、悬疑或与观众利益相关的方式，引发观众的好奇心和观看欲望。

2. 简洁性

简洁性是短视频标题的另一个重要特点。由于短视频的时长通常较短，观众在浏览时往往只会花费几秒钟的时间来决定是否点击观看。因此，标题必须简洁明了，能够在一瞬间传达视频的主题或亮点，以便观众快速了解视频内容并作出决策。

比如"山西大同两日游，必去景点一网打尽！"这个标题非常简短，但清晰地传达了视频的主题（山西大同两日游）和亮点（必去景点一网打尽），让观众在瞬间了解这个视频是介绍大同旅行攻略的，并且包含必去的景点信息。

总之，简洁明了的标题能够帮助观众快速了解视频的主题和亮点，提高他们点击观看的可能性。在编写标题时，创作者应该尽量精简语言，突出核心信息，避免使用冗长或复杂的表述。

3. 独特性

在短视频平台上，每天都会有大量的内容被上传，标题的独特性能够让视频在众多内容中脱颖而出，吸引更多的观众点击观看。一个独特的标题通常具备以下几个特点。

- 新颖性：使用新颖、独特的角度或词汇，让观众感到新鲜有趣，如"穿越时光的狗狗：一只狗的前世今生"。
- 个性化：反映创作者或视频主角的独特风格和个性，如"小花的异想世界：每天一个搞笑瞬间"。
- 创造性：通过创意的表达方式，吸引观众的注意力，如"一分钟教你做手工：彩虹色渐变手机壳"。

比如"家常食材大变身！五星级料理竟然这么简单？"这个标题既新颖（家常食材与五星级料理的结合），又个性化（突出了厨师的独特技能），同时还具有创造性（用简单的食材制作高级料理），能够吸引那些对烹饪和美食感兴趣的观众点击观看。

总之，独特性能够增加短视频的吸引力，帮助视频在众多内容中脱颖而出。在编写标题时，创作者可以尝试新颖、个性化的表达方式，通过创意和独特的角度，吸引观众的注意力，提高视频的点击率和观看率。

4. 引导性

引导性也是短视频标题的一个重要特点，它能够通过预示或提示视频内容，为观众建立一定的心理预期，从而增加观看时的满足感和体验。一个好的引导性标题能够激发观众的好奇心，使他们更加期待接下来的视频内容。

比如"30天健身挑战：看我如何从'路人甲'变成'型男'！"这个标题不仅吸引了观众的注意力，还通过"30天健身挑战"和"从'路人甲'变成'型男'"的描述，为观众建立了一个明确的心理预期：视频将展示一个人在30天内通过健身发生的显著变化。

当观众观看视频时，他们会期待看到主人公的健身过程、挑战中的困难与成长，以及最终的成功转变。当视频内容与标题所建立的预期相符时，观众会感到满足，因为他们的好奇心和期待得到了回应。

总之，引导性标题通过为观众建立心理预期，使他们对视频内容充满好奇和期待。当视频内容与标题所建立的预期相符时，观众的满足感会得到提升，从而提升他们对视频的喜爱和分享的可能性。

5. 引起共鸣

标题如果能触动人的内心、描绘人性的特点或触及普遍的情感，往往能够吸引大量观众点击观看。这是因为人们往往更容易被与自己情感、经历或观点相符的内容所吸引。

当标题涉及普遍的人性特点时，比如"柔弱的内心"，它能够触及许多人内心深处的情感。这样的标题可能会让观众好奇，视频内容是如何展现这种柔弱的，是否与自己有相似之处，或者是否能够提供一些安慰或启示。

此外，使用容易引起共鸣的话题或群体标签，如"所有女人"，也是一个有效的方法。这样的标题直接针对一个特定的群体，并暗示视频内容与该群体有着紧密的联系。对于属于这个群体的观众来说，他们可能会因为认同感和好奇心而点击观看。

比如"所有女人的心声：职场中的我们，如何面对挑战与压力？"这个标题直接针对女性观众，并触及她们在职场中可能遇到的普遍问题。这样的标题很可能会吸引大量女性观众点击观看，并分享她们自己的经验和感受。

然而，需要注意的是，虽然引起共鸣是一个有效的策略，但标题也应该真实反映视频内容，避免过度夸大或误导观众。否则，即使吸引了点击，观众也可能会因为失望或不满而快速离开。因此，在创作标题时，创作者需要仔细权衡吸引力和真实性之间的关系，确保标题能够真实反映视频内容，并触动人的内心。

6. 与内容相关

与内容相关是短视频标题的核心要求之一。标题作为视频内容的"窗口"，必须能够准确地反映视频的主题或内容，确保观众通过标题就能对视频内容有一个大致的预期。如果标题与视频内容不相关或误导观众，那么即使吸引了点击，观众也可能会因为失望或困惑而快速离开，这对视频的观看时长、完播率和用户体验而言都是负面的影响。

比如，"狗狗的一天：从早到晚的欢乐时光！"这个标题直接描述视频的主要内容——宠物狗的一天，并且用"欢乐时光"这样的词汇传达视频的氛围和可能的亮点，与视频内容紧密相关。

相反，如果标题与视频内容不相关，如"揭秘狗狗的神秘世界"，但视频内容只是简单地展示狗狗的日常吃喝玩乐，并没有涉及任何"神秘世界"的元素，那么观众可能会感到失望和困惑，对视频的兴趣也会大打折扣。

因此，在编写短视频标题时，创作者必须确保标题与视频内容紧密相关，避免使用过于夸张或误导性的词汇，确保观众能够通过标题准确地了解视频的主题和内容。这样做不仅有助于提高观众的满意度和留存率，还能为视频创造更好的口碑和传播效果。

7. 搜索引擎优化

对于短视频标题而言，进行搜索引擎优化（Search Engine Optimization，SEO）是提高视频在搜索引擎中排名的关键。合理使用关键词、标点符号、数字和突出亮点等技巧，可以使标题更容易吸引搜索引擎的注意，从而提高视频的曝光率和点击率。

首先，关键词的选择至关重要。创作者需要了解目标观众在搜索相关内容时可能使用的关键词，并在标题中合理融入这些关键词。这有助于搜索引擎准确识别视频内容，并将其与用户的搜索意图匹配。

其次，标点符号的使用也能在一定程度上影响SEO效果。合理使用标点符号，如逗号、破折号等，可以使标题更加清晰易读，同时也有助于搜索引擎更好地理解标题的结构和内容。

此外，在标题中使用数字也是一个有效的SEO技巧。数字往往能够迅速吸引用户的注意力，同时也有助于搜索引擎快速识别视频的核心信息。

最后，突出亮点也是提高标题吸引力的关键。通过强调视频中的独特之处或亮点，可以吸引更多用户点击观看，并增加视频在搜索引擎中的曝光率。

需要注意的是，虽然SEO对于提高视频排名很重要，但创作者也应该避免过度堆砌关键词或使用过于夸张的标题来吸引点击。一个既符合SEO要求又真实反映视频内容的标题，才能真正提高视频的曝光率和点击率。

综上所述，合理使用关键词、标点符号、数字和突出亮点等SEO技巧，可以使短视频标题更容易吸引搜索引擎的注意，从而提高视频的排名和曝光率。

假设我们有一个关于"家庭健身教程"的短视频，我们希望这个视频能在搜索引擎中得到更好的排名，吸引更多的观众。下面展开讲解。

- 关键词使用：我们需要在标题中使用与视频内容相关的关键词。例如，我们可以将标题设置为："在家也能瘦！家庭健身教程，轻松打造完美身材！"这个标题中包含"家庭健身教程"这个核心关键词，同时使用"在家也能瘦"和"轻松打造完美身材"等相关关键词，有助于搜索引擎理解视频内容。
- 标点符号：在标题中合理使用标点符号可以使标题更加清晰易读。在上述例子中，我们使用了感叹号和逗号来强调重点和分隔句子，使标题更加吸引人且易于理解。
- 数字：在标题中使用数字也是一个有效的SEO技巧。例如，我们可以将标题修改为："7天见效！家庭健身教程，让你轻松拥有好身材！"这里的"7天见效"使用了数字，能够迅速吸引用户的注意力，同时也传达了视频内容的一个主要卖点。
- 亮点：在标题中突出视频的亮点也是非常重要的。在上述例子中，"在家也能瘦"和"7天见效"就是视频的亮点，它们能够吸引那些希望在家就能健身并快速看到效果的观众点击观看。

8. IP化

短视频标题的IP（Intellectual Property，知识产权）化特点主要体现在利用知名IP或与IP相关的扩展词来吸引观众，并建立起观众对内容的信任和兴趣。这种策略在短视频营销中非常重要，因为信任是促成交易的关键因素之一。

首先，为什么IP一直被强调？这主要是因为IP本身具有一定的知名度和影响力，能够迅速吸引目标受众的注意力。观众对于自己熟悉或喜欢的IP通常会持有更高的信任度，这种信任感可以转化为对内容的接受度和对产品的购买意愿。

其次，IP化的短视频标题能够解决流量和信任两大问题。在流量方面，知名IP往往拥有庞大的粉丝群体，这些粉丝就是潜在的观众流量。通过利用IP的影响力，短视频可以更容易地吸引这些粉丝点击观看，从而增加曝光率和观看量。在信任方面，观众对于信任的IP会更容易接受其推荐的产品或服务，因为他们对IP本身持有好感，并且认为IP所代表的品牌或内容具有一定的可靠性和权威性。

举例来说，假设有一个知名时尚博主发布了一段关于时尚穿搭的短视频，标题为"【人类设计】时尚博主×××教你春季穿搭秘诀！"。这个标题中，"人类设计"是一个IP扩展词，而"时尚博主×××"则是一个具体的IP。观众看到这个标题后，可能会因为对"人类设计"这个时尚品牌的信任和对"时尚博主×××"的喜爱而点击观看视频。在视频中,"时尚博主×××"分享了自己的春季穿搭技巧,并推荐了一些搭配单品。由于观众对IP的信任感,他们可能会更容易接受博主的推荐,并产生购买行为。

综上所述,短视频标题的IP化特点在于利用知名IP或IP扩展词来吸引观众,建立起观众对内容的信任和兴趣。这种策略能够有效地解决流量和信任两大问题,促进观众与品牌之间的交易转化。

9. 场景化

短视频标题的场景化特点,是指通过描绘具体的场景或情境,使观众能够迅速进入视频所描述的氛围和情境中,增强观看体验和理解度。这种特点在短视频与直播结合时尤为明显,因为直播能够实时展示实际场景,观众可以直观地看到产品的真实效果或服务的实际过程。

假设一个美妆博主准备进行一场关于最新妆容技巧的直播。在这场直播开始之前,她选择了一个场景化的标题来吸引观众。例如,"跟着博主学化妆!五分钟打造春日樱花妆❀直播中……"。

这个标题的场景化特点体现在以下几个方面。

- 具体动作:"跟着博主学化妆"明确告诉观众视频的主要内容是学习化妆技巧,而且是由博主亲自教授。
- 效果预览:"五分钟打造春日樱花妆"则通过"春日樱花妆"这一具体妆容名称,让观众对即将学习的化妆技巧有一个初步的预期和想象。
- 实时性:"直播中……"这一提示告诉观众这是一个正在进行的直播,他们可以看到博主实时的化妆过程,可以增强观看的即时性和互动性。

通过这样一个场景化的标题,美妆博主不仅成功地吸引了目标观众——对化妆技巧感兴趣的人,还通过具体的场景描述让他们对即将观看的内容有了清晰的预期。同时,由于这是直播形式,观众能够实时看到博主化妆的每一步,确保所见即所得,增强了信任度和观看体验。

综上所述,短视频标题的场景化特点有助于将观众迅速带入一个具体、生动的环境中,增强他们的参与感和观看体验。尤其是在与直播结合时,这种特点能够充分发挥短视频直观、实时的优势,让观众更直接地了解产品或服务的实际效果,促进交易转化。

4.1.2 短视频标题的创作方法

创作短视频标题需要综合考虑内容、观众需求、热点话题等因素，通过巧妙的构思和表达，创作出具有吸引力和感染力的标题，提升视频的点击率和传播效果。

1. 突出主题和内容

直接描述法：直接概括视频的主要内容，让观众一目了然。例如，如果视频是关于美食制作的，标题可以是"家常红烧肉制作全过程，简单易学"。

提炼核心点：从视频中提炼出一个核心信息或亮点，作为标题的主要内容。比如，如果视频是关于健身的，可以突出某个高效的动作，标题为"这个健身动作，让你快速瘦腰"。

2. 使用关键词和热门话题

关键词策略：根据视频内容，选择相关的关键词或短语，增加标题的搜索量和点击率。例如，如果视频是关于旅游的，可以使用"旅行攻略""美景推荐"等关键词。

结合热点话题：结合当下的热门事件、节日或流行文化，创作与视频内容相关的标题。例如，在世界杯期间，可以制作与足球相关的视频，标题为"世界杯必看：这些足球技巧让你秒变高手"。

3. 制造悬念和好奇心

疑问句法：通过提出问题，引发观众的好奇心，让他们想要点击观看以寻找答案。例如，"你敢相信吗？这个简单方法竟然能让你快速瘦身"。

省略式标题：故意留下一些信息不说，让观众产生好奇心。例如，"这个秘密技巧，让你……"。

4. 情感共鸣和激发兴趣

情感渲染法：通过描述情感或场景，引发观众的情感共鸣。例如，"看哭了！这个视频让你回忆起那段美好的时光"。

兴趣点引导：针对目标观众的兴趣点，创作出能够引起他们兴趣的标题。比如，针对宠物爱好者，标题可以是"你家宠物也会这样吗？搞笑又可爱的瞬间"。

5. 创意和修辞手法的运用

创意词汇组合：尝试使用新颖、独特的词汇组合，让标题更具创意和吸引力。例如，"超燃！这个视频让你热血沸腾"。

资源下载码：DSP2412

修辞手法：运用比喻、拟人、夸张等修辞手法，使标题更加生动有趣。例如，"美食界的魔法师，带你领略舌尖上的美味"。

6. 注意标题的格式和长度

格式清晰：确保标题的格式清晰易读，避免过于复杂或混乱的结构。

长度适中：标题不宜过长也不宜过短，一般建议控制在10～30字，确保在各大平台上能够完整显示。

在创作短视频标题时，还需要根据视频的具体内容、目标观众及平台特点进行综合考虑，灵活运用上述方法，以创作出既符合视频内容又具有吸引力的标题。同时，也要不断尝试和调整，通过实践来找到最适合自己的标题创作方式。

4.1.3 短视频标题的6个创意技巧

短视频标题创意技巧很多，包括使用疑问句引发思考，制造悬念激发好奇心，利益引导与价值传递，利用数字和统计数据增加紧迫感，引用热门话题或流行语提高曝光率，以及引用名人名言增加权威性。这些技巧能够吸引观众点击观看，提升视频的传播效果。

1. 使用疑问句，引发观众的思考

使用疑问句作为短视频标题是一种非常有效的创意技巧，它能够引发观众的思考，激发好奇心，并促使他们点击观看视频以寻找答案。疑问句不仅能够吸引观众的注意力，还能增加视频的互动性和观看价值。

使用疑问句作为短视频标题时，需要注意以下几点。

- 确保问题与视频内容相关：疑问句应该与视频内容紧密相关，能够准确反映视频的主题和核心观点。避免使用与视频内容无关或过于夸张的疑问句，以免误导观众或降低观看体验。
- 简洁明了：疑问句应该简洁明了，能够迅速传达视频的核心信息。避免使用冗长或复杂的句子结构，以免让观众感到困惑或失去兴趣。
- 引发观众共鸣：疑问句应该能够引发观众的共鸣和好奇心，让他们感到视频内容与自己的需求或兴趣相关。通过触及观众的痛点或兴趣点，可以提升视频的吸引力和观看率。

综上所述，使用疑问句作为短视频标题是一种有效的创意技巧，能够引发观众的思考和好奇心，提高视频的点击率和观看价值。创作者在制作短视频时可以

尝试使用疑问句作为标题，以吸引更多观众的关注和参与。

2. 制造悬念，激发观众的好奇心

制造悬念是一种非常吸引人的短视频标题创意技巧。通过提出一个令人好奇或不解的问题，或者展示一个不完整的情境制造悬念，可以激发观众的好奇心，促使他们想要点击观看视频以解开谜团。

为了成功制造悬念，需要注意以下几点。

- 选择引人入胜的主题：选择一个能够引发观众好奇心的主题或事件，确保视频内容本身具有吸引力。
- 保持神秘感：在标题和视频开头部分保持一定的神秘感，不要透露太多信息。让观众在观看过程中逐渐揭开谜团，增加观看的乐趣。
- 确保逻辑清晰：在制造悬念的同时，确保视频的逻辑清晰，不要让观众感到困惑或无法理解。在适当的时候给出解释和答案，满足观众的好奇心。

通过制造悬念作为短视频标题的创意技巧，你可以成功吸引观众的注意力，激发他们的好奇心，并促使他们点击观看你的视频。记得在选择主题、保持神秘感和确保逻辑清晰方面下功夫，以创作出更具吸引力的短视频标题。

3. 利益引导与价值传递，吸引观众的注意力

在短视频标题创作中，利益引导与价值传递是一种非常有效的创意技巧。直接告诉观众观看视频可以获得的利益或价值，能够迅速吸引他们的注意力，并激发他们点击观看的欲望。

在利用利益引导与价值传递作为短视频标题创意技巧时，以下几点值得注意。

- 明确利益点：确保在标题中明确提及观众可以获得的利益或价值，让他们清楚地知道观看视频将会得到什么。
- 价值共鸣：选择与观众生活密切相关或有共鸣的价值点，这样能够更容易吸引他们的注意力并激发观看欲望。
- 简洁明了：标题应该简洁明了，避免冗长或复杂的句子结构。确保在有限的字数内准确传达利益和价值信息。

通过结合利益引导与价值传递的创意技巧，你可以制作出更具吸引力的短视频标题，吸引更多观众点击观看，并传达有价值的信息。

4. 利用数字和统计数据，增加紧迫感

在短视频标题中利用数字和统计数据是一种有效的创意技巧，可以增加标题的说服力和紧迫感，从而吸引更多观众点击观看。数字和统计数据能够让观众更

直观地了解视频内容的重要性或价值，激发他们的兴趣和好奇心。

在利用数字和统计数据作为短视频标题创意技巧时，需要注意以下几点。

- 确保数据准确：使用的数据和统计信息必须准确无误，避免误导观众或损害自身账号信誉。
- 突出关键信息：选择能够突出视频主题和亮点的数据和统计信息，确保标题简洁明了。
- 创造紧迫感：通过强调时间限制或数量限制等方式，营造一种紧迫感，促使观众尽快点击观看。

通过利用数字和统计数据作为短视频标题的创意技巧，你可以增强标题的说服力和紧迫感，吸引更多观众点击观看，并传达有价值的信息。记得确保数据的准确性，突出关键信息，并营造紧迫感，以最大化标题的吸引力。

5. 引用热门话题或流行语，提高视频的曝光率和点击率

在短视频标题中引用热门话题或流行语是一种非常有效的创意技巧，这能够迅速吸引观众的注意力，提高视频的曝光率和点击率。热门话题和流行语通常具有较高的讨论度和关注度，利用它们可以迅速拉近与观众之间的距离，并激发他们的好奇心和共鸣。

可以根据当前的热门事件或社会话题来创作短视频标题。例如，如果最近有一个备受关注的社会事件，你可以制作一段与之相关的短视频，并采用以下标题：

"这个社会事件背后，隐藏着哪些不为人知的故事？"

这样的标题通过引用热门社会话题，可以激发观众对于事件背后真相的好奇心，从而提高视频的曝光率和点击率。

在引用热门话题或流行语作为短视频标题时，需要注意以下几点。

- 确保与视频内容相关：引用的热门话题或流行语应该与视频内容紧密相关，避免产生误导或让观众感到失望。
- 注意时效性：热门话题和流行语往往具有时效性，需要及时捕捉并利用，以确保标题的吸引力和效果。
- 创新角度：尽量从独特的角度引用热门话题或流行语，以区别于其他同类视频，增加自身的竞争力。

通过引用热门话题或流行语作为短视频标题的创意技巧，你可以迅速吸引观众的注意力，提高视频的曝光率和点击率。记得确保与视频内容相关、注意时效性，

并创新角度,以最大化标题的吸引力。

6. 引用名人名言,增加权威性

引用名人名言作为短视频标题是一种能够增加权威性和吸引力的创意技巧。名人名言通常富含智慧和启示,具有较高的认可度和共鸣力。在标题中引用名人名言,不仅可以迅速吸引观众的注意力,还可以提升视频内容的可信度和价值。

在引用名人名言作为短视频标题时,需要注意以下几点。

- 选择恰当的名人名言:选择与视频主题相关的名人名言,确保其与视频内容紧密相关,能够突出视频的核心观点。
- 确保名言的准确性:在引用名人名言时,要确保其准确性,避免引用错误或误解的名言,以免损害视频的权威性和可信度。
- 注重名言的共鸣力:选择具有广泛共鸣力的名人名言,能够引发观众的情感共鸣,增强视频的吸引力和观看价值。

通过引用名人名言作为短视频标题的创意技巧,你可以增加视频的权威性和吸引力,提升观众对视频内容的认可和信任。记得选择恰当的名人名言,确保准确性,并注重其共鸣力,以最大化标题的吸引力。

4.1.4 爆款短视频标题示例分析

爆款短视频标题需要通过巧妙的词汇选择和表达方式,成功吸引观众的注意力,激发他们的兴趣和好奇心,从而提高视频的点击率和观看率。表4-1中列举了6个爆款短视频标题的巧妙之处。

表4-1 爆款短视频标题示例分析

标题	分析
假设你正在制作一段关于如何提高工作效率的短视频,你可以采用以下疑问句作为标题:"为什么你总是忙忙碌碌,却效率不高?这里有答案!"	这个标题中的疑问句"为什么你总是忙忙碌碌,却效率不高?"直接触及了很多人在工作中遇到的常见问题,引发了观众的思考。他们可能会想:"是啊,我为什么总是这么忙却不见成效?"这样的思考会促使他们点击观看视频,以寻找提高工作效率的方法和答案。同时,标题中的"这里有答案!"给观众一个积极的预期,让他们相信视频会提供有用的信息和解决方案。这样的预期会进一步增加观众的观看欲望和兴趣

续表

标题	分析
假设你正在制作一个关于一个神秘事件的短视频,你可以采用以下标题来制造悬念:"深夜街头,神秘光芒出现!这是什么?"	这个标题通过描述一个神秘事件——"深夜街头,神秘光芒出现",成功地制造了悬念。观众可能会好奇这个神秘光芒到底是什么,为什么会出现在深夜的街头,以及这个事件背后是否隐藏着更深的秘密。这种好奇心会促使他们点击观看视频,以揭开这个谜团。同时,标题中使用了疑问句"这是什么?"来进一步激发观众的好奇心。这种疑问句不仅会引发观众的思考,还会给他们留下一个悬念,让他们想要继续观看视频以找到答案
假设你正在制作一段关于健康饮食的短视频,你可以采用以下标题来引导观众并传递价值:"只需5分钟,教你做出营养满分的早餐!健康从早餐开始!"	这个标题通过利益引导,直接告诉观众只需花费5分钟时间,就可以学会制作营养满分的早餐。这种时间上的承诺和利益的明确性,很容易吸引那些追求健康饮食但又时间有限的观众。同时,标题中的"健康从早餐开始!"传递了一个重要的价值观,即早餐对于健康的重要性。这种价值传递不仅能够引起观众对健康饮食的关注,还能够让他们意识到通过观看这个视频,他们可以学习到有关健康饮食的有价值信息
假设你正在制作一段关于健身效果的短视频,你可以采用以下标题来利用数字和统计数据:"只需30天,瘦身10斤!科学健身方法大揭秘!"	这个标题通过具体的数字和统计数据"只需30天,瘦身10斤"来传达一个明确的健身效果,给观众一个明确的目标和预期。这样的标题很容易吸引那些希望快速瘦身的人群,激发他们点击观看的欲望。同时,标题中的"科学健身方法大揭秘"暗示视频将提供有效的健身方法,可以进一步增加观众的好奇心和观看价值
假设当前正在流行一个网络热词"××挑战",你可以制作一段与之相关的短视频,并采用以下标题来吸引观众:"你敢接受××挑战吗?看完这个视频,你也许会成为下一个网红!"	这个标题通过引用热门话题"××挑战",可以迅速吸引与该话题相关的观众群体。同时,标题中的"你也许会成为下一个网红!"利用观众对于成为网红的好奇心和渴望,可以进一步提升点击率
假设你正在制作一段关于坚持和毅力的短视频,你可以采用以下标题来引用相关的名人名言:"爱因斯坦曾说:'我之所以比别人更成功,只是因为我坚持的时间更长。'你也可以做到!"	这个标题通过引用爱因斯坦的名言,强调坚持和毅力的重要性,并赋予视频内容以权威性。观众可能会因为对爱因斯坦的尊重和信任,而更愿意点击观看这个视频,了解如何培养坚持和毅力的品质。同时,标题中的"你也可以做到!"给观众带来正面的激励和鼓舞,让他们相信自己也有能力克服困难,取得成功

4.1.5 AI助力：使用文心一言生成爆款短视频标题

AI技术在内容创作领域的应用已经越来越广泛，其中包括生成短视频标题。通过训练AI模型来识别和分析大量成功的短视频标题，AI能够学习到其中的模式和规律，并据此生成类似风格的标题。

AI生成标题时，可以基于关键词、主题、受众喜好等多个维度进行考量，以确保生成的标题能够吸引目标观众群体的注意。同时，AI还可以根据实时趋势和流行词汇进行调整，以产生更具时效性和吸引力的标题。以文心一言为例，可以迅速生成爆款短视频标题。

> **提问：**
> 请为一条美妆抖音短视频写10个爆款标题，并说明理由。

> **文心一言回答：**
> 以下是为一条美妆抖音短视频撰写的10个爆款标题，并附上撰写理由：
>
> 1. 零基础也能变美！新手必学美妆技巧大揭秘
> 理由：突出新手友好，让零基础的美妆爱好者也能产生兴趣，想要学习。
>
> 2. 秒变女神！一分钟学会超火妆容教程
> 理由：强调时间效率和妆效的吸引力，一分钟学会快速美妆，符合现代人的快节奏生活。
>
> 3. 惊艳全场！这款妆容让你成为焦点
> 理由：直接点明妆效的惊艳程度，激发观众的好奇心和尝试欲望。
>
> 4. 告别裸妆！轻松打造高级感妆容
> 理由：针对想要提升妆容质感的观众，突出高级感和易操作性。
>
> 5. 美妆小秘密，让你美出天际！
> 理由：利用"小秘密"和"美出天际"等词汇，制造神秘感和期待，引发观众点击。
>
> 6. 新手秒上手！超实用美妆技巧分享
> 理由：强调实用性和易上手性，让新手观众感到亲切和可行。
>
> 7. 完美妆容秘诀，让你自信满满出门
> 理由：突出自信这一心理需求，让观众感受到美妆带来的正面影响。
>
> 8. 火爆全网的美妆教程，你值得拥有！
> 理由：利用"火爆全网"这一热门词汇，吸引观众点击，同时表达美妆教程的价值。
>
> 9. 美妆达人亲授！快速掌握流行妆容
> 理由：借助"美妆达人"的权威性，增强观众对教程的信任度，同时强调流行妆容

的时效性。

10. 轻松变美！跟我学美妆，秒变女神！

理由：突出变美的轻松性和妆效的惊艳性，同时用"秒变女神"作为诱饵，吸引观众点击。

这些标题都围绕美妆教程的吸引力、易操作性、妆效惊艳性和观众心理需求等角度进行撰写，旨在引起观众的兴趣和好奇心，促使他们点击观看视频。同时，标题中使用了诸如"零基础""新手必学""超火妆容""惊艳全场"等词汇，以提升标题的吸引力和点击率。

4.2 短视频脚本编写的方法

脚本是短视频的文字化表达，是短视频呈现的故事的最初体现，是演员理解故事的入口，更是导演与摄影师沟通的桥梁。编写、策划优质的短视频脚本是短视频创作者的基本功之一。短视频的脚本不一定需要文字优美，但一定要重点突出、场景要素齐全，便于摄影师理解。有时，短视频拍摄的最终效果如何，就是由脚本的质量所决定的。

4.2.1 短视频脚本的概念、作用与类型

1. 短视频脚本的概念

短视频脚本是指在拍摄短视频之前所编写的文本，它为整个短视频的拍摄提供了指导和依据。短视频脚本不仅包含镜头的切换、场景的布置、演员的表演等元素，还确定了短视频的整体风格、情感表达等。它类似于电影的剧本，是短视频制作的基础。

一个好的短视频脚本能够使拍摄过程更加高效，确保每个镜头都符合预期的效果。同时，它也能帮助演员更好地理解角色和表演要求，使观众在观看时能够更好地理解和感受短视频所传达的信息和情感。

因此，编写一个清晰、完整、具有创意的短视频脚本对于短视频的成功至关重要。

2. 短视频脚本的作用

短视频脚本的作用主要体现在以下6个方面。

- 厘清思路：通过编写脚本，创作者可以明确短视频的主题和思路，从而避免在拍摄过程中出现混乱或偏离主题的情况。
- 提高效率：脚本可以提前规划好每个镜头的拍摄内容、时长和顺序，使拍摄过程更加高效，节省时间和成本。
- 指导拍摄：脚本为摄影师、演员和其他工作人员提供了明确的指导，确保每个镜头都按照预期的效果进行拍摄。
- 确保质量：通过提前规划和准备，脚本有助于减少拍摄过程中的错误和遗漏，从而提高短视频的质量。
- 促进沟通：脚本可以作为团队成员之间沟通的依据，确保大家对短视频的理解和执行保持一致。
- 明确目标：脚本有助于创作者明确短视频的目标和受众，从而更好地进行内容创作和推广。

总之，短视频脚本在短视频制作过程中起着至关重要的作用，它不仅是拍摄的指导，更是确保短视频质量和效果的关键。

3. 短视频脚本的类型

短视频脚本的类型多种多样，根据不同的创作需求和内容形式，常见的有以下7种。

（1）拍摄提纲。拍摄提纲是短视频内容的基本框架，用于提示各个拍摄要点。在拍摄新闻纪录片或是采访类视频时，拍摄走向是创作者无法提前预知的，所以，导演或摄影师会先抓住拍摄要点制定拍摄提纲，方便在拍摄现场做灵活处理。拍摄提纲的组成要素如下。

- 作品选题：明确选题、主题立意和创作方向，为作品明确创作目标。
- 作品视角：明确选题角度和切入点。
- 作品体裁：体裁不同，创作要求、创作手法、表现技巧和选材标准也不一样。
- 作品风格：明确作品风格、画面呈现和节奏。
- 作品内容：拍摄内容能体现作品主题、视角和场景的衔接转换，让创作人员能清晰地明白作品拍摄要点。

拍摄提纲相当于为拍摄确定一个大的范围，并确定几个关键要点，只要后期拍摄过程中不出现大方向的偏差即可。建议初入短视频领域的创作者，特别是文学功底比较薄弱的创作者，先从拍摄提纲入手，之后再逐步完成文学脚本或分镜头脚本。

（2）文学脚本。文学脚本要求列出所有可控的拍摄思路。例如，在进行小说等文学作品的影视化时，通过文学脚本，更方便用镜头语言展示内容。许多短视频的创作者也都会通过文学脚本来展示短视频的调性，同时用分镜头脚本来把控节奏。下面是一个简化形式的文学脚本范例。

- 画面淡入。
- （远景）俯拍某医院门口的场景。最外围记者与围观群众围了一圈，争先恐后地按下快门，闪光灯此起彼伏。医院的数名保安与看起来像是专业保镖的壮汉们一起挡住激动的记者，并在自己身后留出一块"珍稀"的空地。一名年轻男子推着另一名穿着病号服、坐在轮椅上的男子缓缓地出现在医院门口。
- （中景）一个怀中抱着一大捧花束的年轻女孩，面色苍白又楚楚可怜，正在试图说服保镖，让自己靠近两名刚出现的男子。
- （中景）站立的男子看着眼前的场景皱起了眉头，坐轮椅的男子好像认出了女孩，微笑着拍了拍身后男子握在轮椅把手上的手，说："没关系，让她过来吧。"
- （全景）年轻女孩捧着花慢慢走到轮椅面前，拘谨地对两名男子各鞠一躬，连说两句"对不起"，声音微微发抖。
- （近景）轮椅上的男子微笑着试图接过捧花，说："我知道那都是意外，姑娘，没事的。"
- （特写）女孩的眼中泛起泪水，"对不起，我是来……"
- （特写）女孩弯下腰，把巨大的捧花往坐轮椅的男子怀中送去，花束后却露出一把闪着寒光的西瓜刀。
- 画面黑。

（3）分镜头脚本。分镜头脚本与拍摄提纲、文学脚本不同，它不仅是前期拍摄的脚本，也是后期制作的依据，还可以作为视频长度和经费预算的参考。

分镜头脚本对拍摄的内容要求十分细致，脚本中需要以分镜为单位，明确每一个镜头的时长、景别、画面内容、演员动作、演员台词、配音、道具等。但细致有细致的好处，在脚本编写阶段就已经将每个细节考虑清楚的分镜头脚本，不仅能让拍摄变得更加高效，还能帮助剪辑者明确后期制作的具体内容。将上文的文学脚本改写为分镜头脚本，如表4-2所示。

表4-2 短视频分镜头脚本

镜号	时长（秒）	景别	技法	画面内容	字幕	道具	配乐	其他
1	2	远景	俯拍	医院门口环境拍摄，轮椅男与站立男出场	/	轮椅	/	实景拍摄
2	2	中景	切入、切出	捧花女孩楚楚可怜，试图说服保安	/	捧花	/	实景拍摄
3	3	全景	切入、切出	站立男皱眉，轮椅男微笑，拍了拍站立男的手，说台词	没关系，让她过来吧	轮椅	/	实景拍摄
4	3	全景	切入、切出	捧花女局促地走近、鞠躬，说台词	对不起，对不起	捧花、轮椅	/	实景拍摄
5	2	近景	切入、切出	轮椅男接捧花，说台词	我知道那都是意外，姑娘，没事的	捧花、轮椅	/	实景拍摄
6	2	特写	切入、切出	捧花女哭，说台词	对不起，我是来……	/	/	实景拍摄
7	2	特写	切入、切出	捧花女弯腰，将捧花递给轮椅男，花束后露出西瓜刀	/	捧花、西瓜刀	/	实景拍摄
8	1	/	切入、切出	画面黑	/	/	/	后期制作

通过上述分镜头脚本，可以看出分镜头脚本对细节把控的全面性。分镜头脚本条理清晰，便于理解，非常适合短视频的拍摄。

短视频脚本都起着描摹故事骨架的作用，但不同的脚本类型，在不同的拍摄场景下具有各自的优点：拍摄提纲在拍摄中起着提纲挈领的作用，十分适合采访型短视频；文学脚本更方便镜头展示特定场景的情绪；分镜头脚本要素齐全，将短视频拍摄工作中的每一个镜头都进行了具体的描绘，十分清晰，让人一目了然。

（4）情感类脚本。情感类脚本注重情感表达和共鸣，通过故事情节、人物形象或视觉效果来引发观众的情感共鸣。情感类脚本往往具有感染力和吸引力，能够引发观众的共鸣和关注。

（5）喜剧类脚本。喜剧类脚本以幽默、搞笑为主要特点，旨在带给观众欢乐和娱乐。它通常包含滑稽的情节、荒诞的对话或搞笑的动作等元素，适用于制作轻松、幽默的短视频。

（6）广告类脚本。广告类脚本主要用于宣传某个产品、品牌或服务。它通常包含明确的宣传目标和信息，通过生动有趣的方式来吸引观众并突出产品的优势。

（7）教育类脚本。教育类脚本用于传授知识、技能或提供教育性内容。它通过清晰的解说、示范或实例展示来进行知识传递，帮助观众在短时间内获得学习或启发。

除了以上7种常见的类型外，随着短视频内容形式的不断创新和发展，还会出现更多类型的短视频脚本。总的来说，不同类型的脚本都有其特点和适用场景，创作者可以根据实际需求和创作风格选择合适的脚本类型。

4.2.2 短视频脚本的结构与写作要点

1. 短视频脚本的结构

短视频脚本的结构通常包括标题、开场、主体、高潮和结尾等部分，每个部分都有其独特的作用，如吸引观众、展示内容、激发情感共鸣和总结视频主题等。

短视频脚本的结构通常包括以下5个部分。

- 标题：标题应该直接反映视频的核心内容，让观众一眼就能看出视频的主题。它应该简洁明了，能够吸引观众的注意力。
- 开场：开场是短视频的开头部分，它的主要目的是吸引观众的注意力并激发他们的兴趣。开场可以是一段引人入胜的叙述、一个有趣的场景或一个吸引人的问题。
- 主体：主体部分是短视频的核心内容，它详细描述视频的主要情节、动作和对话。主体部分应该按照逻辑顺序组织，保持连贯性，并注重节奏和情节的起伏。
- 高潮：高潮部分是短视频的转折点或关键点，它通常是最激动人心、最有趣的部分。高潮部分应该突出视频的重点，增强观众的情感共鸣，并引导他们继续观看。

- 结尾：结尾部分是短视频的收尾阶段，它总结视频的主要内容，并给观众留下深刻的印象。结尾可以是一个意想不到的结局、一个引人深思的问题或一段与主题相关的感悟。

除了以上5个部分，短视频脚本还可以包括一些附加元素，如配乐、字幕、特效等。这些元素可以增强视频的视听效果，提升观众的观看体验。

在编写短视频脚本时，创作者需要根据视频的主题和风格来确定具体的结构。同时，还需要考虑观众的喜好和观看习惯，以确保脚本能够吸引观众的注意力并传达清晰的信息。

2. 短视频脚本的写作要点

短视频脚本的写作要点主要包括以下7个方面。

- 明确主题和目标受众：在开始编写脚本之前，首先要明确短视频的主题和目标受众。这将有助于确定脚本的语言风格、内容选择和呈现方式。
- 简洁明了：短视频时长有限，因此脚本中的每一句话都应该简洁明了，避免冗长和复杂的句子。同时，每个场景的描述也要尽量简洁，突出关键信息。
- 注重情节和节奏：短视频需要迅速吸引观众的注意力并维持他们的兴趣，因此脚本中的情节设置和节奏控制非常重要。要确保情节紧凑有趣，节奏适中，避免过于拖沓或过于急促。
- 突出亮点和特色：在脚本中，要突出短视频的亮点和特色，以吸引观众的眼球。这可以通过独特的视角、创新的表达方式或引人入胜的故事情节来实现。
- 考虑拍摄条件：在编写脚本时，要充分考虑拍摄条件，包括场地、设备、演员等。确保脚本内容在实际拍摄中能够顺利实现，避免因为不切实际的场景或要求而导致拍摄困难。
- 注重情感表达：短视频往往需要通过情感表达来引发观众的共鸣和关注。在脚本中，可以通过人物对话、场景描述等方式来传递情感，让观众产生共鸣。
- 多次修改和优化：初稿完成后，要进行多次修改和优化，确保脚本质量达到最佳状态。可以邀请团队成员或专业人士提供意见和建议，以便不断完善和改进。

总之，短视频脚本的写作要点包括明确主题和目标受众、简洁明了、注重情节和节奏、突出亮点和特色、考虑拍摄条件、注重情感表达及多次修改和优化。遵循这些要点，可以编写出高质量、吸引人的短视频脚本。

4.2.3　编写短视频脚本的注意事项与"万能公式"

短视频脚本里面的镜头设计大多是写给摄影师看的，脚本中主要体现对话、场景演示、布景细节和拍摄思路，在编写脚本时需要注意以下3个要点。

- 受众：受众是短视频创作的出发点和核心。站在用户角度来思考，才能创作出用户喜欢的作品。
- 情绪：比起传统长视频，短视频不只是文字和光影的堆砌，需要更密集的情绪表达。
- 细化：拍摄短视频就是用镜头来讲述故事，镜头的移动和切换、特效的使用、背景音乐的选择、字幕的嵌入，这些细节都需要一再细化，确保整个情景流畅，抓住受众心理。

新手在编写短视频的脚本时，可以套用一个"万能公式"，如图4-2所示。

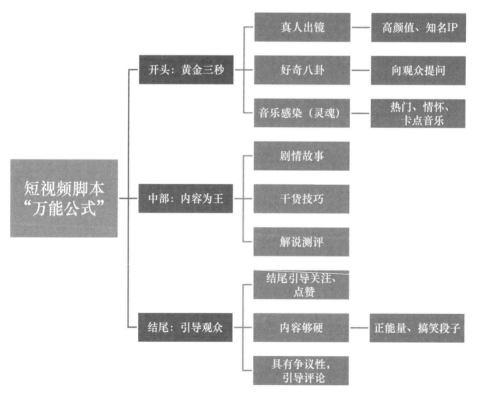

图4-2　短视频脚本"万能公式"

"万能公式"是从众多爆款短视频中总结出的规律，短视频创作者在编写脚本时可以进行参考，或在脚本编写完成后，对照"万能公式"进行二次修改。

4.3 短视频脚本策划要点

短视频脚本策划的要点主要包括以下6个方面。

1. 明确主题和目标受众

在开始策划短视频脚本之前，首先要明确视频的主题和想要吸引的目标受众是谁。这将有助于确定视频的整体风格和调性，以及内容的选择和呈现方式。

2. 梳理故事情节

短视频虽然时长有限，但也需要有清晰的故事情节。策划人员需要精心设计故事线，确保情节紧凑、有趣，能够吸引观众的注意力。

3. 确定镜头切换和拍摄顺序

脚本中需要明确每个镜头的拍摄内容、拍摄角度、拍摄时间等信息，以及镜头之间的切换顺序。这将有助于导演和摄影师在拍摄过程中保持一致性，确保视频流畅自然。

4. 融入创意元素

在脚本策划中，可以融入各种创意元素，如悬念、反转、幽默等，以提升视频的趣味性和吸引力。同时，也可以考虑使用特效、配乐等手段增强视频的观感和听觉体验。

5. 考虑实际执行条件

在策划脚本时，还需要考虑到实际执行条件，如拍摄场地、拍摄设备、演员等。确保脚本的可行性，避免因为条件限制而影响视频的制作质量和效果。

6. 预留调整空间

由于短视频制作过程中可能会遇到各种不可预见的情况，因此在策划脚本时要预留一定的调整空间。这有助于应对突发情况，确保视频制作的顺利进行。

通过以上几个方面的要点考虑，创作者可以策划出有趣、有吸引力且高质量的短视频脚本，为观众带来良好的观看体验。

短视频脚本策划可以从产品、粉丝和营销策略这3个维度出发。从产品维度策划脚本，要关注产品的特性和卖点，通过脚本展现产品的独特价值和使用场景，吸引潜在消费者的关注。从粉丝维度策划脚本，要了解粉丝的兴趣和需求，策划符合粉丝喜好的内容，增强粉丝的黏性和活跃度。从营销策略维度策划脚本，要结合品牌传播目标和市场策略，通过脚本中的创意元素和互动设计，实现品牌曝光、用户转化和营销效果的提升。

4.3.1 从产品维度策划脚本

短视频脚本的编写有千万种不同的方式，但对于以变现为目的的短视频创作团队而言，离不开三种常见的策划维度：产品、粉丝、营销。

从产品维度策划脚本，可以理解为短视频创作团队通过脚本的形式，将产品的卖点转化为短视频内容展现给粉丝。那么，如何从产品维度策划脚本呢？如图4-3所示，一个优秀的产品脚本，至少应该具备以下两个要素。

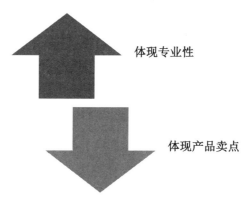

图4-3 产品脚本两个要素

1. 体现专业性

专业性，是指产品在其使用领域的专业程度，是产品脚本需要体现的首要内容。体现产品的专业性就好比给观众带来了一位专业的产品导购，导购会告诉观众，该款产品好在哪里，现在买具有什么优势，甚至可以直接拿出小样给观众体验，使其更全面地了解产品。在产品脚本中，播主或短视频中的演员，会将产品的优势、优惠力度、体验感等全部表达出来。此时，播主既是导购，又是试用产品的消费者。

同时，产品脚本的专业性也需要体现在播主或演员身上。在介绍产品时，介绍者必须对产品的基本信息了如指掌，避免由于不够专业而导致粉丝对播主的信任感下降。

2. 体现产品卖点

要编写好产品脚本，一定要通过脚本中的细节将产品卖点提炼并展现出来，给予粉丝充分的选择这款产品的理由。在提炼卖点时，创作者既可用传统方法展示产品卖点，如经久耐用、性价比高、适宜人群广等，也可以从自己与产品的关系出发，去建立信任背书，得到粉丝的认可。

> **知识看板**
>
> **抽奖送产品，让粉丝为你背书**
>
> 在策划产品脚本时，充分体现产品的核心竞争力是创作者的本职工作。可是，对于理性的观众而言，短视频也只是播主的"一言堂"，他们会对产品优势的真实性存疑。这时，播主可以在评论区组织开展"3位最高赞留言送产品"的活动，并在送出产品后，请获奖者在评论区分享使用感受，以此增强短视频的说服力。

4.3.2 从粉丝维度策划脚本

粉丝是短视频流量的来源，播主或短视频创作团队会策划以粉丝为核心的短视频，以不断获取粉丝的好感，同时增加粉丝基数。

要策划从粉丝角度出发的脚本，首先需要弄清楚粉丝想要的是什么。当创作者站在粉丝的角度，思考为什么"我"会关注一个账号，以及"我"希望从该账号的视频得到什么时，就会发现粉丝想要的无非三点：让"我"开心、让"我"看到身边不常见的、对"我"有用或给"我"带来利益。通过粉丝的这三点核心诉求，可以总结出针对粉丝进行脚本策划的2个关键点。

1. 风格轻松或高级

粉丝在业余时间浏览短视频，或多或少会抱有改善心情的目的，创作者在短视频策划中加入轻松、幽默的元素，可以让观众展颜一笑，增加对账号的好感。

有些创作者的造诣会更深一些，他们了解粉丝大多被生活的鸡零狗碎围绕，在日常的工作及生活中，总需要处理很多鸡毛蒜皮的事情与无效的人际关系，而短视频则是他们升华精神的"桃花源"。这时，播主们给观众看云南的雪山、大漠的落日、温馨有质感的生活Vlog、海子的诗，让观众看到另一个世界，让他们暂时抛弃"眼前的苟且"，眺望"诗与远方"。

2. 解决粉丝痛点

关注美妆类账号的粉丝，大多希望能学习更多美妆技巧，提升自己的化妆技术；关注生活技巧类账号的粉丝，大多希望能用一些方法让家里更整洁；关注办公软件教学类账号的粉丝，肯定希望能提高办公效率，让工作更轻松。这些粉丝的希望，就是他们的痛点。创作者应当有意识地针对不同领域的粉丝，策划能解决他们问题的短视频,如图4-4所示。

左图的美妆视频教粉丝如何用全包眼线"换一张脸"。粉丝在观看视频后,能用该技巧化出一款完全不同的妆容。而右图的测评视频,则将22款常温纯牛奶进行横向对比,告诉粉丝哪款牛奶的钙含量高,哪款牛奶的性价比更高,为粉丝后期选购牛奶提供更多依据。

图4-4 解决粉丝痛点的短视频

4.3.3 从营销策略维度策划脚本

从引流变现的角度来看,为了吸引更多粉丝关注、转化,提升销售额,势必需要在短视频中加入特定的营销活动。例如,赠送大额优惠券、免费抽产品等。创作者在策划营销脚本时,既要考虑吸引力,又要考虑成本。此处借助"5W2H"法则,来说明营销策略脚本应如何编写。"5W2H"法则的具体内容如图4-5所示。

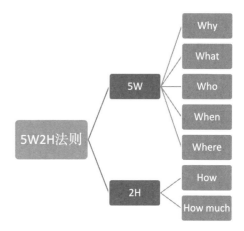

图4-5 "5W2H"法则的主要内容

- Why:可以理解为"为什么做"。只有在充分了解为什么策划活动后,才能明确下一步行动。大多数短视频创作团队都是为了变现才进行短视频策划,那么就明确了短视频脚本的终极目的是变现。

- What:可以理解为"要做什么事"。从宏观上看,团队做的事是策划短视频脚本以吸引粉丝、销售产品、实现变现。但在具体实践中,需要从微观角度考虑,比如,团队这次是要销售A产品,具体形式是剧情类短视频。

- Who:可以理解为"谁去做",包括谁负责去做、谁和谁配合。在营销脚本策划、编写的阶段,决策者需要选用团队中最具人气的演员并要求编写者创作出适合这些演员的短视频,运营人员放出足够吸引观众的优惠券等。凡是与此次活动相关的人员,都要明确相关责任。

- When：可以理解为"什么时间"。是指何时上传该视频，能够第一时间获得更大的流量，或是借助某个热点尽快上传。
- Where：可以理解为"什么地点"，在此理解为平台。团队需要考量营销短视频上传至账号入驻的哪个平台能获得更大的播放量及销售额。
- How：可以理解为"如何做"，用什么方法达到目的。例如，运用剧情类短视频的形式进行营销，那么脚本要如何策划才能达到更大的效果。
- How much：可以理解为"花费多少钱"。包括需要花多少成本去与商家谈妥这次活动，拍摄、营销过程中还需要哪些花费等。

在"5W2H"法则的要点提炼下，营销脚本的提纲已经完全出来了，剩下的工作就是按照这些要点，填充内容细节，以及产品方面的内容进行进一步完善。短视频创作团队在编写脚本时，可以多采取几种不同的角度，争取做到既抓粉丝痛点，又满足营销要求。

4.3.4 AI助力：使用文心一言生成短视频分镜头脚本

AI凭借其强大的自然语言处理技术和深度学习能力，能够根据给定的主题和要求，快速生成符合短视频风格和特点的分镜头脚本。在生成分镜头脚本的过程中，AI会充分考虑短视频的时长、节奏和视觉效果，为每个镜头提供详细的描述和指导。这包括镜头的类型（如远景、中景、近景等）、拍摄角度、场景布置、角色动作和表情、对白及旁白等。通过这些细致的描述，你可以清晰地了解每个镜头的拍摄要求和效果，为后续的拍摄和制作提供有力的支持。下面以文心一言为例，迅速生成短视频分镜头脚本。

> 提问：
> 请以"制作一杯美味的拿铁咖啡"为主题，生成一个详细的短视频分镜头脚本。

> 文心一言回答：
> 短视频分镜头脚本
> 主题：制作一杯美味的拿铁咖啡
> 镜头1：
> 画面：清晨的阳光从窗外洒进厨房，阳光斑斑点点地照在干净的咖啡机上。
> 旁白：阳光与咖啡机，新的一天就从这里开始。

镜头2：

画面：特写镜头对准咖啡豆罐，缓缓打开盖子，露出饱满的咖啡豆。

旁白：每一颗咖啡豆，都是大自然的馈赠。

镜头3：

画面：咖啡豆被倒入咖啡机的豆仓，随后豆仓缓缓闭合。

旁白：精挑细选的咖啡豆，等待释放它的香醇。

镜头4：

画面：咖啡机开始工作，磨豆的声音逐渐响起，镜头靠近展示磨豆过程。

旁白：咖啡豆在机器中研磨，每一颗都释放出诱人的香气。

镜头5：

画面：特写镜头对准咖啡机出水口，热水缓缓滴入咖啡粉中，咖啡液逐渐渗出。

旁白：热水与咖啡粉的交融，滴滴香浓。

镜头6：

画面：牛奶倒入奶锅中，奶锅放在电磁炉上开始加热，随后蒸汽升起，奶泡开始形成。

旁白：新鲜的牛奶在加热中慢慢变得绵密，等待与咖啡的完美融合。

镜头7：

画面：咖啡液倒入杯中至三分之二处，随后缓缓倒入奶泡，形成层次分明的拿铁。

旁白：咖啡与奶泡的交融，是艺术与味觉的双重享受。

镜头8：

画面：使用咖啡棒在奶泡表面轻轻拉出漂亮的拉花图案。

旁白：细致的拉花，如同给拿铁穿上了一件美丽的外衣。

镜头9：

画面：主角拿起咖啡杯，轻轻晃动，展示咖啡与奶泡的层次感，随后品尝一口。

旁白：轻轻晃动，感受咖啡与奶泡的交织，每一口都是享受。

镜头10：

画面：主角露出满足的微笑，背景是温馨的厨房环境，阳光透过窗户洒满整个空间。

旁白：一杯美味的拿铁，让新的一天充满活力和期待。

结尾：

画面：出现文字"享受每一刻，从一杯拿铁开始"，随后画面淡出，背景音乐渐弱至结束。

这个短视频分镜头脚本更为详细地描述了每个动作和步骤，从咖啡豆的挑选到咖啡拉花的完成，都通过画面和旁白进行了细腻的呈现。同时，也注重了情感的表达和氛围的营造，让观众能够更深入地感受到制作拿铁咖啡的乐趣。

4.4 秘技一点通

1. 写短视频脚本策划方案的4个步骤

第1步：明确视频要实现的目的。

有的放矢才能事半功倍，短视频的内容策划也是一样。短视频创作团队需要明确策划的目的是什么，即账号通过什么样的路径实现变现。例如，有的账号直接以"种草号"的形式出现，慢慢增大带货的数量；有的账号以内容为主，在短视频内容吸引到足够的粉丝后，再进行变现；有的账号以打造个人IP为核心，逐渐提升知名度，实现后期转化。

不同目的的短视频账号，前期内容的策划方向是不同的，短视频创作团队需要明确自身账号发布短视频的初级目的，到底是带货、宣传个人品牌、二者结合或是其他形式，才能策划出精准、优质的内容。

第2步：明确视频的主题。

在明确了短视频要实现的目的后，就需要为单个短视频明确一个选题方向，进而确定一个最终主题。这个主题要足够吸引用户产生观看兴趣，并能创作出抓住观众痛点、感染观众情绪的内容。

需要注意的是，短视频内容领域要保持垂直，主题与主题之间的差别不能过大，需要在固定同一选题方向后，不断深耕，创作出符合受众群体需要与审美的优质短视频内容。

第3步：编写内容大纲（故事梗概）。

明确视频的主题后，就要开始编写内容大纲。编写内容大纲相当于为短视频搭建一个基本的框架，将故事的基本梗概描绘出来，也就是将短视频讲述的核心内容，以文字的形式记录下来，而这个核心内容通常包含角色、场景、事件三大基本要素。例如，一位年轻的女性到化妆品专柜买粉底液。这就是一个包含三大要素的故事核心，其中，角色是年轻女性，场景是化妆品专柜，事件是购买粉底液。

但是，上述故事给人的感觉平平无奇，如果将其拍摄成短视频，明显缺少吸引观众的亮点。所以，短视频的内容大纲，编写者需要在有限的文字内，设定类似于反转、冲突等比较有亮点的情节，增强故事性，引起观众的共鸣，从而突出主题。

还是以上述故事为基础，可以试着将它进行优化。例如，可以将上述故事扩写为：一位年轻女性来到化妆品专柜购买粉底液，柜姐见这名女性穿着比较朴素，认为对方没有足够的消费能力购买产品，所以服务态度十分恶劣，最后年轻女性突然亮出身份，表示自己是品牌总部派来的内部监察人员，并给了柜姐一个很低的评分。

对这个故事添加一些情节后，内容就显得更加饱满，有了情绪上的起承转合，也拥有了能够吸引观众的亮点。

第4步：填充内容细节。

都说"细节决定成败"，对于短视频而言也是如此。对于故事大纲相同的短视频来讲，好与不好，短视频之间的真正区别是细节是否生动。

在已经具备完整的大纲后，接下来需要对大纲进行内容细节上的丰富和完善，这些细节主要是指人设、台词、动作乃至具体的镜头表现等，各项细节的具体含义如下。

- 人设，指在设定好大致故事情节后，确立人物更加具体的形象。在文本上，人设的具体体现是，角色的性格关键词、角色出场的穿着打扮等。

- 台词，很容易理解，在大纲中，所有角色在出场后，都需要用语言对剧情进行推进，使故事呈现从开端到高潮，再到结尾的发展过程。同时，台词除了对剧情进行推进，也彰显着不同角色的具体性格。

- 动作，是非常容易被忽略的一点，但它却是十分重要的内容细节之一。小到角色在哪句台词说完后翻了一个白眼，大到角色之间的动作交互，都是填充内容细节不可缺少的部分。

细节可以增强人物的表现感，使人物形象更加丰满，同时也可以更好地调动观众的情绪。而在人设、台词、动作都确定后，考虑使用哪种镜头来呈现，是至关重要的一步。短视频创作者应在脑海中构想出具体画面。

还是以前文中的故事为例，年轻女性到化妆品专柜买粉底液，那么在短视频的开头，是先拍摄年轻女性在商场中行走，以她的视角带入，还是拍摄柜姐在柜台百无聊赖的样子，从地点的角度切入，都涉及具体的镜头表达问题。

当具体的镜头落实到文本中，就形成了短视频脚本。建议新手创作者多动笔，将具体策划内容以文字的形式呈现出来，做到有迹可循的同时，也便于进行优化，提高策划能力。

2. 创作短视频脚本的常用三要素

创作短视频脚本的常用三要素对于制作出吸引观众的短视频至关重要。

要素一：设置冲突与转折。

短视频需要在有限的时间内吸引并留住观众，因此脚本中设置冲突与转折是关键。冲突可以激发观众的好奇心，让他们想知道接下来会发生什么，而转折能带来意外和惊喜，使视频更加有趣和吸引人。精心设计和布置冲突与转折，可以使短视频更具张力和看点。

要素二：熟练掌握不同景别及拍摄方法的运用。

在短视频创作中，景别的选择对于营造视觉效果和情感表达至关重要。摄影机在拍摄时通过选取不同的角度、距离和范围，如远景、中景、近景和特写，能够展现出多样的画面和情感层次。

中景是一种常用的景别，它拍摄的是人物膝盖至头顶的部分。这种拍摄方式不仅能让观众清晰地看到人物的面部表情，还能展现人物的形体动作，从而更好地传递情感和推动故事发展。

而特写镜头则用于放大细节，突出表现人物面部的细微表情或物体的特定细节。特写，可以制造强烈的悬念，深化人物形象的刻画，甚至展现复杂的人物关系。这种拍摄方式给观众带来一种特殊的视觉感受，使画面更具冲击力和感染力。

除了景别的选择，拍摄方法也是短视频创作中不可或缺的一部分。推、拉、摇、移、跟、升降摄像等镜头运动方式，都能为视频增添动感和生命力。推镜头可以逐渐突出主体人物或细节，加强情节的紧张感；拉镜头则能展现更广阔的场景，营造出一种远离感；摇镜头和移镜头则能跟随人物或事件的移动，增强动态感；跟镜头则能够持续追踪主体，保持画面的连贯性；而升降摄像则能够改变观众的视角，带来全新的视觉体验。

例如，在展现一个重要事件或场面的规模气势时，升降镜头能够通过其独特的视角变化，表现出画面内容中情感状态的变化，从而增强视频的感染力和观赏性。

综上所述，通过熟练掌握不同景别及拍摄方法的运用，并在脚本策划中根据情节需要选择合适的景别和拍摄方法，我们可以更好地表达故事和情感，打造出更加生动、有趣的视觉效果，从而提升短视频的吸引力和观赏性。

要素三：模仿。

模仿是创作短视频脚本的一种有效方法。通过观察和分析其他优秀短视频的脚本结构和创意元素，可以学习到一些成功的经验和技巧，并在自己的脚本策划中加以应用。模仿不是简单的复制，而是在借鉴他人经验的基础上进行创新和改进，逐渐形成自己独特的脚本风格和创意。

综上所述，设置冲突与转折、熟练掌握不同景别及拍摄方法的用处，以及模仿都是创作短视频脚本的常用要素。通过合理运用这些要素，可以策划出有趣、有吸引力且高质量的短视频脚本，为观众带来良好的观看体验。

3. 短视频创作的五个步骤

短视频创作的五个步骤是确保视频内容质量、吸引力和观众参与度的关键。以下是对这五个步骤的详细解释。

第1步：拟大纲，建框架。

在开始创作短视频之前，首先需要拟定一个大纲，建立故事的框架。这个框架应该包括角色、场景、时间及所需的道具。设计好人物和环境之间的相互联系，可以确保故事的连贯性并增强其吸引力。同时，根据账号定位确定故事选题，确保内容与目标受众的兴趣和需求相符。

第2步：定主线，有支撑。

在确定大纲和框架之后，需要确定故事的主线，即故事的核心内容。主线应该具有吸引力和价值，能够支撑起整个故事。无论是搞笑类还是剧情类短视频，都需要有一个有力的故事作为支撑，让观众能够产生共鸣和情感上的投入。

第3步：场景设计。

场景设计是短视频创作中非常重要的一步。选择合适的场景，可以让观众更好地融入故事，增强代入感。与影视剧不同，短视频制作成本较低，利用真实场景可以更加贴近观众的生活，让他们更容易产生共鸣。

第4步：精准地调控视频节奏。

在短视频创作中，精准地调控视频节奏至关重要。由于短视频时长有限，通常只有几分钟甚至几十秒，因此需要在有限的时间内迅速吸引观众的注意力并留住他们。一般来说，在视频的开头部分（如15秒左右）设置一个反转或爆点，可以迅速吸引观众的兴趣，并让他们继续观看下去。

第5步：主题升华。

最后一步是主题升华。短视频的目的不仅是让观众娱乐或获取信息，更重要的是要传达一种价值或情感。通过在内容中升华主题，让观众在观看视频的过程中获得某种"有用"的东西，可以是技能上的提升、情感上的共鸣或观念上的启示。这样可以增加观众对视频的认同感和参与度，提高视频的点赞量、评论量和收藏率。

第 4 章 · 短视频标题与脚本创作

综上所述，短视频创作的五个步骤包括拟大纲建框架、定主线有支撑、场景设计、精准地调控视频节奏及主题升华。通过认真执行这些步骤并不断优化改进，可以创作出高质量、有吸引力的短视频内容吸引更多观众并提升他们的参与度。

4.5 实战训练

（1）使用AI工具，为"手工蛋糕制作"主题的短视频生成10个爆款标题。
（2）使用AI工具，为"美妆产品推荐"主题的短视频生成3条脚本。

05 Chapter 短视频的拍摄技法

▶ 本章导读

为什么你拍摄的短视频画面呆板，表现手法单一，场景切换生硬，主体不够突出？这就说明你的拍摄技术还有待提高。众所周知，短视频是通过视频载体来表现内容的。优秀的短视频作品，往往同时具备两个特点：一是创意新奇的主题，二是优质的画面与时尚的表现手法。二者如同皮与骨，互为支撑，缺一不可。本章将介绍短视频的常用拍摄技法（镜头语言的表达、运镜、转场、走位）、常见布光技法（包括光源、光位、光质及室内外布光技巧），以及常用的构图技法，让你全面了解并掌握短视频的拍摄技法，提升视频表现力，从而拍摄出让观众惊艳的、有视觉冲击力的优质短视频作品。

▶ 本章要点

- ★ 了解拍摄短视频的各种工具
- ★ 熟悉基本的拍摄技术
- ★ 掌握光源的使用方法
- ★ 掌握常用的构图手法
- ★ 熟悉产品营销、美食、生活记录、知识技能类视频的拍摄原则

5.1 熟悉短视频拍摄工具

要打造一段优质的短视频，诸多条件缺一不可，而拍摄短视频的设备又是这些条件中的重中之重。

5.1.1 4种常见拍摄工具

要完成一段完整的短视频，拍摄工具是必不可少的。下面介绍4种常用的拍摄工具，新手播主可以按照自身需求和偏好进行选择。

1. 手机：个人玩家最方便

手机是常见拍摄设备中最轻便、易携带的一款。目前，市场上大部分新款智能手机的像素都很高，仅仅使用手机自带的相机功能，就可以拍出一段合格的短视频。

手机的优势十分明显，但它的缺点也是显而易见的。手机拍摄短视频的优缺点如下。

- 优点：轻便、存在感弱，有美颜、滤镜功能，续航能力强。
- 缺点：镜头能力弱，成像芯片差，对光线与稳定性要求高。

"镜头能力弱"是指目前手机镜头的分辨率普遍在1000万像素以上，但因为手机采用的是数码变焦功能，要放大远处的物体，全靠摄影师移动机身，如果在手机中直接放大远处物体，会造成清晰度的降低，故图像效果较差。尽管手机有这样那样的缺点，它依然是短视频新手拍摄者的"好伙伴"。

2. DV、摄像机：高质视频的保证

DV与摄像机都是常用的视频拍摄设备，下面就来分别介绍这两种设备。

（1）DV：DV的设计初衷就是拍摄短视频。它体积较小，重量较轻，镜头附近有专门固定手部与机身的设计，对拍摄者不会造成过大的负担，非常适合家庭旅游或小型活动拍摄使用。同时，DV拍摄的画面虽然清晰度比较高，但不具备防抖功能。另外，DV还能外接如麦克风、外接镜头、补光灯等设备。外接了麦克风、遮光罩的DV如图5-1所示。

（2）摄像机：摄像机是专业级的视频拍摄工具，常用于电影、电视剧或新闻采访等大型拍摄。它体型巨大，不易携带，拍摄者很难长时间手持或肩扛，但在专业性能上无可比拟。

业务级摄像机具有独立的光圈、快门及白平衡等设置，拍摄出的画质清晰度很高，且电池储电量大，可以长时间使用，自身散热能力强。但是价格相应地比一般设备高出许多。常见的摄像机如图5-2所示。

图5-1　外接了辅助设备的DV

图5-2　摄像机

3. 麦克风：高质音频少不了

一段视频的视觉效果受多方面的影响，而听觉效果的提升相对比较容易，在拍摄时可以借助麦克风来实现。麦克风是决定声音质量的专业工具，常见的麦克风如图5-3所示。

拍摄短视频时，利用麦克风进行声音录制，音质往往是比较理想的。同时，麦克风具有很强的适配性，可以与任意一种拍摄设备相结合，且具备有线与无线两种连接方式，在使用时不受拍摄设备的限制。但如果播主需

图5-3　麦克风

要进行歌唱类的视频录制，对音质有更高要求，那就需要选用更加专业的麦克风，以保证成品效果。

不同场景的短视频拍摄，应选用的不同类型的麦克风，如果没有听觉方面的特殊要求，播主可按照自身情况进行选购。

4. 布光设备：补光灯、反光布、遮光板

光是决定短视频画面质感的重要因素，在短视频拍摄中，为播主营造出一个拥有适合光线的拍摄环境，是每个拍摄者的必修课。

对于在室内拍摄的短视频，光的亮度与方向十分重要。而在室外，光线太强了也不适宜进行拍摄，所以拍摄者需要使用辅助设备对光做"加法"或是"减法"。

目前,可以对光做加减法的辅助设备主要有三种,分别是补光灯、反光布、遮光板。

(1)补光灯。补光灯可以被称作自拍型播主们的"补光神器",它可以被固定在拍摄设备上方,为拍摄主体打光,在移动拍摄设备时,也无须担心光源方向与强度会出现变化。补光灯有多种形式,运用范围较广泛的是环形补光灯,如图5-4所示。

运用补光灯可以使播主拍摄得清晰又自然,为上镜效果加分。与普通光源相比,补光灯不刺眼,而且光源位置不仅仅是一个点,能打造出更加自然的效果。

补光灯还能在人眼中形成"眼神光",让播主上镜更加有神。若对补光灯的颜色不满意,或是作为"辅助光"的室内光有一定的"色差",也可以通过调节补光灯的色温搭配出满意的效果。

(2)反光布。反光布多用于照片拍摄,它可以反射光线,为拍摄主体增加欠光部位的曝光量,使拍摄主体显得更加立体,也避免画面出现光亮分布不均的状况。常见的摄影用反光布如图5-5所示。

图5-4 环形补光灯

图5-5 反光布

反光布有银色、金色、黑色、白色四种颜色,外加柔光布,共五种类型。银色反光布是比较常用的反光布,能使拍摄主体的眼神看起来更有神,阴天使用补光效果十分不错;金色反光布常用于日光拍摄下的补光,因为产生的色调较暖,也常作为主光使用;黑色反光布也称为"减光布",一般放置在拍摄主体的顶部,用于减少顶光,作用等同于遮光板;白色反光布一般用于对阴影部位的细节进行补光,增加阴影部分的细节;柔光布则适用于太阳下或灯光直射下柔和光线,降低反差。

(3)遮光板。目前市面上已有商家将遮光板与反光布合二为一,往往反光布的反面，就是可以遮光的遮光板。其主要目的是防止有害光线射入镜头，造成不良拍摄效果。常用的遮光板如图5-6所示。

在遮光板的分类中，有一个特别的存在，它就是遮光罩。遮光罩外接在相机镜头上，阻挡有害光线从侧面摄入。这类遮光罩一般是圆形，长的遮光罩能很好地避免周围光源的干扰，一般搭配远射镜头使用，短的圆形遮光罩通常会用在广角镜头上。遮光罩在摄影中的用途如下。

图5-6　遮光板

- 背光、侧光或闪光灯拍摄时，可以防止非成像光进入镜头。
- 当使用前向光和侧光拍摄时，可以防止周围的散射光进入镜头。
- 拍摄光线摄影或夜间摄影时，可以避免环境干扰光进入镜头。
- 遮光罩还可以防止意外损坏镜头，防止手指误触镜头表面，在一定程度上保护镜头免受沙尘暴、雨雪的影响。

遮光罩的使用注意事项如下。

- 遮光罩有多种尺寸，应选择与镜头焦距匹配的尺寸。购买前，请务必确认尺寸或直接带相机来匹配。
- 透镜的焦距越短，视角越大，遮光罩越短。如果标准镜头的遮光罩套在广角镜头上使用，会导致画面周围出现黑边，且无法起到遮光罩应有的挡光作用。使用变焦镜头时，最好使用可伸缩的遮光罩。
- 遮光罩广泛用于背光摄影。一般来说，眩光是可以避免的。然而，如果光源关闭，眩光仍可能发生。此时，可以用手在光源所在的一侧遮蔽遮光罩，然后从取景器中清楚地观察眩光是否消除。
- 遮光罩用于减少镜头拍摄区域外杂光的眩光干扰。因此，它只能用在前端聚焦时不旋转的镜头上。一般来说，阴影越长，阻挡杂散光的效果越好。然而，如果圆口遮光罩太长，它会挡住画面的四个角。花瓣罩相对于画面的四个角的位置向内凹陷，这样可以使画面的四个角的光线不被遮挡。在不遮挡画面四角的前提下，花瓣罩的花瓣向前延伸一段遮光罩，比圆口遮光罩能提供更好的杂光遮挡效果。

5.1.2　4种常见辅助工具

在拍摄短视频的过程中，为了提高拍摄效果和工作效率，需要用到一些辅助工具。比如，防止画面抖动和提高画面清晰度的三脚架、自拍杆和稳定器，增加视频动态感的滑轨，拍摄具有鸟瞰镜头的大气视频的无人机。

1. 三脚架与自拍杆：自拍者必备

三脚架与自拍杆是自拍者的好帮手。可能会存在这样的情况：播主因为各种各样的原因只能自行拍摄短视频，这时，要怎样保持拍摄设备处于最佳位置，并且保持不动呢？或是播主需要拍摄范围较广的场景，但是无法将所有拍摄主体都纳入镜头。这时三脚架与自拍杆就派上了用场。当进行定点拍摄时，可以选用三脚架固定拍摄设备；进行动态拍摄时，可以用自拍杆来拉远拍摄的距离，使画面容纳面积更大，为拍摄创造更多可能性。

（1）三脚架。三脚架是一款用途广泛的辅助拍摄工具，无论是智能手机、单反相机，还是摄像机，都可以用它进行固定。它的三根脚管与地面接触后，形成了一个稳定的结构，与自带的伸缩调节功能结合，可以将拍摄设备固定在任何理想的拍摄位置。常见三脚架如图5-7所示。

选择三脚架时要考虑两个关键的性能：稳定性与轻便性。由于制作三脚架的材质多种多样，包括高强塑料、合金材料、钢铁材料、碳纤维等，较为轻便的材料制成的三脚架会更加便于携带，适合需要辗转于不同地点进行拍摄的播主使用。在风力较大，或是放置底面不稳定的情况下，可以用沙袋或是其他重物进行捆绑固定，维持其稳定性。而通常在固定场景拍摄短视频的播主，可以选用重量较大的三脚架。

图5-7　三脚架

（2）自拍杆。除三脚架外，自拍杆也是短视频拍摄过程中常见的道具，它相当于延长了拍摄者的手臂长度，将可拍摄的面积增大了不少，能帮助播主通过自带的遥控器完成多角度拍摄动作。常见的自拍杆如图5-8所示。

图5-8　自拍杆

在手持自拍杆进行拍摄时，由于自拍杆长度较长，拍摄者只能手持一端进行拍摄，所以画面稳定性无法保证。而新一代的自拍杆除了能手持拍摄外，还增加了"三脚架"的功能，可以在一定程度上解放拍摄者的双手，但由于材质与长度的问题，仍然存在一定局限性，无法完全替代三脚架。

2. 稳定器：让镜头不再颤抖

当拍摄者需要拍摄一位玩滑板的少女时，如果手持手机或相机追着少女进行不同角度的拍摄，可想而知，拍摄出来的画面会出现不停抖动的状况，这样的画面是不适宜过多地出现在短视频中的，否则容易引起观众的反感。为了解决拍摄这类场景时的设备稳定性问题，稳定器应运而生。

为了适配不同的拍摄设备，市面上常见的稳定器有两种，手机稳定器和相机稳定器，如图5-9所示。

稳定器其实是通过在多方向安装移动轴，由计算机计算出运动中的晃动方向与距离，再施以反向运动抵消抖动。

图5-9　手机稳定器与相机稳定器

3. 滑轨：平滑移动镜头

使用单一静态镜头进行拍摄，时间长了未免无趣，观众也会进入审美的疲劳期。想要呈现活泼又流畅的动态镜头，可以借助滑轨将拍摄设备平推或是前后移动。

设备通过滑轨向前推进时，将放大人物，仿佛是推开了人物内心世界的门，引领观众更深入地对人物进行挖掘；设备通过滑轨向后拉动时，画面容纳的主体越来越多，给到观众的信息就越来越多；而在设备借助滑轨围着拍摄主体进行环绕运动时，画面会显得极具动态感，在拍摄舞蹈或其他运动时这种镜头会显得十分专业。常见的滑轨如图5-10所示。

目前市场上摄像轨道主要有

图5-10　滑轨

两种类型，手动滑轨和电动滑轨。手动摄像滑轨操作十分简单，只需要用手轻轻推动就可以完成拍摄，电动摄像滑轨主要是通过手机连接蓝牙App控制相机移动的轨道。

4. 无人机：小成本的鸟瞰镜头利器

无人机是视频拍摄设备中比较高端的一种，目前在常见的短视频App中，使用无人机拍摄的短视频并不多见。无人机如图5-11所示。

无人机比较适合拍摄极为壮丽的自然风光，给观众视觉上的震撼，或是拍摄剧情类视频中的大远景，用以交代故事背景。但在使用无人机拍摄时，拍摄者要注意，不要在禁止飞行的城市上空放飞无人机，特别是不要靠近居民住宅楼，避免发生侵犯他人隐私的情况。

图5-11 无人机

5.2 短视频常用的拍摄技法

短视频虽然区别于制作周期长、拍摄设备专业的电影及电视剧，但也是通过画面与声音的方式来呈现的。因此，熟悉掌握运用镜头语言来引导观众的思维、运镜、转场及演员走位调度等技能是非常重要的。

5.2.1 镜头语言：引导观众的思维

在视频中，镜头之间的衔接往往具有一定的关联性。一般来说，这种衔接是根据剧情发展逻辑串起来的，完全遵循剧本，而不是随心所欲想拍到哪儿就拍到哪儿。所以，镜头之间的衔接也是一种语言，这种语言是导演通过视频画面引导观众的思维。

1. 不同景别

景别主要是指摄影机与拍摄主体间，因为不同的距离，造成画面上形象的不同大小。景别的种类可以细分为远景、全景、中景、近景、特写，如图5-12所示。

图5-12 景别示意图

在图中可以清楚地看到以人为参照物时的五种景别的区别。

（1）远景通常用来交代大环境或抒发情感，呈现景多人少的画面，多采用航拍。常用于拍摄自然风光、城市面貌、建筑等题材，或是用于片头，让观众在开场时便对故事发生的环境与背景有所了解。

（2）全景指人物全身恰好都在画面里的景别。全景主要用来进一步表现人与环境的关系，被称为交代镜头。在实际拍摄过程中，有经验的摄影师会注意给人物头顶和脚底适当的留白，而不是出现"顶天立地"的画面。

（3）中景是指人的膝盖以上的部分。因为这个景别能够最清晰地交代故事情节，所以它也是电影摄影的基础。在拍摄时也要注意，拍摄中景的时候不要正好切在演员的膝盖上，否则容易让观众觉得突兀。

（4）近景即胸部第三颗纽扣以上的位置，用来突出人物或物体的具体特征。近景是电视剧画面的基础，这个景别能很好地介绍人物出场及看清演员的表情。以近景拍人时很考验演员的演技，如果这时演员稍微跳戏，观众可能就会发现。

（5）特写一般在肩锁骨以上。拍人时一般用来表现人物脸部的表情变化，头部上方的留白空间可以很小或没有。特写能让作品得到超清的画质，它往往用来强调人物情绪，或强调人物的某一个局部，如手部动作、眼神等。

2. 三种引导观众思维的方式

在了解镜头的景别后，拍摄者应如何利用不同的景别来引导观众的思维，达到用画面讲故事的效果呢?

（1）递进式。递进式分为正递进式和逆递进式。

- 正递进式：组合镜头的拍法，拍摄者从大远景开始，依次拍摄全景、中景、近景、特写、大特写。景别层层递进，将所要展现的故事，用越来越详细的视角呈现出来。这是引导观众用正向顺序了解故事，从背景环境开始，到人物是哪些，性格如何，再到人物各自的想法等。

- 逆递进式：从局部到整体的组接，拍摄者从大特写开始，依次拍摄特写、近景、中景、全景、远景，层层拉开序幕，逐渐表达清楚演员到底在干什么。这样的叙述方式更容易勾起观众好奇心，从某个吸引人的细节开始，一不小心就从头看到尾了。

（2）总分总式。在视频开头先用远景、全景交代故事环境，然后通过中景、近景交代故事的发展，最后回到全景与远景来交代在故事结束后，环境的改变，或留下无演员的空镜头让观众思考。故事非常紧凑，短时间内就能讲清楚一件事，抖音、快手平台上的许多情景短剧就是利用这一拍摄模式进行的。

（3）跳跃式。跳跃式并没有固定的景别搭配方式，是拍摄中最常用的方式：完全根据内容的逻辑来让观众时刻保持视觉新鲜感。跳跃式可以全景直接接近景，特写直接接中景，以故事的推进与人物的视角来进行故事阐述。

5.2.2 运镜：用镜头的移动表现视角运动

在拍摄视频的过程中，镜头并不是一直静止不动的，它的运动被称为运镜。运镜就像是镜头代替拍摄者在说话，它能赋予视频画面更多的活力，限制观众的视角，提供更多的悬念与趣味。常用的运镜方式有七种，即推镜头、拉镜头、跟镜头、摇镜头、移镜头、升降镜头及悬空镜头。

1. 推镜头

推镜头是一种非常常见的运镜方式，它是指在拍摄主体位置固定不动的情况下，镜头从全景或其他较远的景位，由远及近向拍摄主体逐渐推进，直到推成近景或特写镜头的运镜手法。这类镜头在实际拍摄中主要用于描写细节、突出主体或制造悬念等。例如，抖音号"色彩天蝎"在一段短视频中，就用推镜头的方式，将画面从女演员的中景镜头推进至脸部特写，很好地突出了人物，如图5-13所示。

2. 拉镜头

拉镜头则是与推镜头完全相反的一种拍摄手法。拉镜头是指拍摄主体不动，构图由小景别向大景别过渡，即镜头从特写或近景开始，逐渐变化到全景或远景。在视觉上，画面会容纳越来越多的信息，同时营造一种远离主体的效果，给观众场景更为宏大的感受。例如，抖音账号"itsRae"在拍摄川西Vlog的过程中，就运用了拉镜头的方式展示拍摄地的自然风光，如图5-14所示。

图5-13 推镜头的拍摄画面

3. 跟镜头

跟镜头与"跟拍"比较类似，是指拍摄主体的状态为运动状态，镜头跟随其运动一起移动的拍摄方式。在跟镜头画面中，拍摄主体在画面中始终处于一个相对稳定的位置上，而背景环境则是不断变化的。

跟镜头在实际运用中，能全方位地展现被拍摄主体的动作、表情及运动方向，常用于纪实性节目及新闻的拍摄。跟拍是镜头跟随主体一起移动，其运动主体不变，而背景会变化。

图5-14 拉镜头的拍摄画面

4. 摇镜头

摇镜头是指摄像机的位置不动，通过摄像机本身的光学镜头水平或垂直移动而拍摄的镜头。脚本中时常提到的"全景摇"就是指用摇镜头的手法拍摄全景。摇镜头常用于介绍故事环境，或侧面突出人物行动的意义和目的。它与其他拍摄方式的区别在于摇镜头拍摄时，镜头相当于人的头部在看四周的风景，但是头的位置不变。一个完整的摇镜头包括起幅、摇动、落幅三个部分。

5. 移镜头

移镜头是指将摄影机架在活动的物体上随之运动而进行拍摄的方式。镜头沿水平面向各个方向移动拍摄，便于展现拍摄主体的不同角度，拍摄的画面始终处于运动状态。这种拍摄方式对于表现大场面、多景物、多层次等复杂场景，往往能表现出气势恢宏的效果。同时也能使画面更加生动、更加真实，现场感更强。例如，图5-15所示的宁波市鄞州区自然风光的短视频，就用了移镜头的方式，展现了地面风光的广袤，给人以震撼。

图5-15 移镜头时的画面

> **知识看板**
>
> 跟镜头与移镜头的区别
>
> 跟镜头的摄像机运动速度与被摄对象的运动速度是一致的，移镜头摄像机的运动与被摄对象的运动速度不同；跟镜头的画面景别不变，移镜头的画面景别根据拍摄距离的变化而变化；跟镜头的拍摄对象在画面构图上基本不变，移镜头的拍摄对象在画面构图中的位置时刻发生变化。

6. 升降镜头

升降镜头分为升镜头和降镜头两种不同的手法。升镜头是指镜头做上升运动，甚至形成俯视拍摄，这时画面中是十分广阔的地面空间，效果十分恢宏。而降镜头是指镜头做下降运动进行拍摄，多用于拍摄较为宏大的场面，以营造气势。

7. 悬空镜头

悬空镜头是指摄影机在物体上空移动拍摄，如果用这种镜头拍摄，一般会产生史诗般恢宏的画面效果。抖音账号"鬼迹"，在拍摄重庆某公路的短视频时，就采用了悬空镜头，衬托出公路中车辆与路人的渺小，如图5-16所示。

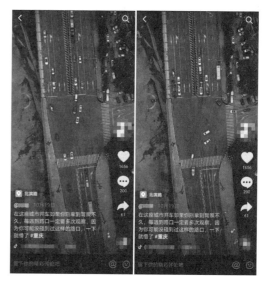

图5-16 采用悬空镜头时画面

5.2.3 转场：两个场景之间的切换效果

一个几十秒的短视频，可能由十几个甚至几十个分镜头组成，而镜头与镜头之间，把控观众感官的场景、段落切换，就称之为"转场"。转场分为两种类型，分别是无技巧转场和技巧转场。

1. 无技巧转场

无技巧转场是用镜头自然过渡的方式来连接上下两段内容，转场不运用任何特效，强调视觉的连续性。拍摄团队运用无技巧转场时，要注意寻找合理的转换因素。依照不同的转换因素，无技巧转场可以分为空镜头转场、声音转场、特写转场等转场方式。

（1）空镜头转场。空镜头是指没有人物出现的镜头，一般作为剧情之间的衔接及渲染气氛的画面出现，是非常经典的转场镜头，如图5-17所示。

图5-17 空镜头转场

图中短视频讲述的是一个女孩在失恋后,短暂消沉之后又重新振作的故事。图片展示的是视频开头,讲述了女孩消沉状态的镜头,左图由杂乱的餐桌与睡在沙发上的女孩两部分构成,暗示了女孩消极的生活状态。右图为左图后的空镜头转场,进一步表明女生最近的饮食、卫生问题也没能得到妥善处理,渲染了沉闷、悲伤的氛围,描绘了女孩停滞不前的生活状态,是十分成功的空镜头转场。

(2)声音转场。声音转场是利用声音过渡的和谐性自然转换到下一画面,常用音乐、解说词、对白等方式,结合画面转场,在向观众总结上半部分的同时过渡到下半部分,十分自然。

(3)特写转场。特写转场是运用比较多的一种转场方式,在各个类型的视频中,特写转场都不会显得突兀。无论上一个镜头的结束时是何种景别,下一个镜头都从特写开始,对拍摄主体进行突出强调和放大,这就是特写转场的手法。如图5-18中所示的短视频,前一个镜头的最后部分如左图所示,是一群青年男女在拍合照;下一个镜头开场如右图所示,特写一群人中的男女主人公,突出人物关系,呼应了故事中二人互相暗恋的情节,显得意味无穷,令人回味。

图5-18 特写转场

(4)主观镜头转场。主观镜头转场是指,依照人物的视觉方向进行镜头的转场,即上一个镜头是主人公在做某事,下一个镜头就切换到主人公的视角所见。这样的镜头能给观众一种很强的代入感。如图5-19中所示的女演员,上一秒如字幕所说,女演员"看到天上有一朵奇怪的云",于是举起手机拍摄;下一秒镜头就切换到女演员手机屏幕的特写,画面中女演员

图5-19 主观镜头转场

的手机正处于拍摄模式，即将按下拍摄键。这种典型的主观镜头转场，既具有视觉冲击力，又合乎剧情逻辑。

（5）两极镜头转场。两极镜头转场的特点，在于利用前后镜头在景别、动静变化等方面造成巨大反差来完成转场。一般而言，前一个镜头的景别会与后一个镜头的景别形成"两个极端"，如前一个是特写，后一个是全景或远景，或前一个是全景或远景，后一个是特写。

（6）遮挡镜头转场。遮挡镜头转场是指，在上一个镜头接近结束时，向镜头挪近某物体以至遮挡摄像机的镜头，下一个画面该物体又从摄像机镜头前走开，以实现场景的转换。这种方式在给观众带来视觉冲击的同时，也使画面变得更紧凑。

2. 技巧转场

运用一些特效的手法进行转场，称为技巧转场。技巧转场常用于情节之间的转换，给观众带来明确的段落感。常见的技巧转场有3种，分别为淡入淡出转场、叠化转场、划像转场。

（1）淡入淡出转场。淡入淡出转场是指在画面结束与开始时，加上画面的明暗变化，即上一个镜头的画面由明转暗，直至黑场，下一个镜头的画面由暗转明，逐渐显现直至正常的亮度，通常运用在节目或场景的开头结尾或时间地点的变化之处。

（2）叠化转场。叠化转场指前一个镜头的结束画面与后一个镜头开始的画面相叠加的转场形式，在转场中，画面会显出前后两个镜头的轮廓，只是前一个镜头的画面将逐渐暗淡隐去，后一个镜头的画面则慢慢显现并清晰。叠化转场在短视频中的实际运用，如图5-20所示。

叠化转场常运用在影视化处理中，因为叠化与慢镜头的结合，可以制造延缓时间的流逝的效果。

（3）划像转场。划像转场的

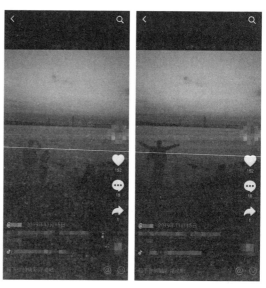

图5-20 叠化转场

切出与切入镜头之间没有过多的视觉联系，常用于突出时间、地点的跳转。划像分为划出与划入，划出指前一画面从某一方向退出荧屏，划入指下一个画面从某一方向进入荧屏。

5.2.4 走位：演员在拍摄时的移动路线

走位是指视频拍摄中，演员的位置变化。走位的含义听起来十分简单，但在专业视频拍摄，如电影拍摄中，演员的走位是十分讲究的，需要导演结合具体情节及场景，进行宏观的把控与调度。在短视频拍摄中，不必做到像电影那般专业，但仍然需要遵循基本的走位原则。

在进行视频拍摄时，由于灯光、摄像机的机位都是基本固定的，它们虽然会随着演员的移动进行相对运动，但依然只有一块不太大的地方属于"有效区域"，即摄影机能拍摄到演员的区域。如果演员在走位时不小心移动到了有效区域的外面，就会十分影响拍摄的效果。

所以，为了节约时间及成本，在实际拍摄前，导演需要组织演员们进行多次彩排，找准机位，确保在实际拍摄中，尽可能地减少演员眼神对错位置，或是走动走出了有效区域的次数。

5.3 短视频常用的布光技法

"摄影是光的艺术"，熟练运用光不仅仅是摄影师的基本功，也是体现其水准的重要标准。不论是拍摄照片还是视频，光都起着决定性的作用。如果没有光，即便拥有了完美的构图与布局也于事无补。要拍摄出优质的短视频作品，一定要掌握不同光源在不同情况下的使用方法。

5.3.1 光源：类型不同，效果各异

想要做到熟练运用光可不是那么容易的一件事，首先，新手团队需要了解清楚光源的不同类型。在摄影中，照明光源有两大种类，具体为自然光与人造光。

1. 自然光

顾名思义，自然光是指日光、月光、星光，以日光为主。其中，日光包括晴天太阳的直射光与天空光，阴天、下雨天、下雪天的天空漫散射光。一天之中，太阳光的直射角度会随着时间的推移产生变化，这使太阳光可以分为不同的照明

阶段，在不同照明阶段进行拍摄，会出现不同的拍摄效果，可以表达不同的情绪。

例如，在早晚太阳光直射的时间段，太阳光与地面呈0～15度的夹角，景物大面积的垂直面被照亮并留下一段很长的投影，太阳在穿过大气层后，光线变得分外柔和，与天空光的比例约为2∶1，在晨雾与暮霭出现的情况下，空气会产生强烈的透视效果。这时拍摄近景照片，景调会十分柔和，拍摄场景照片，则能得到层次丰富、空间透视感强的成片。

2. 人造光

人造光是指人工制造的发光体发出的光线，如聚光灯、漫散射灯、强光灯、溢光灯、石英碘钨灯等。家庭环境中的白炽灯等，也属于人造光的范畴。

人造光是摄影常用的光源，它的运用范畴十分广泛，能最大程度上按照摄影师的设想，布置出最理想的光源。短视频创作团队很难在特定的拍摄时间内遇到最适合的自然光，所以，对于基本的人造光源，拍摄人员需要不断熟悉，最终做到灵活运用。

5.3.2 光位：7种方向，7种效果

光位是指光源相对于被摄体的位置，即光线的方向与角度。同一拍摄主体，在不同的光位下能产生不同的明暗造型效果。摄影中的光位千变万化，但归纳起来主要有七种，即顺光、前侧光、正侧光、后侧光、逆光、顶光及脚光。其中五种光位在垂直方向上的示意图，如图5-21所示。

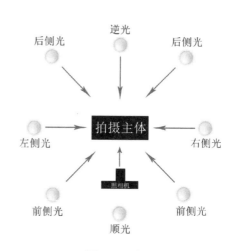

图5-21 光位

1. 顺光

顺光，又名"正面光"，指光线来自被摄体正面的光位。随角度高低分别称为平射光、顺光和高位顺光。正面光照射的被摄体令人感觉明亮，但立体感较差，缺乏明暗变化，利用正面光拍摄时的曝光宽容度较大。在灯光人像中，正面光常用作辅光。顺光光位在垂直方向的示意图，如图5-22所示。

顺光的特点是受光均匀，曝光容易控制。同时，拍摄主体的色彩饱和度高、色彩鲜艳，但缺少明暗反差和阴影衬托，立体感较差，缺乏生气。所以，顺光在灯光人像中常用作辅光，适用于风光摄影、追求详细记录的侦查取证等。

图5-22　顺光

2. 前侧光

前侧光指从拍摄主体正面45度方位照射过来的光。前侧光是最常用的光位之一，在它的照射下，拍摄主体富有生气和立体感。在人像拍摄中，前侧光常用作主光，通常位于人物脸部朝向的另一侧。

3. 正侧光

正侧光又称90度侧光，正侧光下拍摄主体呈"阴阳效果"，是人像摄影中一种富于戏剧性效果的主光位置，它能突出明、暗的强烈对比，如图5-23所示。

4. 后侧光

后侧光又称侧逆光，指光线来自被摄体的侧后方的光位，能使被摄体的一侧产生轮廓线条，使主体与背景分离，从而加强画面的立体感、空间感。

前侧光、正侧光与后测光在垂直方向上的位置图，如图5-24所示。

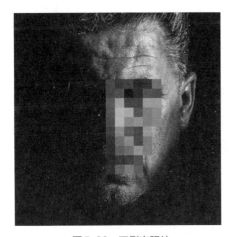

图5-23　正侧光照片

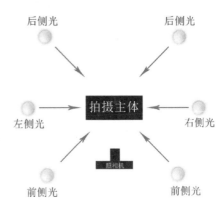

图5-24　侧光

5. 逆光

逆光又称背光，是指拍摄时光线来自被摄体的正后方的光位。逆光能使被摄体产生生动的轮廓线条，使主体与背景分离，从而使画面产生立体感、空间感。逆光构图很重要的一条是使画面产生深色背景，否则轮廓线就不醒目。逆光在造型上还有利于表现动物的群体。逆光光位示意图，如图5-25所示。

逆光的特点在于，它能营造生动的轮廓光线，使画面产生立体感、层次感，增强画面的质感、增强氛围意境，有艺术感，反差大，有视觉冲击力。但很多时候，逆光的拍摄需要配合反光板或闪光灯辅助照明，以避免主体曝光不足。逆光多被摄影师用来勾勒被摄体的轮廓形状、拍摄剪影等创作方向。

6. 顶光

顶光是指光线来自被摄体的正上方，如正中午的阳光。顶光会使人物脸部产生不讨巧的浓重阴影，通常忌拍人像。它的特点是，会在人物的眼睛、鼻子及下颌形成浓重的阴影，不利于人物的表现。

图5-25 逆光

7. 脚光

脚光又称底光，是指光线来自被摄体的下方的光位。常用于丑化人物。而在自然光中，没有脚光的光位，原因在于脚光很难营造出美感，也正因如此，脚光最大的用途是恐怖片的拍摄。

5.3.3 光质：聚散软硬，灵活运用

光质可以理解为光的性质，具体来说，就是指光线的聚、散、软、硬，其具体含义分别如下。

- 聚，可以理解为聚光，指光来自一个明显的方向，这时，拍摄主体产生的阴影明晰而浓重。
- 散，可以理解为散光，指光线来自若干方向，产生的阴影柔和而不明晰。
- 软，可以理解为软光，也叫散射光或柔光。光线相对柔和，明暗层次过渡柔和反差小，比如多云天气的光线、闪光灯前加上柔光罩、补光灯前也加上柔光箱等，都是软光。
- 硬，可以理解为硬光，一般指的是直射光，如闪光灯、晴朗天气下的阳光直射等都属于硬光。

在具体运用中，硬光能使拍摄主体产生强烈的明暗对比，有助于质感的表现，立体感强，适合表现黑白光影效果等；软光善于表现物体的外形和色彩，但不善于表现质感和细节，适合拍摄人像。为了营造不同的环境氛围，表达不同的情绪，拍摄者应当灵活把握光质的运用。

5.3.4 室内人物视频布光技巧

很多短视频都是由播主一人出镜在室内进行拍摄,如美妆视频、开箱视频,甚至包括部分剧情视频等。这类短视频的拍摄成本比较低,即使没有专业的设备,也并不影响成片效果。

在室内拍摄,布光是非常重要的。简单来说就是布置合适的光线,让演员在出镜时看起来清晰、养眼、令人舒服。室内布光的基本要求是光线强度适中,不过分阴暗,也不过分明亮,并且能让观众看清楚演员的脸与动作。

室内布光的方法是,将补光灯或柔光灯作为主光,布置在镜头后方,清楚地照亮画面中的所有演员。如果单一主光无法照亮所有演员,或是在演员的身上留下了比较重的阴影,就需要另一盏灯或反光板充当辅助光,照亮主光留下的阴影。这样,在主光与辅助光的配合下,室内布光就基本完成了。

如果拍摄者由于各种因素,仍然觉得画面光线不够丰富,或是缺少明亮环境的衬托,则可以再追加一盏灯作为背景光,照亮室内背景,让画面更具有层次。有背景光与无背景光的区别,如图5-26所示。

图5-26 有无背景光的区别

5.3.5 室外视频拍摄布光技巧

其实,室外布光的原理与室内布光是完全相同的,只是室外环境比室内复杂许多。一方面,太阳成了一个不可忽视的光源,另一方面,由于阳光的漫反射,画面的整体亮度与清晰度都会高于室内。

不管演员是直面阳光还是背对阳光,拍摄者都可以直接将太阳当作拍摄的主光。在已有主光的情况下,只需要追加一盏灯或反光板作为辅助光,来照亮演员身上的阴影部位。这时,演员基本上已呈"360度无死角"的状态了。

在晴朗天气进行拍摄,演员背后的地方往往会被漫反射照亮,并不需要追加背景光进行照亮。这种情况下,通常拍摄者会将室外背景进行模糊处理,以突出演员,让观众的注意力集中在演员身上,如图5-27所示。

图5-27　模糊背景的室外短视频

5.4　短视频常用的5种构图技法

构图是将画面中的元素进行组合的一种手法。拍摄者将原本杂乱的被摄物划分为主体与客体,或是前景与背景,将被摄物用三角轴或是斜线来排列,将光与影变成有情感的组合,这些都是构图的手法。

好的构图能赋予平凡的被摄物无穷的魅力,相反,不好的构图则会将一个本身显眼的主角变得平平无奇,降为闲角。一段优质的短视频离不开精美的画面内容,而设计合理的构图可以最直观地展现短视频的制作水准。运用好的构图方式,能够将拍摄主体按照审美规律布局在画面中,从而使作品更具感染力。

1. 对角线构图法

对角线构图是指拍摄主体沿着画面的对角线方向进行排列,这种构图旨在表达画面的动感、不稳定性或是生命力。与常规的横平竖直构图相比,对角线构图的画面更加舒展、饱满,观者的视觉体验也更加强烈,如图5-28所示。

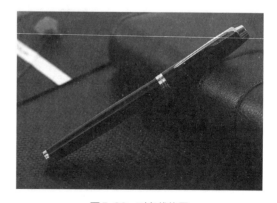

图5-28　对角线构图

2. 对称构图法

对称构图法是指画面中的物体按照一定的对称轴或对称中心布局，使画面中的景物呈轴对称或是中心对称的状态。对称构图法常用于拍摄建筑、公路、隧道等，效果十分出彩。另外，如果在拍摄时没能做到完全对称，也可以通过后期进行校正或剪裁。轴对称的画面，如图5-29所示。

3. 放射/汇聚构图法

放射/汇聚构图法是指以拍摄主体为核心，景物呈向四周扩散放射的构图形式，或者是拍摄时将产品向四周扩散的方式摆放

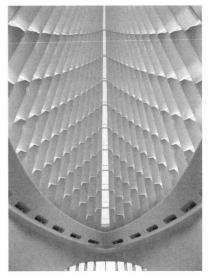

图5-29 对称构图

的一种构图方法。它可使人的注意力集中到被摄主体，同时又有使画面开阔、舒展、扩散的作用，常用于需要突出主体而场面又复杂的场合，也用于使人物或景物在较复杂的情况下产生特殊的效果等。放射/汇聚构图的示意图，如图5-30所示。

放射/汇聚构图除了在日常拍摄中，拍摄一些趣味性的物体外，在电商平台的产品拍摄中也运用十分广泛，如图5-31所示。

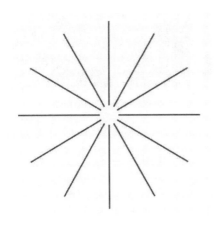

图5-30 放射/汇聚

图5-31 放射/汇聚的构图效果

图中的商品摆放方式，是最为典型的放射/汇聚构图法。糖果属于比较小的商品，通过运用放射式构图法进行摆放，不仅将观众的目光汇聚到糖果的主体上，同时，运用多个产品的重复使画面更加饱满，而不同角度的汇聚方式，使商品的

主图更有趣味。

4. 九宫格构图法

九宫格构图是目前最为常见、最基本的构图方法之一。如果把一张图片的上、下、左、右四个边都分成三等份,然后用直线把这些对应的点连起来,画面中就构成一个"井"字形图框,画面被分成相等的九个方格,这就是我国古人所称的"九宫格",如图5-32所示。

在图5-32中,九宫格的四个交叉点就是九宫格构图法的核心所在。新手拍摄者在拍摄时,可以把拍摄主体放在这四个点附近,这样拍出的照片主题鲜明、具有层次感。不只是横版画面,在竖版画面中,九宫格构图也同样适用,如图5-33所示。

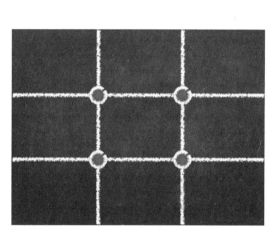
图5-32 九宫格

图5-33 九宫格构图

在图5-33中,由于运用了九宫格构图法,甜品被放置在九宫格四个中心点位置,画面主次分明,两杯甜品得到了很好的凸显,画面的中心也被整体向上移动了,显得十分协调。

5. 黄金分割构图法

黄金分割构图法的基本理论来自黄金比例——1∶1.618,这个比例在生活中的应用比比皆是,如建筑、绘画、投资市场、服装设计等领域。而在摄影中引入黄金分割比例则可以让照片给人的感觉更自然、舒适,更能吸引观赏者。著名的《蒙娜丽莎》也运用了黄金分割构图法,如图5-34所示。

在摄影构图当中有很多种表达方式能活用黄金分割比例,不管是在拍摄建筑物还是人像时，运用黄金分割构图法，都能获得非常不错的效果，如图5-35所示。

图5-34 《蒙娜丽莎》的黄金分割构图法

图5-35 黄金分割构图法

黄金分割构图法能十分自然地将观众的目光引向拍摄主体，构建出的画面也十分和谐——以主体为核心，景物向四周扩散，让画面中的主体与背景毫不突兀地融合在一起。

5.5 四大短视频主题拍摄要点详解

在短视频营销中，产品营销类、美食类、生活记录类、知识技能类主题的视频较为常见。产品营销类视频应凸显产品特点与品牌优势，营造购买氛围；美食类需展现食材新鲜与烹饪技巧，诱人美食画面不可或缺；生活记录类需真实捕捉生活瞬间，体现个性与智慧；知识技能类则应清晰解释概念，展示操作过程，并分享实用技巧。无论哪种类型的短视频，画面稳定、声音清晰、剪辑连贯都是关键，以呈现高质量的视频作品。

5.5.1 产品营销类视频的拍摄原则

从营利的角度来看，产品营销类视频可以被视为产品营销的一种表现形式。其终极目的是引起观众对产品的兴趣，促使观众点击小黄车链接，下单购买产品，从而让运营者获取利润。要用产品打动观众的心，可以从制造需求与链接情感两方面入手。基于此，产品营销类视频的拍摄需要遵循三大原则。

1. 清晰地展现产品外观

在产品营销类短视频中，清晰地展现产品外观是至关重要的。这不仅能让观众对产品有一个初步且直观的了解，还能有效地传递产品的设计和质感，进一步激发消费者的购买欲望。以下是拍摄产品营销类视频时，清晰地展现产品外观的几个核心原则。

- 高清画质：确保使用高清摄影设备进行拍摄，以获得清晰、细腻的画面。避免使用模糊或低分辨率的图像，这会让观众对产品外观产生不良印象。
- 适当的光线：光线是摄影的灵魂。选择合适的光线类型和光线方向，确保产品得到均匀且柔和的照明。避免直射的强光或阴暗的角落，这可能会导致产品外观失真或产生阴影。
- 简洁的背景：选择一个简洁、干净的背景，以便观众能够将注意力集中在产品上。避免使用过于花哨或复杂的背景图案或颜色，以免分散观众的注意力。
- 多角度展示：从多个角度展示产品外观，如正面、侧面、背面、顶部和底部等。这有助于观众全面了解产品的外观和设计特点。
- 特写镜头：使用特写镜头捕捉产品外观的细节，如材质、纹理、颜色等。这可以让观众更深入地了解产品的质感和特点。
- 避免反光和眩光：在拍摄过程中，要注意避免产品表面产生反光或眩光。这可能会影响观众对产品外观的准确判断。可以使用反射板或调整光线角度来减少反光和眩光现象。
- 后期处理：在后期处理中，可以适当调整颜色、对比度和锐度等参数，以增强产品外观的展示效果。但请注意，避免过度处理导致画面失真或过于夸张。

遵循这些原则，你可以拍摄出清晰、吸引人的产品营销类短视频，有效地展现产品的外观和设计特点，从而吸引更多消费者的关注和兴趣。

2. 展示产品的功能优势

在制作产品营销类短视频时，一个核心原则就是要突出并清晰地展示产品的功能优势。产品的功能优势是其核心竞争力所在，也是吸引消费者、区别于竞争对手的关键。以下是一些拍摄原则，帮助你在短视频中有效地展示产品的功能优势。

- 明确核心功能：明确产品的主要功能和核心卖点。了解产品能够解决消费者的哪些问题，满足哪些需求。确保在短视频中突出这些核心功能，让消费者一目了然。
- 实际演示：通过实际演示来展示产品的功能。使用简洁明了的语言和动作，展示产品如何操作、如何工作，以及它如何帮助消费者解决问题。演示过程中要注重细节，让消费者看到产品的实际效果。

- 对比展示：如果可能的话，将你的产品与竞争对手的产品进行对比。通过对比展示，让消费者看到你的产品在功能、性能、易用性等方面的优势。这有助于突出产品的差异化特点，加强消费者对产品的信任感。
- 强调解决方案：不仅要展示产品的功能，还要强调它如何解决消费者的具体问题。通过展示真实场景和案例，让消费者看到产品在实际使用中的效果和价值。这有助于建立情感链接，提高消费者的购买意愿。
- 简洁明了：在短视频中要保持内容简洁明了。避免冗长的介绍和无关紧要的细节，专注于展示产品的核心功能和优势。同时，使用简洁的语言和图像，让消费者快速理解产品的价值。
- 调动情感：除了功能优势外，还要通过短视频调动消费者的情感。通过讲述感人的故事、展示令人惊叹的效果等方式，激发消费者的共鸣和购买欲望。

总之，在拍摄产品营销类短视频时，要始终围绕产品的功能优势进行展示。通过实际演示、对比展示、强调解决方案等方式，让消费者看到你的产品如何满足他们的需求、解决他们的问题。同时，保持内容简洁明了、调动消费者的情感，以提高视频的吸引力和转化率。

产品营销类短视频的"主角产品"，在功能方面与同类产品相比，应当存在一定的优势。例如，在短视频平台十分受欢迎的一款产品——油汤分离勺，如图5-36所示。

这款产品的功能优势在于将普通汤勺的功能与滤油工具的功能合二为一。一般情况下，如果人们需要将汤中的油分离出来，会用普通汤勺在汤中不停地"撇"，这样既费时费力，效率也不高，汤中的油脂很难被处理干净。除此之外，还可以利用隔油碗或陶瓷隔油杯等工具进行辅助，但依然存在工序烦琐、工具易碎等问题。而这款油汤分离勺，可以在盛汤这个步骤中，一步到位地分

图5-36 展示产品的功能优势

离油与汤，无须额外的步骤，就能得到一碗清澈无油的滋补靓汤。

花一款产品的钱，享受到两大产品功能，精明的消费者都会算这笔账，更别说那些本身就被油汤分离问题困扰的观众，他们通过产品营销短视频对产品功能的直观展示，切身体会到了这款产品的功能优势，视频内容直击痛点，这时，观众已经被产品征服，自然会马上点击购物车链接查看价格，斟酌下单。

3. 为产品赋予情感内涵

在短视频营销中，赋予产品情感内涵是一种至关重要的策略。当消费者为产品所蕴含的情感买单时，他们购买的不仅仅是产品的功能，更是产品所代表的生活方式、价值观或情感体验。这种情感链接能够深深触动消费者，成为产品溢价的主要来源之一。

以下是拍摄产品营销类视频时，为产品赋予情感内涵的几个原则。

- 明确产品背后的故事：每一个产品都有其独特的故事和背景。挖掘这些故事，并在短视频中讲述，能够让消费者与产品建立更深的情感联系。例如，讲述产品的设计灵感、制作过程或背后的品牌理念等。
- 利用情感元素和符号：在短视频中，通过运用色彩、音乐、画面等情感元素和符号，营造与产品情感内涵相契合的氛围。例如，使用温暖的色调和柔和的音乐来传达产品的温馨和舒适感。
- 展示产品的使用场景：将产品置于实际的使用场景中，展示它如何融入消费者的日常生活，为消费者带来情感上的满足和愉悦。例如，展示香水在浪漫约会或重要场合中的使用，强调它为消费者带来的自信和魅力。
- 强调产品的象征意义：产品往往不仅仅满足物质需求，更承载着象征意义。在短视频中，强调这些象征意义，让消费者感受到产品所代表的价值观和生活方式。例如，强调香水代表的"精致""格调"和"品味"等。
- 真实而触人心弦的故事：通过讲述真实而感人的故事，让消费者与产品建立情感共鸣。这些故事可以是关于产品的起源、背后的设计师或用户的使用体验等。确保故事真实可信，能够触动消费者的内心。

总之，为产品赋予情感内涵是产品营销类视频拍摄的重要原则之一。通过明确产品背后的故事、利用情感元素和符号、展示产品的使用场景、强调产品的象征意义及讲述真实而触人心弦的故事，我们可以触动消费者的情感，建立其与产品之间的深厚联系。这种情感链接不仅能够提高产品的附加值，还能够为品牌创造持久的价值。

4. 举例

以一款高端手表为例，进行产品营销类主题拍摄的拍摄技法、布光技法、构图技法详细说明如下。

（1）拍摄技法：可以采用高清微距拍摄、多角度展示和动态与静态结合等技法进行拍摄。

- 高清微距拍摄：由于高端手表往往注重细节和精致工艺，因此使用高清微距拍摄技法能够清晰展现手表的每一个部件，如表盘、指针、表冠及表带的纹理和质感。这种技法可以突出手表的精湛工艺和独特设计，增强产品的吸引力。
- 多角度展示：为了全面展示高端手表的外观和特性，拍摄时应采用多角度的拍摄技法。例如，从正面、侧面、背面等不同角度进行拍摄，以及对手表的各个功能部位进行特写拍摄，让观众能够全方位了解产品的特点。
- 动态与静态结合：除了静态展示手表的外观和细节，还可以通过拍摄手表的动态过程来展现其功能和特点。例如，可以拍摄手表的秒针转动、日期调整等动态过程，让观众更直观地了解手表的功能和使用方法。

（2）布光技法：采用软光照明、局部照明和光影创意等技法可以突出手表的特征。

- 软光照明：为了凸显高端手表的质感和细节，采用软光照明技法是非常关键的。通过使用柔光箱、反光板等工具，产生柔和、均匀的光线，减少阴影和反光，使手表的表面呈现出细腻的光泽和质感。
- 局部照明：为了突出手表的某个特定部位或细节，可以使用局部照明技法。例如，使用聚光灯或灯箱对手表的表盘、指针或表带进行局部照明，强调其特点和质感。
- 光影创意：在布光过程中，还可以尝试一些光影创意技法，为手表增添独特的魅力。例如，通过调整光源的角度和位置，打造有趣的光影效果，或者利用反射物体产生光影反射，为手表打造独特的视觉效果。

（3）构图技法：不同的构图技法可以产生不同的视觉效果。

- 规则构图：为了打造稳定和专业的视觉效果，可以采用规则构图技法。例如，利用三分法或黄金分割法将手表放置在画面的关键位置，平衡画面并突出手表的主体地位。
- 对比构图：为了突出高端手表的尊贵品质和独特设计，可以使用对比构图技法。例如，将高端手表与一些普通的手表或日常物品进行对比拍摄，通过大小、形状和质感的对比,强调高端手表的优越性和独特性。

● 创意构图:为了吸引观众的注意力和打造独特的视觉效果,可以尝试一些创意构图技法。例如,将手表与一些非传统的元素或场景相结合,打造有趣的视觉效果;或采用特殊的拍摄角度和透视效果,使画面更具创意和想象力。

综上所述,针对高端手表的产品营销类主题拍摄,拍摄技法、布光技法和构图技法都扮演着至关重要的角色。合理运用这些技法,可以全面展示手表的外观、细节和功能特点,同时提升画面的美感和视觉冲击力,从而吸引更多潜在消费者关注和购买。在实际操作中,摄影师需要根据手表的具体特点和品牌风格进行灵活调整和创新,以打造更具吸引力和影响力的营销效果。

5.5.2 美食类视频的拍摄原则

美食类视频是观众乐于浏览的视频类型之一,那些令人垂涎欲滴的美食,毫无疑问,就是这类视频的不二主角。美食类视频想要收获高流量,就需要淋漓尽致地突出美食的魅力。这需要新媒体团队遵循以下两条拍摄原则。

1. 寻找合适的光线与角度

美食不仅仅是美味的,其外观也一定是诱人的。新媒体团队需要为美食寻找适合的光线及角度进行拍摄,例如,色彩饱和的冰激凌,可以选择在日光下进行拍摄,角度可以按照不同的视频需求进行选择;而热气腾腾的红油火锅,最好在暖光下,从台面的45度角方向进行拍摄,否则水蒸气容易沾到镜头,影响拍摄效果,如图5-37所示。

图5-37 选择合适的光线与角度

另外,在进行探店类型的短视频拍摄时,新媒体团队最好自带补光灯。这是由于不同类型的美食店铺，为了营造氛围会应用不同亮度、色调的灯光。例如，一些日式料理店的灯光会设计得比较暗，给客人营造一种静谧的氛围。而这样的灯光显然是不利于新媒体团队进行视频拍摄的，所以自带补光灯为播主或是美食进行补光就显得十分有必要。

2. 注意保持画面的简洁

在拍摄甜点或火锅等美食时，台面上通常放置着较多的碗碟。这些餐具不仅承载着美食，同时也是视频画面中不可忽视的元素。为了打造精致、诱人的美食视频，新媒体团队在拍摄前应对台面上的碗碟进行细致的整理和技巧性的摆放。

进行技巧性摆放的重要性有以下两点。

- 简洁有序：将碗碟摆放得整齐有序，可以去除多余的杂乱元素，使画面更加简洁清晰。这有助于观众将注意力集中在美食本身，而不是被杂乱的餐具分散注意力。
- 构图美感：通过精心布置碗碟的位置和角度，可以营造出构图上的美感。例如，可以利用不同形状和大小的碗碟进行层次感的布局，或是通过色彩的搭配来增强画面的视觉冲击力。

在拍摄美食时，新媒体团队需要特别注意避免使用容易反光的物品，如透明胶垫或一次性塑料桌布。这些物品在光线照射下容易产生反光，导致画面出现眩光或模糊，严重影响视频的观感。为了确保画面质量，建议使用无反光或反光较弱的材质进行台面布置，如木质或布艺桌布等。

3. 举例

美食类主题拍摄要点在于精选食材，注重色彩搭配与构图，巧妙运用光线突出食物质感，捕捉细节展现美食诱人之处，结合创意与故事性增强观众观看欲望，并通过后期处理提升画面效果，从而打造出令人垂涎欲滴的美食摄影作品。

例如，以制作一份红烧肉为主题的美食类主题拍摄，需要在拍摄技法、布光技法及构图技法等多个方面下功夫。下面，将针对这些要点进行详细讲解。

（1）拍摄技法：在红烧肉的制作过程中，可以采用连续拍摄的方式，通过记录每一个烹饪步骤，展现红烧肉的完整制作过程。例如，从选材开始，可以拍摄挑选五花肉的过程，展示其肥瘦相间的特点。接着是切割肉块，展示刀工和食材准备的过程。然后是煸炒和炖煮，我们可以拍摄火焰跳跃、肉块翻滚的画面，表现出烹饪的热烈和动感。最后，是成品展示，可以采用特写镜头，聚焦于红烧肉的色泽、光泽和纹理，突出其诱人的外观。

（2）布光技法：在布光技法方面，对于红烧肉这样的菜品，需要利用光线来突出其质感和色彩。一般来说，自然光或软光箱是较为理想的选择，因为它们可以产生柔和、均匀的光线，避免在菜品表面产生强烈的阴影和反光。布光时，要注意调整光源的位置和角度，确保红烧肉能够均匀受光。同时，利用反光板或补光灯对暗部进行补光，可以使画面更加明亮，细节更加清晰。

（3）构图技法：要考虑如何合理安排画面元素，使红烧肉成为视觉焦点。一种常见的构图方法是三分法，将画面分为三个部分，将红烧肉放置在其中一个交点上，这样可以营造出平衡而和谐的画面。此外，还可以利用对角线构图或引导线构图，通过线条的引导，将观众的视线聚焦于红烧肉上。同时，注意利用餐具、调料等道具作为陪衬，增加画面的层次感和丰富度。

在拍摄过程中，还需要关注色彩搭配和细节捕捉。红烧肉本身具有鲜亮的色泽，可以利用色彩对比来突出其特点，如将红烧肉与绿色的蔬菜或白色的米饭搭配在一起，形成鲜明的色彩对比。同时，不要忽视对细节的捕捉，如红烧肉表面的光泽、肉质的纹理及酱汁的流动等，这些细节都能够增强画面的质感和观赏性。

最后，后期处理也是不可忽视的一环。通过调色、裁剪和锐化等操作，可以进一步提升画面的视觉效果，使红烧肉更加诱人。例如，可以调整色彩饱和度来增强红烧肉的颜色的鲜艳度；通过裁剪来去除多余的背景或不必要的元素；利用锐化功能来突出肉质的纹理和细节。

通过综合运用这些要点和技巧，可以拍摄出令人垂涎欲滴的红烧肉美食照片，吸引观众的眼球和味蕾。

5.5.3 生活记录类视频的拍摄原则

在当今时代，每个人都是生活的主角，都可以以自己的视角记录生活。这是热门短视频平台提出的一句口号，而生活记录类视频正是呼应了这句口号。拍摄生活记录类视频，需要遵循以下两个原则。

1. 保持真实

生活记录类视频的魅力在于其真实性，这种真实性能够触动观众的情感，引起共鸣。因此，在拍摄生活记录类视频时，保持真实是至关重要的原则。

以下是关于生活记录类视频保持真实的一些拍摄要领。

- 捕捉日常生活细节：生活记录类视频的核心是展现真实的生活，因此要注重捕捉日常生活中的细节。这些细节可以是一个微笑、一次交谈、一个日常活动或任何能够反映人物情感和生活的瞬间。这些细节能够让观众感受到生活的真实和温馨。

- 避免过度包装和矫饰：生活记录类视频不需要华丽的包装和矫饰。相反，过于夸张或人为的元素可能会破坏视频的真实性。因此，在拍摄和编辑过程中，要避免过度美化或修改原始素材，保持其原汁原味。
- 选择具有代表性的主题：虽然生活记录类视频强调真实，但也需要有明确的主题和线索，以便观众能够理解和产生共鸣。选择具有代表性的主题，如家庭、友情、成长、奋斗等，能够让观众更容易产生共鸣，并引发深入的思考。
- 注重人物情感表达：生活记录类视频的主角是人物，而人物的情感表达是视频的灵魂。在拍摄过程中，要注重捕捉人物的真实情感，让观众能够感受到他们的喜怒哀乐。通过人物的情感表达，可以更加生动地展现生活的真实面貌。
- 保持自然流畅的叙述：生活记录类视频通常以叙述的方式呈现，因此要保持自然流畅的叙述节奏。避免过于生硬或刻意的叙述方式，让观众能够轻松地跟随视频的节奏，感受生活的美好和真实。

总之，保持真实是拍摄生活记录类视频的核心原则。通过捕捉日常生活细节、避免过度包装和矫饰、选择具有代表性的主题、注重人物情感表达及保持自然流畅的叙述，可以创作出触动人心的生活记录类视频作品。

2. 维持镜头稳定，保持画面清晰

生活记录类视频因其真实性和贴近生活的特点而受到观众的喜爱。然而，在户外拍摄时，特别是旅游短视频中，由于环境的不确定性和拍摄条件的限制，维持镜头的稳定和画面的清晰成为一项重要挑战。

以下是关于生活记录类视频如何维持镜头稳定和画面清晰的一些拍摄原则。

- 选择适当的拍摄设备：对于户外拍摄，建议选择具备高清画质和防抖功能的相机。高清画质能够确保画面的细节和色彩得到准确呈现，而防抖功能则可以有效减少由于手持拍摄带来的抖动，从而保持画面的稳定。
- 使用稳定器或辅助设备：为了进一步提高画面的稳定性，可以考虑使用云台、三脚架或其他稳定器。这些设备可以有效地减少相机抖动，特别是在风大或不平坦的地形上拍摄时，更能体现其优势。
- 注意拍摄姿势和技巧：手持拍摄时，播主可以采用一些基本的拍摄姿势和技巧，如利用身体作为支撑、保持稳定的呼吸等，以减少镜头的抖动。同时，也

可以利用周围的物体或结构作为支撑点,增强相机的稳定性。

● 后期处理增强画面稳定性:在后期制作过程中,可以利用视频编辑软件对画面进行稳定和增强处理。这些软件通常具备防抖功能,可以进一步减少画面抖动,提高观看体验。

总之,维持镜头的稳定和画面的清晰对于生活记录类视频至关重要。通过选择适当的拍摄设备、使用稳定器或辅助设备、注意拍摄姿势和技巧及后期处理增强画面稳定性,可以大大提升观众的观看体验,使内容更具吸引力和感染力。

3. 举例

生活记录类主题拍摄要点在于捕捉真实自然的瞬间,注重细节与质感,灵活运用构图与光线技巧,融入个人情感与观点,并通过后期处理提升作品质量。这些要点共同助力摄影师记录生活中的美好,展现生活气息与情感共鸣。

以记录萌宠为例,生活记录类主题视频拍摄的要点涉及拍摄技法、布光技法和构图技法等多个方面。

首先,在拍摄技法上,关键是要捕捉萌宠的可爱瞬间和独特个性。使用连续拍摄模式可以帮助你不错过任何一个精彩瞬间,如萌宠的嬉戏、打盹或好奇探索的时刻。同时,运用特写镜头可以突出萌宠的可爱特征,如大眼睛、软毛发或逗趣的表情。此外,尝试不同的拍摄角度和高度,以获取更具创意和趣味的画面。

在布光技法方面,自然光是记录萌宠的最佳选择。利用柔和的日光或窗光,可以营造出温暖而自然的氛围。如果室内光线不足,可以考虑使用补光灯或反光板来提亮暗部,使萌宠的轮廓更加清晰。同时,注意避免强烈的直射光,以免产生过强的阴影或反光。

构图技法对于拍摄萌宠同样重要。以下是针对宠物猫的生活记录类主题进行拍摄,一些具体的构图技法示例。

● 规则三分法构图:将画面分为三等份,把猫咪放置在其中一个交点或线条的交汇处。例如,你可以让猫咪坐在画面的下方交叉点,背景是窗外的风景或室内的家居,这样既突出了猫咪,又展示了环境。你也可以让猫咪的眼睛位于画面上方的交叉点,身体沿着下方的线条延伸,这种构图方式能够强调猫咪的眼神,增强与观众的互动感。

● 利用负空间:在画面中留下大片空白区域,只将猫咪放置在某个角落或一侧,这样观众的视线会更加集中于猫咪,突出了猫咪的主体地位。例如,你可以拍摄一只猫咪独自躺在空旷的地板上,周围没有其他杂物,只突出猫咪的安静与慵懒。

- 低角度拍摄：尝试从猫咪的视角出发，将相机放置在较低的位置进行拍摄。这种角度可以模拟猫咪看世界的方式，使照片更具亲和力和趣味性。比如，你可以趴在地上，用广角镜头捕捉猫咪好奇地探索周围环境的场景。
- 利用前景：在拍摄时，使用前景元素，如窗户、门框或树枝，增加照片的层次感和深度。例如，你可以通过窗户拍摄猫咪慵懒地躺在窗台上的画面，窗户作为前景元素，既增加了画面的深度，又营造了一种温馨的氛围。
- 眼睛级别构图：将相机调整到与猫咪的眼睛水平一致，这样可以更好地捕捉猫咪的表情和情感，与观众建立更紧密的联系。你可以坐在地板上，与猫咪保持眼神交流，然后按下快门捕捉这一瞬间。
- 对角线构图：让猫咪的身体或目光沿着画面的对角线延伸，这种构图方式可以打造出动态和活力的感觉。例如，你可以拍摄一只猫咪跳跃或奔跑的画面，让它的身体形成对角线，使照片更具动感和张力。

除了以上要点，还需要注意与萌宠的互动和沟通。用温柔的声音和动作引导萌宠，使其放松并展现出自然的状态。同时，保持耐心和细心，观察萌宠的行为和情绪变化，以捕捉最真实、生动的瞬间。

5.5.4　知识技能类视频的拍摄原则

知识技能类视频的根本目的，是教授观众一项技能，以解决实际生活中的某个问题。因此，这类视频是实用性很强的一类视频。观众在浏览这类视频时，是带有一定目的性的，基于此，知识技能类视频需要遵循以下两条拍摄原则。

1.聚焦问题，提供解决方案

知识技能类视频的核心价值在于解决观众的实际问题，因此，在拍摄此类视频时，应注意以下要点。

- 明确目标受众与问题：确定你的目标受众，并了解他们在工作中经常遇到哪些问题。深入了解受众的需求和痛点，才能更有针对性地制作内容。
- 展示问题的真实场景：在视频中，展示问题的真实场景是非常重要的。这意味着要还原观众在工作中遇到问题的具体情境，让观众产生共鸣和沉浸感。具体、生动的案例能更好地吸引观众的注意力。
- 细节决定成败：在展示问题时，要关注到每一个细节。这包括对问题的描述、相关数据的展示、场景的重现等。细节的呈现可以让观众更加深入地了解问题的本质，从而增强他们解决问题的欲望。

- 提供清晰、实用的解决方案：针对展示的问题，提供清晰、实用的解决方案是知识技能类视频的核心任务。在给出解决方案时，要确保步骤明确、操作性强，让观众能够轻松理解和实践。同时，也可以提供一些实用的工具和资源，帮助观众更好地解决问题。
- 保持视频节奏紧凑：知识技能类视频通常涉及一定的知识量和操作步骤，因此，保持视频节奏的紧凑性是非常重要的。要避免视频过于冗长或拖沓，尽量在有限的时间内传递更多的有用信息。
- 注重互动与反馈：在制作知识技能类视频时，也要注重与观众的互动和反馈。可以通过设置问答环节、提供讨论区等方式，让观众能够积极参与并分享他们的经验和心得。这样不仅能够增强观众的参与感，也能够为未来的视频制作提供宝贵的建议和方向。

总之，知识技能类视频的拍摄应以展示问题并解决问题为主线，注重细节、保持节奏紧凑，并与观众保持积极的互动和反馈。通过这样的方式，能够制作出有价值、受欢迎的知识技能类视频内容。

2. 实操为主，专业呈现

知识技能类视频的核心在于帮助观众解决实际操作中遇到的问题，因此，拍摄原则应着重于操作和观众的学习体验。以下是几个关键要点。

- 实操为主：视频内容应侧重于展示实际的操作步骤和方法。播主需要真实、准确地演示每一个步骤，确保观众能够跟随操作并解决问题。避免过多的理论讲解，以实际操作为主导。
- 确保解决方案的实用性：播主提供的解决方案必须是真实有效且经过验证的。这些解决方案应该能够帮助观众切实解决他们在实际工作中遇到的问题，提高他们的工作效率。
- 操作熟练度：播主在视频中的操作应该熟练流畅，这不仅能够提高观众的观看体验，还能够增强他们对视频专业性的信任。播主应该在拍摄前充分准备，确保对操作步骤熟悉。
- 注重视觉呈现：除了清晰的实操演示，视频还需要注重观众的视觉感受。适当的镜头切换、清晰的画面质量、适当的缩放和标注等都能够提升视频的观看体验。
- 剪辑与后期处理：经验丰富的剪辑团队对于视频的节奏、语速、字幕等方面进行宏观把控至关重要。要确保视频流畅、紧凑，同时提供必要的解释和说明，帮助观众更好地理解操作步骤。

- 用户友好性：考虑到观众可能具有不同的背景和技能水平，视频应该尽量做到用户友好。可以提供额外的说明、提示或常见问题解答，以满足不同观众的需求。

综上所述，知识技能类视频的拍摄应以实操为主，注重专业呈现和观众的学习体验。清晰的实操演示、专业的剪辑和后期处理，以及用户友好的内容设计，能够有效地帮助观众解决实际问题，提高他们的工作效率。

3. 举例

知识技能类主题拍摄的要点在于清晰传达信息，通过文字、图表或动画辅助解释复杂概念，同时选择合适的拍摄手法突出关键信息。此外，展示过程细节至关重要，需详细记录演示步骤，利用特写、跟踪拍摄等手法捕捉关键操作。同时，营造专业氛围和利用视觉元素也是提升拍摄效果的关键，通过场地选择、道具布置和色彩光影的运用，增强画面吸引力和表现力。

在知识技能类主题拍摄中，还需注意整体协调与细节把握，确保画面简洁明了，信息传达准确无误。通过精心策划和拍摄，可以呈现出知识或技能的特点和内涵，帮助观众更好地学习和理解相关内容。

例如，拍摄以美妆教程为主题的视频，其要点主要聚焦于内容的清晰度、步骤的连贯性、视觉效果的吸引力及观众的互动性等方面。以下是对这些要点的详细说明。

（1）内容清晰度：美妆教程的核心在于清晰地展示化妆步骤和技巧。因此，拍摄时应确保每个步骤都能被观众清晰看到。这包括使用特写镜头来捕捉化妆产品的质地、颜色，以及化妆工具的运动轨迹。同时，解说词也要简洁明了，准确解释每个步骤的操作方法和目的。

（2）步骤连贯性：美妆教程需要展示完整的化妆过程，因此拍摄时要确保步骤之间的连贯性。可以通过连续拍摄的方式，将化妆的起始、过程和结束完整地记录下来。在剪辑时，也要保持步骤之间的逻辑顺序，避免观众产生困惑。

（3）视觉效果吸引力：视觉效果是吸引观众的重要因素。在美妆教程中，可以运用不同的拍摄角度、光线和色彩来增强视觉效果。例如，使用侧光或逆光来突出化妆品的质感和光泽，利用不同的镜头焦距来表现丰富的画面变化。同时，也可以加入一些动态元素，如化妆刷的运动轨迹、模特的表情变化等，以增加视频的趣味性。

首先，拍摄角度与构图是关键。拍摄角度决定了观众看到的画面视角，因此需要根据不同的化妆步骤和展示重点选择合适的角度。例如，当展示眼妆时，可以采用俯拍或特写镜头来突出眼部细节；当展示整体妆容时，则可以使用全身或半身镜头。同时，构图也是打造视觉效果的重要手段，可以利用三分法、对称等构图原则，将模特、化妆品、化妆工具等元素合理安排在画面中，打造出美观、和谐的视觉效果。

其次，光线与色彩运用同样重要。美妆教程中的光线运用，不仅要保证画面的清晰度，还要打造出适合妆容氛围的光线效果。例如，使用柔和的自然光或软光箱，可以打造出清新自然的妆容效果；而使用较硬的光线或添加特定的色温滤镜，则可以营造出时尚、个性的妆容氛围。色彩方面，除了化妆品本身的色彩搭配，还可以通过调整画面色调、添加滤镜等方式，来强调或改变妆容的色彩效果，增强视觉效果的吸引力。

最后，动态元素与节奏感的把握也能提升视频的视觉效果。在美妆教程中，化妆刷的运动轨迹、模特的头部转动、手部动作等都可以成为动态元素，通过捕捉这些元素的运动轨迹和速度变化，可以打造出节奏感强烈的视觉效果，使观众更加投入地观看教程。

（4）观众互动性：美妆教程视频的拍摄还需要考虑观众的互动性。可以在视频中加入提问环节，鼓励观众留言分享自己的心得和疑问。同时，也可以设置一些互动环节，如投票选择妆容风格、参与化妆挑战等，以提高观众的参与度和黏性。

此外，还有一些其他要点需要注意。

- 模特选择：选择具有代表性且肤质、脸型与大众相似的模特，使教程更具普遍适用性。
- 产品介绍：在拍摄过程中适时介绍所使用的化妆品，包括品牌、型号和优点，方便观众购买和使用。
- 环境布置：布置一个整洁、美观的拍摄环境，避免杂乱背景干扰观众视线。
- 后期处理：对视频进行必要的剪辑、调色和添加背景音乐等后期处理，以提升观看体验。

综上所述，拍摄以美妆教程为主题的视频的要点包括内容清晰度、步骤连贯性、视觉效果吸引力和观众互动性等方面。通过精心策划和拍摄，可以制作出既具有教育意义又充满趣味性的美妆教程视频，帮助观众更好地学习和掌握化妆技巧。

5.6 秘技一点通

1. 决定短视频质量的关键——连贯性

什么是短视频的连贯性？众所周知，在写作时，作者为了保证文章的连贯性，需要时常考虑某个段落、某句话放在某个地方合不合适，会不会导致情节跳跃等。同理，视频的连贯性是指某段素材或某帧画面要放在合适的地方，且要符合视频主题，符合现实中人眼观察到的景象变化逻辑。

保证了视频的连贯性，视频的逻辑就不会出错，观众观看时才能更加流畅。那么，短视频创作团队应如何保证视频的连贯性呢？可以从拍摄前、拍摄中，以及后期剪辑三个阶段入手。

（1）拍摄前。在短视频拍摄之前，短视频创作团队需要明确视频的主题，并撰写出成型的分镜头脚本。视频主题决定了视频剧情的走向和素材的大体内容，而分镜头脚本则是进行视频拍摄的主要依据，要尽可能详细。做到这两点，才能一次性拍摄出符合要求的视频素材。

（2）拍摄中。在拍摄过程中，短视频创作团队最好按照脚本要求进行拍摄。在实际拍摄时，并不要求团队严格按照分镜在脚本中的顺序进行拍摄，而是可以依据拍摄环境和条件，适当调整拍摄的顺序，但切记：一定要记得给视频做好编号，以免后期混乱。

另外，每个分镜可以多拍几条以备用，保证后期剪辑时有充足且符合要求的素材。最后，如果该视频需要现场收音，那么在拍摄过程中，相关人员一定要准备好话筒，或者确保摄像机的收音装置是打开的。

（3）后期剪辑。在后期剪辑的过程中，短视频创作团队为了保证视频的连贯性，需要做到以下几点。

- 分段剪辑：视频素材按照脚本的分镜顺序进行排列，确保视频的整体连贯性。
- 保证素材格式正常：如果视频导入剪辑软件出现失真的情况，可及时切换剪辑软件，或者事先将视频在格式工厂进行格式转换。
- 按照人眼习惯进行镜头时间分配：在一般情况下，每个画面最多占用3～5秒，这是因为在非特殊情况下，人类的视线从一个场景转移至另一个场景，每个场景的停留也就是3～5秒。

● 不要多帧或少帧：镜头剪辑要干净利落，一个画面在视频中多一帧或少一帧的感觉截然不同，剪辑者需要准确把握。

● 背景音乐的选择应符合视频的基调：这是视频剪辑的基本要求，剪辑者需要注重音乐感觉的培养，适当地积累不同风格的配乐，在剪辑时进行准确的搭配。

2. 3种创意布光，让你拍出大师水准

一般的布光技巧，只能使拍摄主体在画面中呈现更清晰的状态，却无法突出视频的格调，形成独特的风格。下面介绍3种常用的创意布光，短视频创作团队在拍摄具有鲜明风格的短视频时，可以借鉴其中的技巧。

（1）文艺型：为了突出拍摄主体的风格，许多拍摄者在拍摄商品照或是人物照时，都爱用一些绿色植物或干花等营造清新、文艺的氛围。但常见的做法往往是用绿色植物充当前景，参与构图。其实，拍摄者还可以尝试用它们的影子进行创意布光，具体做法如下。

● 找一些干花、干树枝，如果叶子枯黄，拍摄效果不好也没关系，可以直接拿来制造树影。

● 只使用一个光源，对这个光源没有过多要求，一盏台灯也可以。重点是枝叶的影子轮廓尽量清晰。

用这种方式拍出来的照片，如果拍摄主体是产品，那么配合适当的背景，能增强产品的格调。如果拍摄主体是人，则能增强人物的故事感，如图5-38所示。

（2）晶莹剔透型：逆光的布光方法，在短视频中相对比较少见，这是因为逆光布光容易造成偏色和材质的误判。但如果拍摄的产品本身就是透明的，那么拍摄者不妨尝试一下让光从背后打过来，这种方式能表现出晶莹剔透的美感，具体做法如下。

图5-38 文艺型布光

● 使用两盏灯作为光源，较大的光源放在产品的正后方充当主光，较小的光源就放在产品的侧面，形成反光的效果。

● 在产品下方选用倒影板拍摄倒影，主灯与产品之间则放置一块半透明的PP瓦楞纸来柔化光线，如果没有瓦楞纸，用比较薄的纸巾代替也可以。

● 若充当主光的光源本身就是LED灯，也可视拍摄效果去掉瓦楞纸。

用上述方法拍摄出来的产品，质感十足。这一布光技巧被广泛应用于产品短视频的拍摄，如图5-39所示。

图5-39　晶莹剔透型布光效果

（3）冷暖对比型：冷暖对比型布光原理，是将两种不同色调的光，打在同一拍摄主体上，形成强烈的对比与视觉冲击。该技巧并不适合日常风格的短视频，更适合情境创意摄影。在生活中，类似的颜色运用常见于酒吧或是创意展厅这类场所，拍摄的具体做法如下。

- 将两个光源放置在拍摄主体的左右两侧，并各自包上不同颜色的透明纸。
- 为了确保拍摄效果，拍摄者还可以利用黑色背景布，或将黑纸板放在墙面与灯光之间，确保背景不"吃"光，只有拍摄主体被光照射。

使用这种方式拍摄出的产品会更具有立体感，拍摄的人物则容易给观众一种神秘莫测的感觉。

在摄影领域，布光技巧是一门大学问，不同的布光方式能带来不同的表达效果。缺乏经验的拍摄者，可以多多尝试不同的布光方式，逐步提升审美感觉，拍摄出更优质的短视频。

3. "高级感"短视频的四大拍摄技巧

只要熟练掌握一些拍摄技巧，就可以拍摄出一些具有高级感的短视频。

（1）巧用构图：一段视频的构图，往往凝聚着拍摄者的匠心与高深技巧，也是拍摄者艺术水平的具体反映。在不同的场景中熟练运用高级感构图，对缺乏拍摄经验的新手而言一定是困难的，这里提供三个颇具艺术感的构图技巧，拍摄者可以依据拍摄现场的不同情况进行灵活运用。

- 以墙角等为背景进行拍摄。面对着房间的对角线进行拍摄，会增加空间的深度。短视频创作团队需要表现空间纵深感时，或是需要拍摄具有高级感的产品短视频时，可以在带有墙壁的角落的背景前进行拍摄，会有意想不到的收获。

- 把外景融入进来。如果拍摄场景中有窗户，可以增强室内的照明直到能看见室外，甚至可以用绿屏拍摄来虚拟一个室外场景。窗户外的景色进入画面时，这些不起眼的外景能起到强烈的环境暗示作用，同时增加画面的深度。
- 拒绝空旷外景。在进行室外拍摄时，可以尝试在外景背景中加入一些景物，如小房子或是一座风车，从而增加画面的元素。这些景物可以被虚化，但一定要存在，为原本空旷的外景增加层次感。

（2）创造景深：当镜头对准拍摄主体调节焦距时，在主体的前方或后方会有一段清晰的距离，这段距离称为景深。景深有时会成为决定一个镜头是否具有高级感的关键因素。光圈、镜头及焦平面到拍摄物的距离是影响景深的重要因素。想要营造景深，拍摄者可以从以下三个方面入手进行调整。

- 给相机配备一个大的传感器。
- 调出大光圈。使用快镜头大光圈是非常必要的。光圈越大，景深就越浅。
- 调出长焦距。镜头焦距越长，景深越浅。

（3）让配音成为亮点：好的短视频，连声音的处理都精益求精。例如，在电影配音中，会出现一支香烟燃烧的声音，一滴雨水滴进水洼的声音等，但这种声音在日常生活中是无法直接听到的。短视频创作团队可以学习这一方式，利用高性能的录音设备，将一切混音在真实的基础上加以戏剧化。这时，这一秒不到的声音，就可以成为短视频的亮点，高级感油然而生。

（4）玩转色彩：色彩能决定观众的情绪。冷色调让人感觉压抑、苦闷，甚至恐怖；暖色调适合表现神秘的气氛；饱和度高与对比强烈的色彩让人心情愉悦；黑白给人满满的怀旧感……剪辑者需要玩转色彩，来表达短视频的特定情绪。

5.7 实战训练

（1）请用5种以上光位拍摄一款保温杯。
（2）请用3种以上构图技法拍摄一款零食。

06 Chapter 短视频制作要点与上传方法

▶ 本章导读

　　短视频的后期制作是一项十分关键的工作,它意味着将多项杂乱的素材进行有序整合,取其精华,去其糟粕,最后生成一段条理清晰、画面精美的短视频,以获取更多观众的关注和点赞。编辑加工短视频前,首先要了解短视频的制作规范和步骤,以及短视频制作的注意事项。只有掌握了短视频的制作要点,制作人员才能编辑制作出符合平台要求的、能突出主题的优质短视频作品。同时,掌握了制作规范、要点和上传方法,不仅可以提高编辑速度,体现短视频制作人员的专业水平,还能提升短视频作品的品质。

▶ 本章要点

★ 掌握短视频的制作规范
★ 掌握短视频制作的步骤及注意事项
★ 熟悉短视频的上传、发布方法

6.1 短视频的制作规范

浏览一段短视频的时间通常不超过一分钟，而制作一段短视频所花费的时间与心思则不可计量。短视频的制作过程并不简单，就连最"简单"的短视频上传环节，短视频的每一个细节，如分辨率、时间、格式等，也都需要严格遵循平台的规则。

1. 短视频的分辨率要求

各大短视频平台都对视频分辨率有一定的要求，如抖音、快手两大平台主要针对竖版视频，分辨率不低于720px×1280px，建议分辨率为1080px×1920px。当然，也可以上传或制作横版视频，分辨率为1280px×720px或1920px×1080px。

淘宝主图短视频与专门的短视频App存在一定差别，淘宝主图短视频的画面为正方形，比例为1:1，分辨率要求不低于540px×540px，推荐800px×800px。

另外，其他主流视频平台，如哔哩哔哩、爱奇艺、优酷等平台则建议制作横版高清视频，分辨率建议为1920px×1080px。除此之外，某些平台虽然能够支持上传更高分辨率的视频，如西瓜视频支持4K视频分辨率上传，即3840px×2160px，但是上传后平台也会压缩至1080P分辨率，即1920px×1080px。

2. 短视频的时间要求

各大短视频平台对视频时长要求也有不同的标准。例如，抖音最初仅支持15秒的时长上传，但随着平台的发展，抖音视频支持时长由15秒增加到60秒、5分钟，2022年开放了30分钟长视频权限，2024年起支持最长3小时的视频上传，视频大小不超过64GB。

淘宝短视频的时长不得超过1分钟，且一个视频只能绑定一个商品。

西瓜视频和爱奇艺则并没有强制要求视频的时长要求，只是比较明确地表示视频大小需要在8GB以内，但是通过对西瓜视频母公司字节跳动给出的数据进行分析，4分钟为最适合西瓜视频的时长。而哔哩哔哩则限制单个视频时长最长为10小时。

短视频的时长范围目前并没有统一的规定，但我们可以通过不同平台的属性来制作并发布到相应平台。例如，单个视频时长为5分钟，可以直接上传到西瓜视频等主流平台，但是根据抖音、快手平台用户单个视频停留时长的特点，单个视频分为多段来发布更合适。

3. 短视频的格式要求

目前大部分短视频平台都支持常用视频格式的上传。例如，最为常见的MP4，还有FLV、AVI、MOV、WebM、M4V、MPEG4、3GP等。这里的视频格式专业术语为视频的封装格式，视频制作软件或摄像设备通过不同的编码格式对视频进行处理，得到的文件后缀。其中以MP4格式最为常见，它拥有兼容性高，允许在不同的对象之间灵活分配码率，能在低码率下获得较高的清晰度等优点。

抖音平台上，安卓手机目前仅支持导入MP4格式的视频，iOS手机支持导入MP4和MOV格式的视频。如果运营团队想要发布的短视频并非相应格式，则需要先进行格式转换，之后再上传。快手视频的格式也以MP4为主。而淘宝主图短视频上传支持所有视频格式，淘宝后台会对上传的视频进行统一转码审核，但要注意，GIF动态图片的格式淘宝平台是不支持的。

6.2 短视频制作步骤

剪辑短视频与写作文这类单纯的文字创作并不相同，提笔写作文前最重要的步骤是厘清思路，而剪辑短视频则涉及对故事走向的把控、对素材的整理，对镜头的筛选，包括添加配乐、字幕、特效等。所以，一个省时、科学的剪辑流程是必不可少的，整个剪辑流程分为4个步骤，分别是整理原始素材，素材剪辑及检验，添加声音、字幕、特效，以及输出符合要求的短视频。

6.2.1 整理原始素材

整理原始素材是短视频剪辑的第一个步骤，而在这个步骤中，剪辑人员需要完成三件事，如图6-1所示。

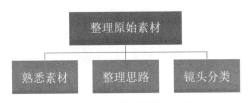

图6-1 整理原始素材的三大步骤

第一，熟悉素材。剪辑人员拿到前期拍摄的素材后，一定要将所有素材浏览一到两遍,熟悉前期摄影师都拍了什么内容,剔除无效素材,即拍摄效果不佳的素材。在浏览素材的过程中,剪辑人员需要对每条素材有一个大概的印象,方便接下来配合剧本整理出剪辑思路。

第二,整理思路。在熟悉完素材后,剪辑人员需要将素材与剧本结合,整理出清晰的剪辑思路,也就是整片的剪辑构架,这项工作可能需要与导演一同进行探讨,而剪辑人员负责提出一些建设性意见,帮助导演完善故事细节。

第三,镜头分类。有了整体的剪辑思路之后,接下来剪辑人员需要按照剪辑思路。将素材进行筛选分类,最好是将不同场景的系列镜头分类整理到不同文件夹中。这个工作可以在剪辑软件的项目管理中完成,分类主要是方便后面的剪辑和素材管理工作。剪辑人员也可以重命名所有可用的素材,按照视频进展的时间对素材进行整理归纳。素材整理的流程与规范,如图6-2所示。

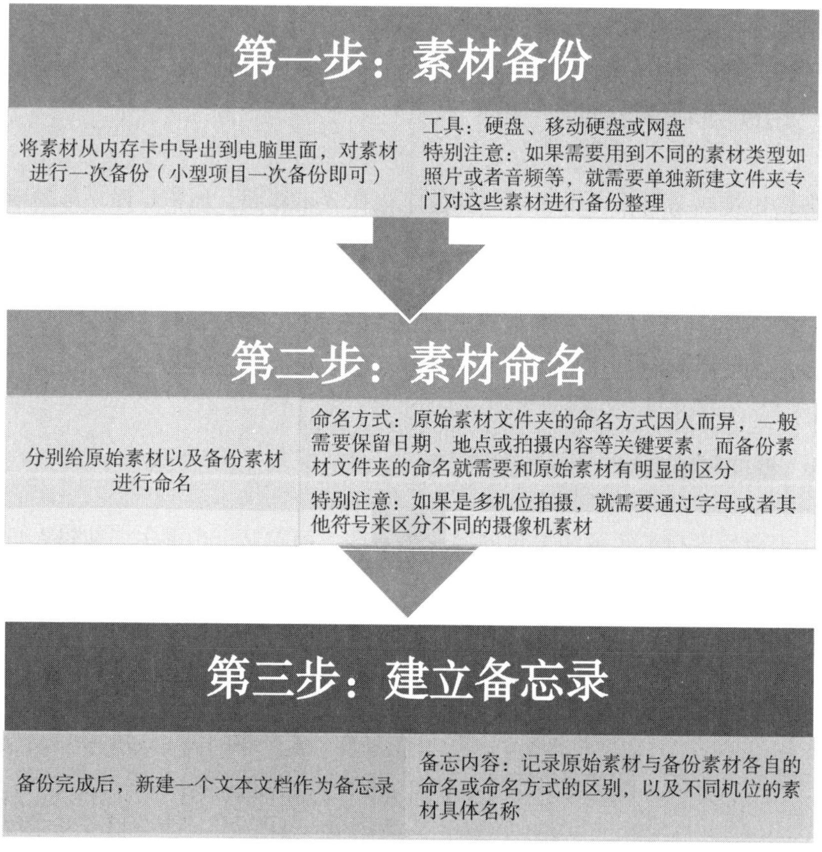

第一步:素材备份

将素材从内存卡中导出到电脑里面,对素材进行一次备份(小型项目一次备份即可)

工具:硬盘、移动硬盘或网盘
特别注意:如果需要用到不同的素材类型如照片或者音频等,就需要单独新建文件夹专门对这些素材进行备份整理

第二步:素材命名

分别给原始素材以及备份素材进行命名

命名方式:原始素材文件夹的命名方式因人而异,一般需要保留日期、地点或拍摄内容等关键要素,而备份素材文件夹的命名就需要和原始素材有明显的区分
特别注意:如果是多机位拍摄,就需要通过字母或者其他符号来区分不同的摄像机素材

第三步:建立备忘录

备份完成后,新建一个文本文档作为备忘录

备忘内容:记录原始素材与备份素材各自的命名或命名方式的区别,以及不同机位的素材具体名称

图6-2 短视频素材整理的流程与规范

第 6 章 短视频制作要点与上传方法

什么是DIT

剪辑相关人员需要对刚拍摄完的素材进行分类、归档和备份，而在素材更多更杂的影视剧制作中，会有专门负责这类的工作岗位，一般被称为"DIT"。由此可见，整理素材也是一项十分需要技巧的工作。

6.2.2 素材剪辑及检验

一个制作精良的短视频，其素材剪辑及检验是必不可少的环节，通常分为粗剪和精剪两个环节。

1. 素材粗剪及检验

素材粗剪的核心目的是构建视频的框架，保证视频情节完整，便于下一步进行更加精准的细节处理。

将素材分类整理完成之后，剪辑人员需要在剪辑软件中，按照分好类的戏份场景进行拼接剪辑。挑选合适的镜头，将每一场戏的分镜头流畅地剪辑出来。之后将每一场戏按照剧本的叙事方式进行拼接。如此一来，整部影片的结构性剪辑就基本完成。

在素材粗剪后，剪辑人员需要对粗剪完成的视频镜头进行检验。检验的主要方式就是将之前完成的视频仔细观看一遍，确保分镜头的顺序与剧本相符，所用的素材是素材库中的最优素材即可。

粗剪是否需要添加字幕或特效

粗剪必须按照剧本进行有序的剪辑排列，并将原始素材组成一个大致的框架。粗剪之后每个剪辑点可能都不是非常完美，所以在这个阶段没必要添加字幕或一些其他特效。

2. 短视频精剪及检验

精剪可以说是短视频剪辑四个步骤中最重要的一步，因为每一帧剪辑成果都会影响视频画面，影响观众的观赏体验。

粗剪构建了镜头的叙事顺序，而精剪是对视频的节奏、氛围等方面进行精细调整，相当于为短视频做减法和乘法。减法是指在不影响剧情的情况下，修剪掉拖沓冗长的段落，让视频镜头更加紧凑。而乘法是指通过二次剪辑，使短视频的情绪氛围及主题得到进一步升华。

精剪完成后的检验工作，主要就是查看哪个地方的画面搭配不太合适，是否有重复的片段，包括检查视频末尾是否有空白镜头出现、视频是否出现丢帧的情况等。

6.2.3 添加声音、字幕、特效

前述步骤完成后，短视频的视觉画面部分已经基本处理完毕，接下来就要对视频的声音部分进行处理，并为视觉画面锦上添花了。

短视频的声音部分主要包括配乐与音效，配乐是短视频风格构成的重要部分，对短视频的氛围、节奏也有很大影响，所以，一段合适的配乐对短视频至关重要。而音效则可以使片子在声音上更有层次。

在大部分类型的短视频中，字幕十分重要。不论短视频是否有原声或配音，字幕都是观众了解短视频信息的第一选择。所以，清晰、准确的字幕与观众的观感息息相关。在制作字幕时，一定要保证字幕够大、够清楚，停留时间足够长，且尽量保持在固定位置。

特效有时是短视频氛围的关键。例如，在变装类视频中，播主在变装后的闪光特效，能让视频效果更加惊艳。所以，剪辑人员可以选择在编辑字幕之前进行特效制作，也可以在字幕之后进行整体特效编辑，或是为字幕也添加适当的特效。

在声音、字幕、特效都处理完毕后，对画面与声音进行检查是必不可少的。剪辑人员需要查看视频中何处画面搭配不合适，检查字幕是否有错别字，字幕是否挡住了关键信息或是演员的脸等。在声音方面，则应当将视频声音调到正常大小，检查视频声音有没有偏大或是偏小，特别是在有配音的视频中，剪辑人员需要特别留意，配音能否与演员的口型对上等。

6.2.4 输出符合要求的短视频

在完成短视频的剪辑加工后，即可按照发布平台的要求，导出符合平台要求

的视频文件，主要注意格式、画面比例、分辨率等方面。例如，短视频需要上传至抖音平台，那么，该短视频的格式最好是MP4；短视频的最佳画面比例是9:16，符合观众竖屏观看的习惯；短视频的分辨率最好是720px×1280px，或高于此标准。

不同平台对于短视频的要求不尽相同，短视频创作者应掌握不同主流平台的短视频规范，从而输出符合各平台要求的高质量的短视频。

6.3 短视频制作注意事项

短视频剪辑是一个十分凸显剪辑人员"功力"的环节，许多新手对短视频剪辑没有一个整体了解与学习的过程，只能盲目地进行剪辑，最终成果就好比写文章时写出了"流水账"，观看起来自然"味同嚼蜡"。而对有视频剪辑经验的人来说，剪出来的视频则重点突出，一气呵成。因此，短视频制作新手需要先了解短视频制作的一些相关注意事项，然后应用于实战中，才能事半功倍。

1. 剪辑后情节应突出重点

大部分的短视频，无论属于何种类型，其内容都是在讲述一件事或是一个故事。在摄影师与演员共同拍摄短视频时，他们的行为更像是按照剧本，将所有情节像流水账一样，用镜头记录下来，部分镜头可能会出现多次拍摄。而在剪辑人员拿到拍摄素材时，对素材的处理方式则与摄影师完全不同。

剪辑人员的职责，是用摄影师拍摄的素材向观众讲述一个故事，这个故事一定是有开端，有高潮，有结尾的。在剪辑人员的操刀下，剧情类短视频的重点情节应当被突出强调；在颜值类短视频中，播主的美丽应当被重点烘托；搞笑类短视频的节奏应当被处理得当；在教学类短视频中，关键的教学步骤应当展示细节方法，速度放慢。而由于短视频时长上的特殊性，在剧情类短视频中，剪辑人员应当用最简洁的镜头介绍故事的背景，不对非重点情节过多着墨，做到"详略得当、重点突出"。

2. 配音与音乐要烘托气氛

配音与背景音乐是决定短视频氛围的关键，剪辑人员在进行这方面的处理时，首先需要判断短视频的氛围是什么，之后再寻找目前短视频平台中，相同氛围的热门配乐，符合"既合适，又热门"的配乐原则。

短视频的氛围，是指该条短视频的情绪氛围是悲伤的、欢快的还是搞怪的，然后为短视频寻找情绪氛围相同的配乐,不能进行不恰当的搭配。两段风格截然不同的短视频,如图6-3所示。

图6-3 不同配乐风格的短视频对比

在图6-3中,左图所示的短视频是讲述一位亚裔理发师,免费为街头流浪汉理发,并陪他们聊天的暖心故事。播主为这段短视频选择的配乐是一段舒缓的钢琴曲,配上短视频的画面让观众十分容易进入故事情节,产生感动的情绪。而右图的短视频则属于搞笑风格,它讲述的是播主路过窗台,看到一双晒在窗台上的手套,产生有趣联想的故事。这段短视频的配乐节奏十分明快,音乐也是十分搞怪的。

如果将图中的两段短视频音乐进行交换,可想而知,"后果"一定不堪设想,所以短视频剪辑人员要学会用正确的配乐与配音烘托短视频的氛围,才不至于贻笑大方,才能增强短视频的表达效果。

3. 加上片头片尾显得更加专业

短视频的片头与片尾,特指在同一账号发布的短视频中,每段都固定存在的、相同的开头与结尾。片头与片尾的添加能让不是第一次刷到该账号短视频的观众,产生熟悉的感觉。长此以往,该账号的片头或片尾能在观众心中留下深刻印象。短视频账号的片头、片尾,如图6-4所示。

第 6 章　短视频制作要点与上传方法

图6-4　短视频的片头与片尾

在图6-4中，左图所示是一位穿搭播主的短视频，这位播主专攻"小个子穿搭"，每套短视频介绍一套穿搭，赋予一个专门的情境。该播主会为每一套穿搭编写专门的文案，有时是从最近的天气变化切入，有时则是一个小故事。例如，"要去图书馆和学长一起自习怎么穿""今天看心仪的学长打球怎么穿"。因为该播主独特的短视频表达方式，在观众听到"嗨，大家好，我是阿粽"时，就能立马联想到该播主的短视频内容，该片头也成为播主的一个独特标志。

右图所示的短视频，则来自一位情感播主，该播主往往从粉丝投稿的真实案例切入，为观众讲述一个恋爱中的相处技巧，播主会以与观众对话的方式进行表达，像一个温柔贴心的大姐姐，会在女生不撞南墙不回头时变得严厉，也会在粉丝遇人不淑时给予暖心的安慰，因此该播主的视频完播率是比较高的，有许多观众都会看到最后。正是因为这一点，播主在每段视频的最后都加入了自己的"比心"动作，与字幕"记得关注！啾咪"，每一个将视频看到最后的观众，都能看到这个片尾。在被视频内容打动的同时，播主再提出一个小小的"请求"，自然有许多观众会点击关注。

6.4　发布短视频

发布短视频时，选择最适合的上传平台至关重要。这需要根据视频内容、目标受众和平台特点来综合考量。一旦确定了平台，上传方法也需得当。通常包括压缩视频以确保合适的文件大小，添加标题和描述来吸引观众，以及选择合适的封面图来增加点击率。通过精心策划和准备，选择合适的上传平台和采用有效的上传方法，可以大大提高短视频的曝光度和观众互动积极性。

6.4.1 选择最适合的上传平台

选择适合的上传平台是短视频发布的关键步骤之一，以下是一些建议来帮助你选择适合的平台。

1. 了解平台特点

不同的社交媒体平台具有不同的特点、受众群体和功能。例如，抖音和快手以短视频为主，适合发布15秒到1分钟的短视频内容，用户群体年轻且活跃；而微博则更偏向于图文结合的内容，用户群体广泛。因此，在选择上传平台时，需要了解各个平台的特点，确保你的视频内容与平台风格相符合。

2. 分析目标受众

了解你的目标受众在哪些平台上活跃，以及他们在这些平台上的行为和喜好。这将有助于你选择最适合上传的平台，以最大化视频的曝光率和观众互动频次。

3. 考虑视频内容

视频内容的类型、风格和主题也是选择上传平台的重要因素。例如，如果你的视频是关于旅游或风景的，那么选择具有丰富旅游用户群体的平台可能更为合适。

4. 利用平台优势

不同的平台具有不同的优势和特点。例如，某些平台可能更适合进行品牌推广，而另一些平台则可能更适合与用户互动。在选择上传平台时，可以考虑如何利用这些优势来实现你的目标。

5. 注意平台政策

在选择上传平台时，还需要注意各个平台的政策和规定，确保你的视频内容符合平台要求，避免违规或侵权问题。

综上所述，选择适合的上传平台需要综合考虑平台特点、目标受众、视频内容、平台优势和政策等因素。通过仔细分析和比较，你将能够选择最适合的平台来发布你的短视频内容。

第 6 章 短视频制作要点与上传方法

6.4.2 短视频的发布技巧

发布短视频时，常用的技巧包括以下6个。

- 精准定位：明确你的目标受众是谁，以及他们喜欢什么样的内容。这有助于你制作更符合观众口味的短视频。
- 内容创新：在内容制作上要有新意，避免重复和俗套。独特的内容更容易吸引观众的注意，增加点击和分享率。
- 视频质量：保证视频画面的清晰度和流畅度，避免模糊或卡顿。同时，音效和配乐也要与视频内容相匹配，增强观众的观看体验。
- 合理时长：短视频的时长要控制在一定范围内，既不过长导致观众失去耐心，也不过短无法完整表达内容。一般来说，1～3分钟的视频时长比较合适。
- 标题和描述：标题要简洁明了，能够准确概括视频内容。描述可以适当添加一些关键词，提高视频在搜索引擎中的排名。
- 互动元素：在视频中加入一些互动元素，如提问、投票等，鼓励观众留言和分享，提高视频的互动性和传播力。
- 定期更新：保持一定的更新频率，让观众始终关注你的账号。同时，也可以根据观众的反馈和数据分析来调整内容策略，提高视频的质量和影响力。

这些技巧可以帮助你更好地发布短视频，提高曝光率和观众互动积极性。当然，具体技巧还需要根据平台特点和受众需求来灵活调整。

6.4.3 短视频的上传方法

短视频制作完成后，首先需要上传到相关平台，然后进行推广和变现。短视频的上传是有方法的，如果方法不对，就会直接影响短视频的清晰度，下面将介绍从电脑端和手机端上传短视频的操作方法与技巧。

1．从电脑端上传短视频

很多情况下，都是在电脑上使用视频编辑软件对短视频进行编辑制作，完成后直接在电脑上将制作好的短视频上传到相关的短视频平台上。比如，在电脑端直接将短视频上传到抖音，其具体步骤如下。

第1步：在网页中搜索框中❶输入"抖音"，❷单击搜索按钮，在搜索结果中，❸单击打开"抖音"官网，如图6-5所示。

图6-5 进入抖音官网

第2步：进入官网后，单击右上角的"创作服务平台"按钮，如图6-6所示。

第3步：在"创作服务平台"页面中，单击右上角的"登录"按钮，如图6-7所示。

图6-6 单击"创作服务平台"　　　　图6-7 登录抖音账号

第4步：在随后跳出的对话框中，单击"确认"按钮，如图6-8所示。

第5步：用手机中的抖音App，扫描对话框中的二维码，在手机端的具体操作参考二维码下的文字说明即可，如图6-9所示。

第6步：单击抖音App显示的"确认登录"按钮，如图6-10所示。

图6-8 单击"确认"按钮　　　　图6-9 扫描二维码　　　　图6-10 手机确认登录

第7步：页面自动跳转至用户的专属页面，单击左侧功能栏中的"发布视频"

按钮,如图6-11所示。

图6-11 单击发布视频

第8步:单击文件上传页面,或按照页面说明,直接将视频文件拖入此区域,如图6-12所示。

图6-12 点击上传

第9步:在跳出的文件选择对话框中,单击选中需要上传的视频,再单击右下角的"打开"按钮,如图6-13所示。

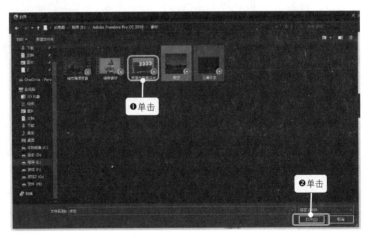

图6-13 选择视频文件

第10步:❶完善即将发布短视频的相关信息,完成后,❷单击"发布"按钮,如图6-14所示。

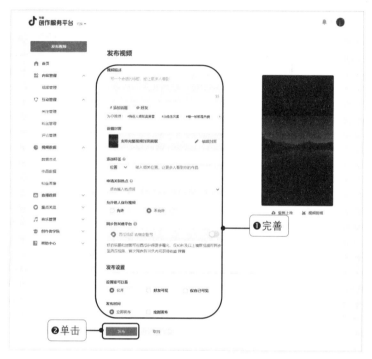

图6-14 完善相关信息并发布视频

2. 从手机端上传短视频

编辑制作完短视频后，我们也可以从手机端上传短视频到相关平台，这种方法非常便于那些习惯用手机编辑视频的人。从手机端上传短视频的方式有两种，第一种是运用抖音完成拍摄、编辑后直接上传；第二种，是将手机本地的短视频上传到抖音平台。使用手机上传短视频的步骤相对简单，其具体操作步骤如下。

第1步：打开抖音App，点击页面底部的"+"，如图6-15所示。

第2步：进入拍摄页面后，点击右下角的"相册"按钮，如图6-16所示。

第3步：进入"相册"页面后，可直接点击"视频"选项卡，可以更方便地找到需要的视频，如图6-17所示。

图6-15 进入抖音拍摄页面

第4步：在"视频"页面中，❶点击选择需要上传的视频，❷点击"下一步"按钮，如图6-18所示。

第 6 章 短视频制作要点与上传方法

 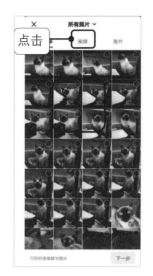 

图6-16 点击"相册"按钮　　图6-17 点击"视频"选项卡　　图6-18 选择需要上传的视频

第5步：❶拖动下方图标截取需要上传的视频部分，完成后，❷点击"下一步"按钮，如图6-19所示。

第6步：❶点击右边菜单栏的功能对短视频进行最后的编辑，编辑完毕后，❷点击"发日常·1天可见"按钮，发送仅一天可见的状态，❸或点击"下一步"按钮，上传长期可见的作品，如图6-20所示。

第7步：❶完善短视频的相关信息，❷点击"发布"按钮，如图6-21所示。

图6-19 截取需要上传的视频片段　　图6-20 编辑短视频　　图6-21 完善相关信息并发布视频

6.5 秘技一点通

1. 3招提升剪辑技术，让你从新手逆袭成剪辑大神

对于刚进入短视频领域的新手来说，如何快速提高剪辑技术是一个非常头疼的问题。而视频剪辑这项工作，除了理论知识外，更重要的是实操技能的培养，刚入门的新手可以利用视频剪辑"实操为王"这一点，从以下三个方面入手，迅速提升自己的剪辑水准。

第一，拆分同行的优秀短视频。新手短视频创作团队不管有几位成员，或是只有自己一个人单打独斗，都可以关注与自身账号定位类似的短视频账号，并反复研究其点赞量高的短视频，然后对该视频的每一个分镜，进行逐一拆解。拆解到对该视频的每一个转场、速度、调色、配音、字幕等等了如指掌，清楚该视频"好"在哪里后，利用自己的素材进行复刻，或是加入自己的设计产出新的短视频。

第二，关注剪辑教学类账号进行学习。这一方法的重点是一定要按照视频所教的方法进行实操，否则就是白学。

第三，打开熟悉的剪辑软件，利用手头的素材对软件中的每一个功能进行"探索"，将每一种特效都转化为实操，做到不仅记在脑海中，更记在"手上"。

2. 怎样制作变声配音来增加视频趣味性

许多不同类型的短视频，都会运用变声配音，如美妆视频、游戏视频、教学视频等。它能够增加视频的趣味性，让观众印象深刻，那么变声配音要怎么制作呢？其实，变声配音最简单的生成方式，就是在原配音视频的基础上，在抖音App中一键生成。

在抖音的内置拍摄页面中，视频拍摄完毕，点击"√"进入发布页面，在该页面的右侧功能栏中，未展开的部分有一项功能就是"变声"。点击"变声"按钮后，系统会提供多种不同的变声声音供用户选择，包括但不限于花栗鼠、小哥哥、麦霸、扩音器、机器人等。用户点击喜欢的变声声音，系统则会自动改变原配音的音色，变声配音就一键制作完毕了。

3. 为什么你上传的视频不清晰

有时，播主们会发现一种奇怪的状况：在拍摄、制作时画面都十分清晰的短视频，上传至抖音平台后，画质却明显下降。别家播主的视频清晰无比，自己的短视频一下子就落了下乘,影响流量与热度。那么,为什么会发生这种情况呢?

造成这种情况的原因是多方面的,其中之一可能是用户在手机抖音App中上传后,短视频被压缩了,导致画面清晰度下降。为了避免这种情况的发生,或是播主想要重新上传短视频,可以选择在电脑端的抖音官网中登录账号,再上传视频。如果受条件所限无法使用电脑端上传,那么在发布时选择"高清发布",也能避免这类问题的发生。

4. 选择合适的封面图来增加点击率

选择合适的封面图对于增加短视频的点击率至关重要。封面图是用户在浏览视频时首先看到的内容,它需要在众多视频中脱颖而出,吸引用户的注意力。以下是一些建议,帮助你选择合适的封面图来增加点击率。

- 高清晰度:确保封面图清晰、锐利,避免模糊或像素化的图像。高质量的图片会提升观众的观看体验,并增加点击的可能性。
- 突出主题:封面图应该能够准确反映视频的主题和内容。使用与内容相关的图像,让观众一眼就能看出视频是关于什么的。
- 引人注目:选择能够吸引观众眼球的封面图。使用明亮、鲜艳的色彩或具有冲击力的图像,以增加用户的点击欲望。
- 简洁明了:避免封面图过于复杂或混乱。保持设计简洁,突出关键元素,让观众能够快速理解视频的主题。
- 与标题相配:封面图应该与标题相互补充,共同传达视频的核心信息。确保两者在风格和主题上保持一致。
- 引发好奇:利用封面图引发观众的好奇心。可以通过提问、展示部分内容或使用悬念来激发用户的兴趣,促使他们点击观看。
- 品牌标识:如果你有一个品牌或个人标识,可以考虑将其融入封面图中,以增加品牌的曝光度和识别度。
- 测试和优化:定期测试不同的封面图,观察哪些类型的图像更受观众欢迎。根据用户反馈和数据分析,优化封面图的选择和设计。

封面图是吸引观众点击的第一步,但它也需要与视频内容相匹配,确保观众在点击后不会感到失望。因此,在选择封面图时,要综合考虑对观众的吸引力和视频内容的真实性。

6.6 实战训练

（1）以"踏青"为主题，拍摄并剪辑一条完整的视频，视频包括字幕、特效、背景音乐等。

（2）在手机抖音平台，发布一条15秒以上的视频。

07 使用 Premiere 编辑短视频

▶ 本章导读

Premiere 是一款优秀的专业级的视频编辑制作软件,作为一名短视频制作人员,必须掌握 Premiere 软件的基本编辑功能。而视频编辑则是短视频创作中的一个重要环节,一个优质的短视频作品除了要有好的内容之外,清晰的画面和视频的后期编辑也是非常重要的。本章将介绍使用 Premiere 制作精彩短视频的操作方法和技巧,以及如何编辑制作出高点赞短视频。

▶ 本章要点

★ 了解运用 Premiere 剪辑短视频的步骤与注意事项

★ 掌握 Premiere 软件的常用视频剪辑功能

★ 了解高点赞短视频案例

7.1 用Premiere制作精彩的短视频

Adobe Premiere Pro简称Premiere，它是Adobe公司推出的一款功能强大的优秀的专业视频编辑软件，适用于电影、电视和Web的视频编辑。利用Premiere可以编辑多种格式的素材，实现视频加工、声音加工等多项功能。

7.1.1 新建项目并导入素材

编辑视频首先要新建项目并导入素材，在Premiere中新建项目并导入素材的具体操作步骤如下。

第1步：打开Premiere，在自动弹出的首页界面中，单击"新建项目"按钮，如图7-1所示。

图7-1 单击"新建项目"按钮

第2步：在菜单栏中新建项目。剪辑人员还可以在菜单栏❶单击"文件"菜单，展开菜单，❷单击"新建"命令，❸展开子菜单，单击"项目"命令，如图7-2所示。

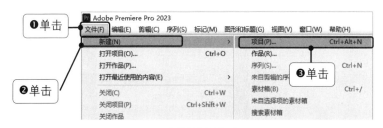

图7-2 在菜单栏中新建项目

第3步：进入"导入"界面，❶输入项目的名称，❷在"项目位置"列表框中指定项目创建路径，完成设置后，❸单击"创建"按钮，如图7-3所示。

图7-3 输入项目名称，设置存放位置

第4步：新建项目完成，页面如图7-4所示。

图7-4 新建项目完成

新建项目后，接下来就是导入视频素材，其具体步骤如下。

第1步：找到页面中的"项目"面板，❶双击面板，或是❷选中"项目"面板并单击右键，❸选择"导入"子选项，如图7-5所示。

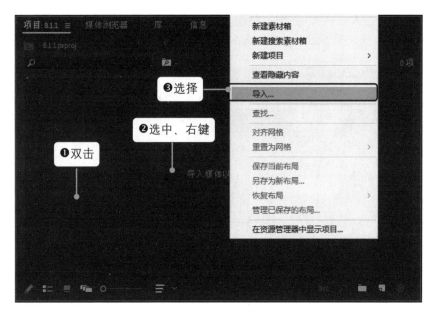

图7-5 导入素材

第2步：选择导入素材。在弹出的"导入"对话框中，❶选中需要剪辑的素材，❷单击"打开"按钮，如图7-6所示。

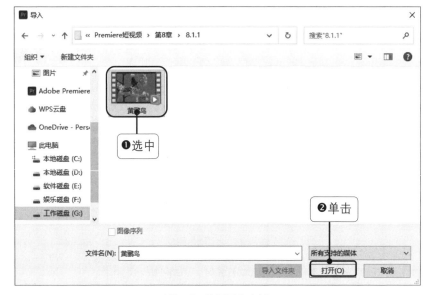

图7-6 选择导入素材

第3步：即可将选择的素材导入"项目"面板中，并在"项目"面板中显示，其效果如图7-7所示。

第 7 章 使用 Premiere 编辑短视频

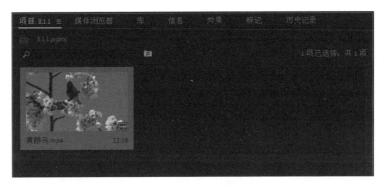

图7-7 素材导入成功

7.1.2 素材的剪切与拼接

导入视频素材后，接着对素材中无用的部分进行剪切，然后对素材进行拼接。其具体步骤如下。

第1步：打开Premiere，新建项目，导入两段视频素材。此处用"水果"素材视频进行剪切步骤讲解，用"草莓"视频素材进行拼接步骤讲解。

第2步：新建序列。将"水果"素材拖动到"项目"面板右下角的"新建项"按钮上，新建项目序列，如图7-8所示。

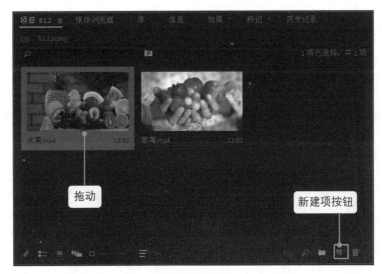

图7-8 新建序列

第3步：选中需要剪切部分视频的开头与结尾。❶缓慢拖动蓝色时间标尺，浏览视频画面，将标尺放置在需要剪切部分的开头处，❷单击"标记入点"按钮，标记需剪切视频的开头部分,如图7-9所示。

图7-9　标记视频开头部分

第4步:❶继续拖动蓝色时间标尺,将标尺放置在需要剪切视频的结尾处,❷单击"标记出点"按钮,如图7-10所示。

图7-10　标记视频结尾部分

第5步：对视频进行裁剪。标记完成后就可以对视频进行剪切了，❶单击"剃刀"工具，❷在视频的开头与结尾处分别进行剪切，如图7-11所示。

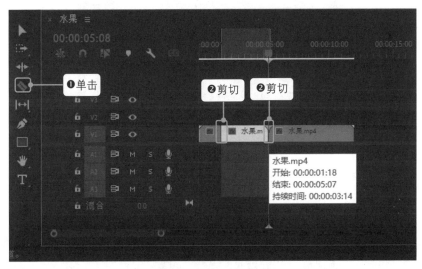

图7-11　进行视频剪切

第6步：删除不需要的视频段。❶单击"选择"工具，❷选定需要删除的视频段，按"Delete"键即可删除。若有两段需要删除的视频段落，则分别进行"选定"与"删除"操作，如图7-12所示。

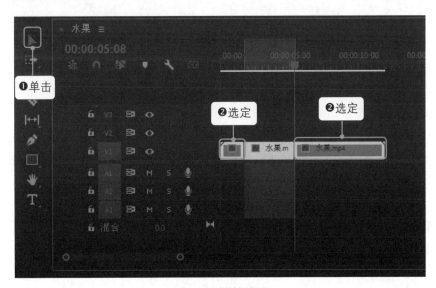

图7-12　删除视频段

第7步：删除选定后的视频的内容效果，如图7-13所示。

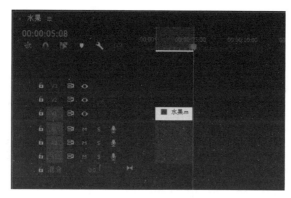

图7-13 剪切完成后的效果

第8步:调整视频位置。将时间轨道上的视频拖动到最前面,如图7-14所示。完成后的效果如图7-15所示。

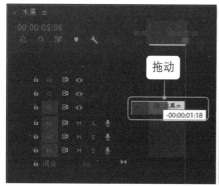

图7-14 拖动视频段落到开头

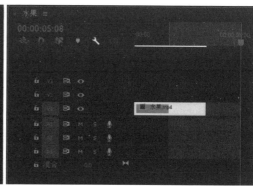

图7-15 剪切完成

第9步:同理,用同样的方法将"草莓"素材拖动到时间轨道上,剪切删除不需要的内容,然后将其调整到"水果"素材的后面,完成后的效果,如图7-16所示。

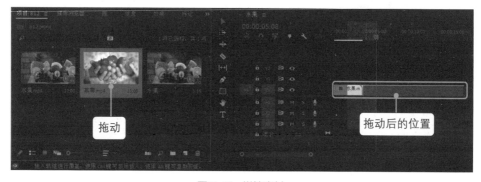

图7-16 拼接素材

7.1.3 为片段添加转场效果

短视频的片段与片段之间，往往会有一个合适的转场。这个转场的作用在于衔接前后两个片段，让观众在视觉效果上，可以从上一个片段流畅而自然地进入下一个片段。而前后片段间衔接的不同效果称为转场效果。例如，两个视频片段间运用了"棋盘擦除"转场效果，其效果如图7-17所示。

图7-17 "棋盘擦除"转场效果

有了转场效果的过渡，前后片段衔接得自然且别具趣味，其具体步骤如下。

第1步：打开Premiere，新建项目，导入两段视频素材。

第2步：新建序列。将素材1拖动到"项目"面板右下角的"新建项"按钮上，新建项目序列，如图7-18所示。

图7-18 新建序列

第3步：添加素材2。将素材2直接拖动至时间轨道上素材1的后面，如图7-19所示。

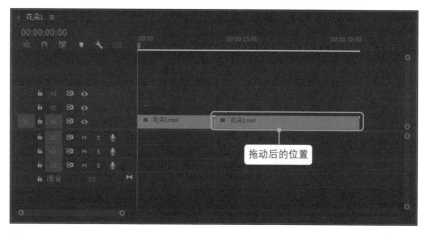

图7-19　添加素材2

第4步：选定转场特效。在左方的"项目"面板中，❶单击"效果"标签，❷单击"视频过渡"下拉栏，❸单击"擦除"下拉栏，如图7-20所示。

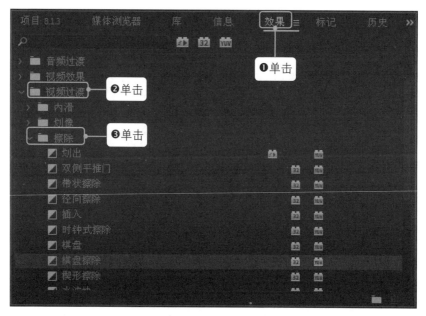

图7-20　选定转场特效

第5步：添加特效。将"棋盘擦除"效果拖动至时间轨道上两段素材的中间。拖动后的页面，如图7-21所示。

图7-21 添加特效

第6步:播放视频进行效果预览。可以看到添加"棋盘擦除"特效后的效果,如图7-22所示。

图7-22 添加转场特效后的效果

7.1.4 添加音乐、音效与配音

当一段短视频既需要进行整体配乐,又需要进行配音,同时还需要在细节处添加音效时,使用Premiere进行操作会显得十分方便,其具体步骤如下。

1. 添加配乐

第1步：打开Premiere，新建项目，导入视频素材与音频素材。

第2步：新建序列。将素材1拖动到"项目"面板右下角的"新建项"按钮上，新建项目序列，如图7-23所示。

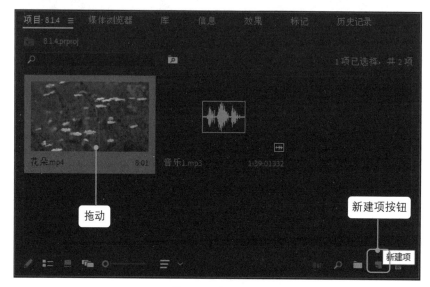

图7-23　新建序列

第3步：删除视频素材原声。❶右击时间轨道上的视频素材，❷在弹出的快捷菜单中选择"取消链接"选项，如图7-24所示。

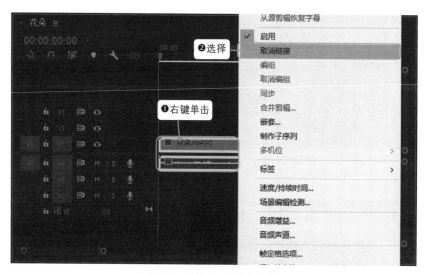

图7-24　选择"取消链接"选项

第4步：❶右击时间序列上的音频，即视频原声，❷在弹出快捷菜单中选择"清除"选项，如图7-25所示。

图7-25 删除视频原声

第5步：可以看到音频轨道上的视频素材原声已经消失了，如图7-26所示。

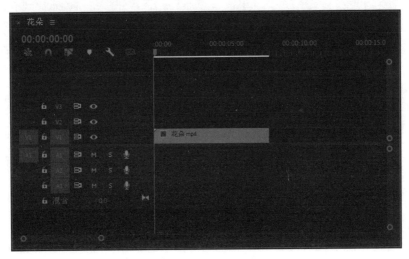

图7-26 删除原声成功

第6步：添加音频素材。将音频素材拖动至原视频原声所在的时间轨道上，如图7-27所示。

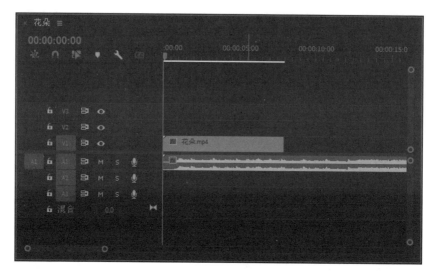

图7-27　添加音频素材

第7步：预览效果。播放视频，可以看到音频素材已经成为视频素材的配乐，但配乐的时间比视频时间长出许多，如图7-28所示。

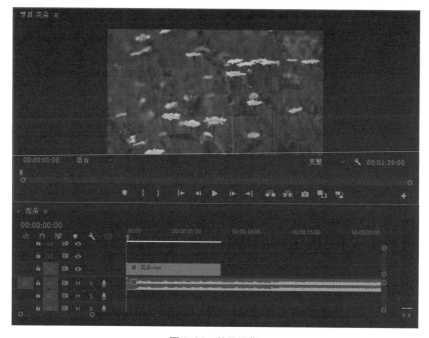

图7-28　效果预览

第8步：剪切过长的配乐。❶选中"剃刀"工具，❷在视频素材结束的时间点进行单击即可剪切过长的配乐，如图7-29所示。

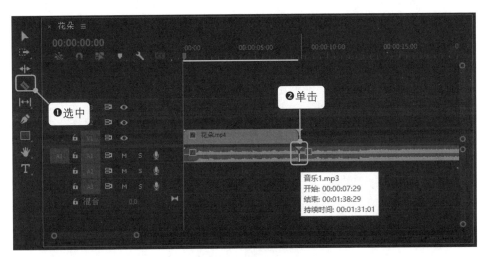

图7-29　标记需要裁减的配乐

第9步：删除过长配乐。❶选中"选择工具"，❷单击需要被剪裁的配乐，❸按"Delete"键进行删除，如图7-30所示。

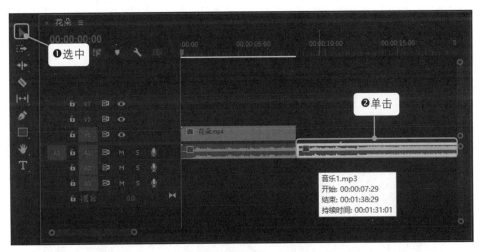

图7-30　裁减过长的配乐

第10步：删除多余的配乐后，视频与配乐就可以同时结束了，如图7-31所示。

【提示】如果视频过长，也可以用相同的操作将多余的视频剪切掉。

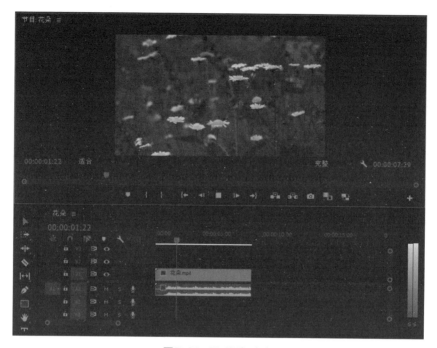

图 7-31 配乐添加成功

2. 添加音效

添加音效、配音的方法与添加配乐的方法大同小异,只需要在时间线上进行一些细微的调整即可,其具体操作如下。

第1步:导入音效音频素材,将音效素材直接拖动至音频轨道2,如图7-32所示。

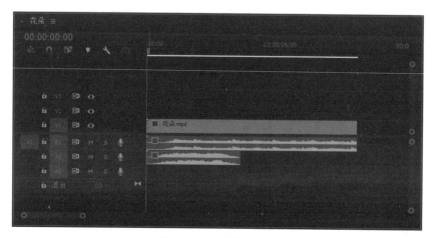

图 7-32 添加音效素材

第 2 步：调整音效的位置。音效出现在视频的某一特定位置，而不是一开始就出现。在音频轨道 2 上单击鼠标左键选中音效不放，直接拖动音效到相应的位置，如图 7-33 所示。

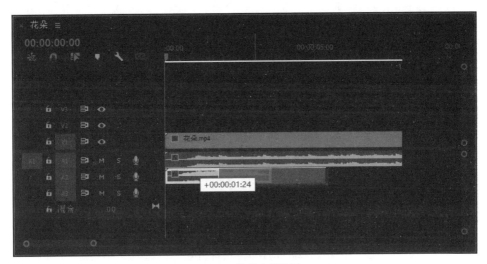

图 7-33　调整音效位置

第 3 步：调节音效的长度。通常情况下，并不需要对音效的长度进行调整，但有时需要对音效的长度进行调整。将鼠标指针放置在音效素材的最前端位置，鼠标指针会变化为带有向后箭头的红色图标，如图 7-34 所示。

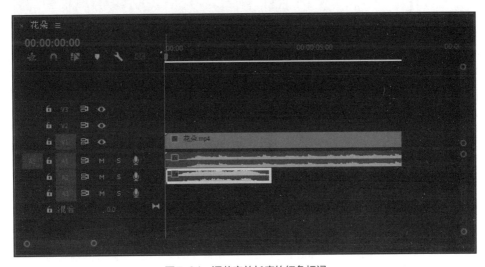

图 7-34　调节音效长度的红色标记

第 4 步：当鼠标指针变为红色图标时，按下鼠标左键不放，从音效素材的头部位置开始向尾部拖动则可缩短音效长度,如图7-35所示。

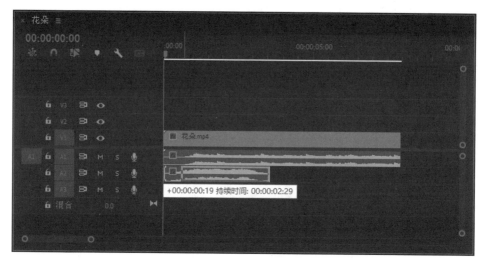

图7-35 调节音效长度

第5步:经过上一步操作,缩短后的音效素材效果,如图7-36所示。

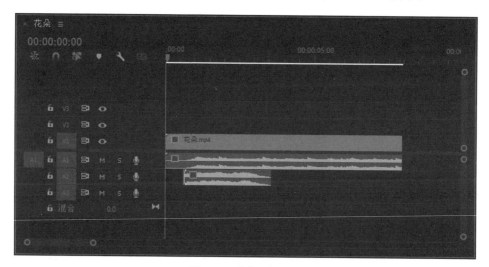

图7-36 音效添加成功

第6步:同理,如果需要通过裁剪音效素材后半部分来缩短素材长度,也可以从素材尾部开始进行反向操作。将鼠标指针放置在音效素材的尾部,当鼠标指针变成带有向前箭头的红色图标时,按住鼠标左键不放,向音效素材的前端拖动即可调整音效素材的尾部长度,如图7-37所示。

第 7 章 使用 Premiere 编辑短视频

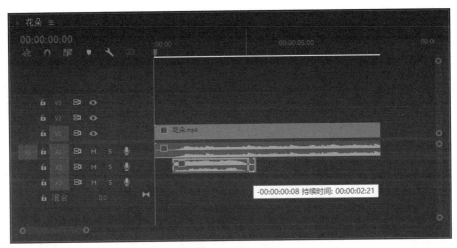

图7-37 反方向使用红色标记

7.1.5 添加字幕并调整字幕时间线

为视频添加字幕也是 Premiere 的一大主要功能，添加字幕的操作非常简单。图7-38所示为添加字幕后的效果。

图7-38 给视频添加字幕后的效果

使用 Premiere 添加字幕的具体步骤如下。

第1步：打开 Premiere，新建项目，导入需要添加字幕的视频素材。

第2步：新建序列。将视频素材拖动到"项目"面板右下角的"新建项"按钮上，新建项目序列，如图7-39所示。

图7-39 新建序列

第3步：在序列面板左边，选择"文字"工具，单击视频素材中需要添加字幕的位置，之后会出现文本框，如图7-40所示。

图7-40 出现文本框

第4步：在文本框中输入文字，效果如图7-41所示。

第 7 章 使用 Premiere 编辑短视频

图7-41 输入文字

第5步：❶单击左侧面板中的"效果控件"选项卡，❷在下方对文字的字体、格式、颜色等进行设置，如图7-42所示。

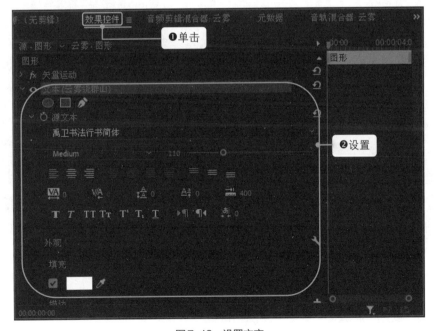

图7-42 设置文字

第6步：调整字幕持续时间。选取"选择"工具，调整新绘制字幕图形的持续时间长度，使其与视频素材的持续时间长度一致，如图7-43所示。

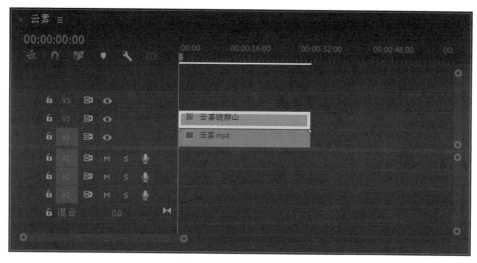

图7-43 调整字幕时间线

第7步：字幕添加完成，播放视频进行预览，效果如图7-44所示。

图7-44 字幕添加成功

7.1.6 使用"超级键"抠图更换视频背景

Premiere具有强大的抠图功能，利用Premiere的抠图功能可以轻松更换视频的背景，让视频变得更加漂亮，更加吸引人。利用绿屏抠图，可以将短视频中的播主放置在任何理想的环境中。图7-45所示为使用Premiere制作的抠图更换背景的前后效果对比。

图7-45 绿屏抠图效果前后对比

使用Premiere的"超级键"进行抠图的具体操作步骤如下。

第1步：打开Premiere，新建项目，导入需要抠图的视频素材及背景图片素材。

第2步：新建序列。将视频素材拖动到"项目"面板右下角的"新建项"按钮上，新建项目序列，如图7-46所示。

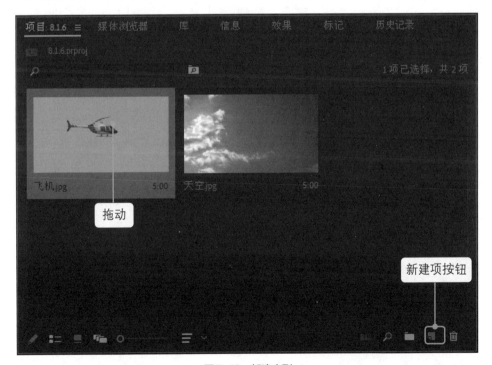

图7-46 新建序列

第3步：❶在"项目"面板中，单击"效果"选项卡，❷在搜索框中输入"超级键"，如图7-47所示。

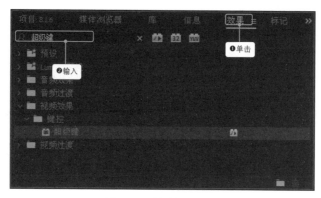

图7-47 搜索视频效果

第4步:将"键控"项下的"超级键"拖动到视频序列中,如图7-48所示。

图7-48 添加"超级键"

第5步:在左上方的"效果控件"面板中,可以看到添加了"超级键"效果。单击"主要颜色"选项面的"吸管"工具图标,如图7-49所示。

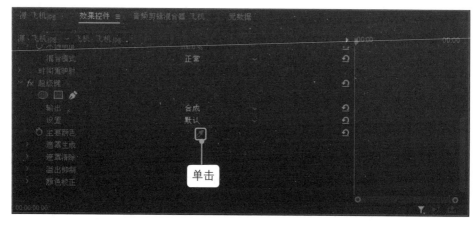

图7-49 单击"吸管"工具

第6步：选中"吸管"工具后，将鼠标指针移动到右侧的"节目"面板中，吸取视频素材中的绿色。吸取后的效果，如图7-50所示。

图7-50　吸取绿幕背景颜色后的效果

第7步：将视频素材从轨道1拖动至轨道2，拖动后的效果如图7-51所示。

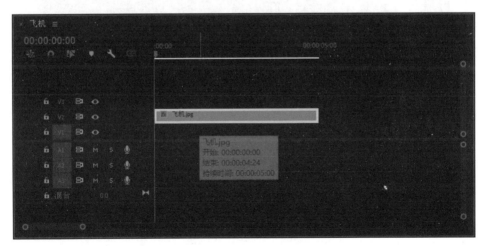

图7-51　切换视频素材轨道

第8步：更换背景素材图片。将背景图素材拖至轨道1，并在时间轨道中将图片素材的时间拉至与视频素材相同的长度，如图7-52所示。

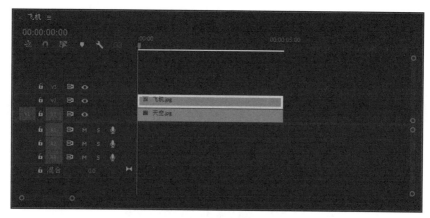

图7-52 将背景图片加入轨道1

第9步：背景图片更换完成，调整图片的显示大小，然后播放视频进行预览，效果如图7-53所示。

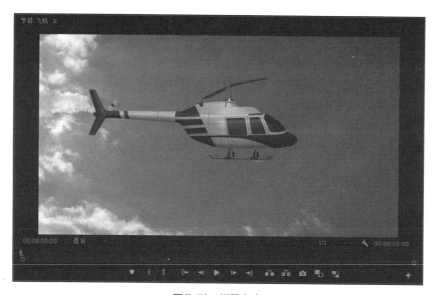

图7-53 抠图完成

7.1.7 制作视频变速特效

在影视作品中，经常看到视频的快播或慢播，使用Premiere软件可以轻松实现这一功能，制作变速视频的具体操作步骤如下。

第1步：打开Premiere，新建项目，导入需要制作变速效果的视频素材及背景图片素材。

第2步：新建序列。将视频素材拖动到"项目"面板右下角的"新建项"按钮上，新建项目序列，如图7-54所示。

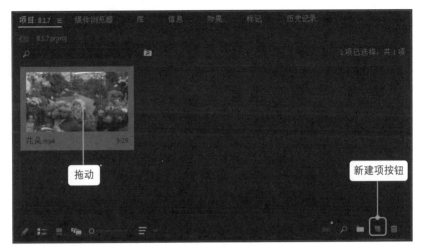

图7-54　新建序列

第3步：在新建的视频序列中，❶右击时间轨道上的视频素材，❷在弹出选项中选择"速度/持续时间"选项，如图7-55所示。

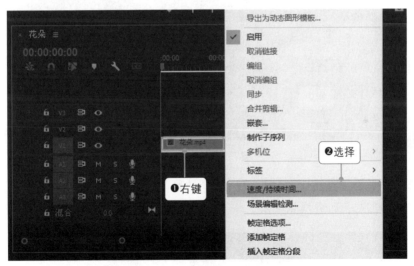

图7-55　选择"速度/持续时间"选项

第4步：在弹出的对话框中，设置"速度"项中的百分比数值。注意：如果将速度调至"200%"，相当于将视频速度加快至原来的2倍；如果调至50%，则相当于将视频速度放慢到原来的一半，可以根据实际情况进行调整，如图7-56所示。

第5步：调整完毕，播放视频进行预览。

7.1.8 为音频降噪，提高音质

有时，由于视频原声或是后期配音等音频文件，本身的录制环境比较嘈杂，噪声较大，不适合直接作为短视频的配乐添加，这时可以使用Premiere软件对声音进行降噪处理，其具体步骤如下。

第1步：打开Premiere，新建项目，导入需要进行音频降噪的音频素材。

图7-56 设置变速速度

第2步：新建序列。将音频素材拖动到"项目"面板右下角的"新建项"按钮上，新建项目序列，如图7-57所示。

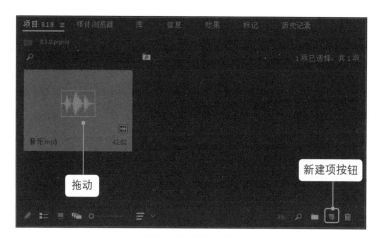

图7-57 新建序列

第3步：在"项目"面板中，❶单击"效果"选项卡，❷在搜索框中输入"降噪"，选中即可，如图7-58所示。

图7-58 选择"降噪"音频效果

第4步:将"降噪"拖动到音频序列中,如图7-59所示。

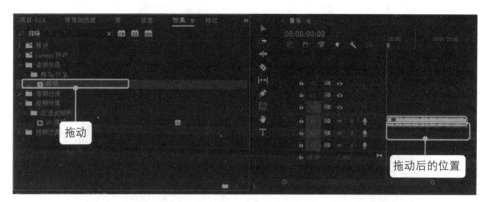

图7-59 将"降噪"拖入音频序列

第5步:在左上方的"源"面板中,❶单击"效果控件"选项卡,❷在"自定义设置"选项后单击"编辑"按钮,如图7-60所示。

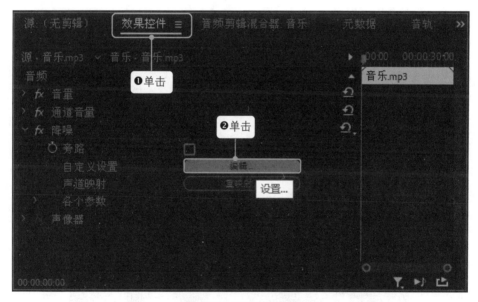

图7-60 设置降噪效果

第6步:在弹出的对话框中,❶单击"预设"下拉列表,❷在列表中选择"强降噪"选项,设置参数,❸单击"×"按钮关闭对话框,完成降噪处理,如图7-61所示。

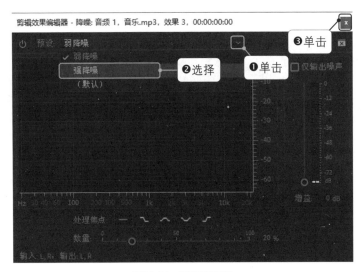

图 7-61　设置强降噪

7.1.9　制作画中画特效

画中画是一种视频内容呈现方式。在一部视频全屏播出的同时，于画面的小面积区域同时播出另一部视频，被广泛用于电视、视频录像、监控、演示设备。制作画中画特效的具体步骤如下。

第1步：打开Premiere，新建项目，导入需要进行画中画效果制作的多个图像素材。

第2步：新建序列。将图像素材拖动到"项目"面板右下角的"新建项"按钮上，新建项目序列，如图7-62所示。

图 7-62　新建序列

第3步：拖曳图像。即可将其他的动物图像素材拖曳至"时间轴"面板的"视频2"和"视频3"轨道上，如图7-63所示。

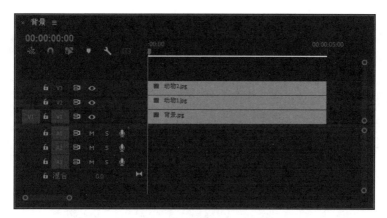

图7-63 拖曳多个图像

第4步：选择"视频3"轨道上的"动物2"图像，在"效果控件"面板中，依次在开始时间、2秒6帧和4秒8帧的位置，修改"位置"参数分别为"145"和"113.5"、"300"和"252.5"、"536"和"358.5"，"缩放"参数分别为"35""49""64"，添加多组关键帧，如图7-64所示。

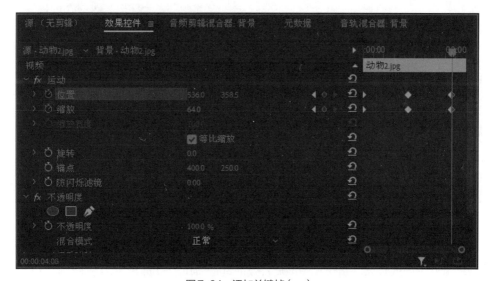

图7-64 添加关键帧（一）

第5步：选择"视频2"轨道上的"动物1"图像，在"效果控件"面板中，依次在开始时间、2秒6帧和4秒5帧的位置，修改"位置"参数分别为"701"和

"464.5"、"640"和"370.5"、"265"和"180.5","缩放"参数分别为"22""58""66",添加多组关键帧,如图7-65所示。

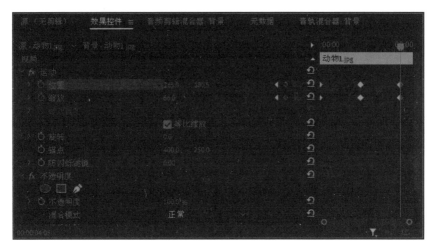

图7-65　添加关键帧(二)

第6步:完成画中画特效的制作,并在"节目监视器"面板中,单击"播放-停止切换"按钮,预览画中画效果,如图7-66所示。

图7-66　预览画中画效果

7.1.10　制作视频倒放特效

使用"倒放视频"功能可以将正常录制的视频逆序播放,使画面呈现出与正常视频截然不同的效果。制作视频倒放特效的具体操作步骤如下。

第1步:打开Premiere,新建项目,导入需要进行视频倒放效果制作的多个图像素材。

第2步:新建序列。将图像素材拖动到"项目"面板右下角的"新建项"按钮上，新建项目序列，如图7-67所示。

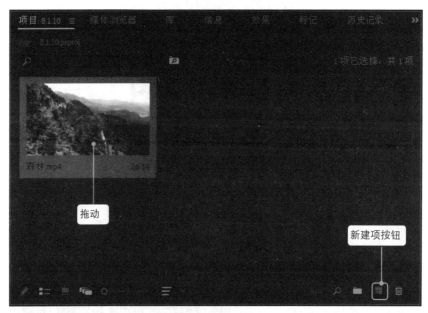

图7-67 新建序列

第3步：在新建的视频序列中，❶右击时间轨道上的视频素材，❷在弹出选项中选择"速度/持续时间"选项，如图7-68所示。

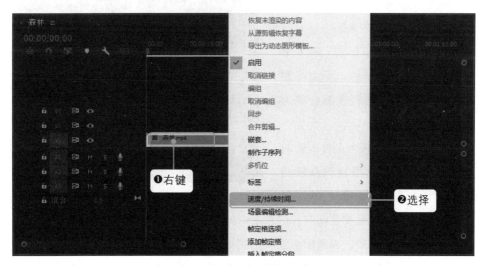

图7-68 选择"速度/持续时间"选项

第4步：在弹出的对话框中，勾选"倒放速度"复选框，如图7-69所示。

图7-69　勾选"倒放速度"复选框

第5步：调整完毕，播放视频进行预览。

7.2　案例：制作高点赞的短视频

本例为一个短视频作品，主要内容为一位男演员对某电影角色的精彩演绎，片段截图如图7-70所示。

该短视频发布时间不长，但却获赞超过100万，在未来一段时间内，热度仍会持续上涨，属于十分优秀的短视频作品。下面将为大家解读为什么该短视频会成为爆款短视频作品。

或许，缺乏短视频制作经验的新手可能会觉得这条视频获赞颇高的原因主要在于该演员的知名

图7-70　高点赞短视频

度及精湛的演技，无关后期制作的水平。的确，这条视频的后期制作在整个视频内容中的占比并不多，视频中也没有用到很多高深炫酷的特效技术，但起到的却是锦上添花的作用。新手需要明白一个道理，剪辑并不是"炫技"，而是为视频内容服务，起到一个锦上添花的作用。如果视频内容本身就十分完整，那么适当的而不喧宾夺主的剪辑才是最合适的。

第 7 章 使用 Premiere 编辑短视频

这条获赞超 100 万的短视频中，有三处编辑制作起到了强化视频内容，突出视频主题的作用，分别是精准而又精练的字幕、放大的视频细节及无声胜有声的配乐。下面将对这三处细节的编辑处理进行逐一分析。

7.2.1 精准、精练的字幕

由于该条短视频的内容重点在于画面（画面中男演员对重点情节的演绎已经十分有张力），因此，在制作时可以用少而精准的字幕为视频内容进行补充说明。

该视频总共只出现了 5 次字幕，可以说次数非常少。第一次出现即为图 7-70 中的左图，这一处字幕在视频开头就抢先强调了一点：观众接下来看到的，也就是该演员所有的情绪、动作，均为演员自己设计，因为剧本中对人物的描写只有"手足无措"四个字。图中的三行字十分巧妙地为观众做了一个对比，即"寥寥数字的剧本描写"与"具体生动的演员演绎"之间的对比，暗暗衬托出演员演技的高超，达到了先声夺人的目的。

第二处与第三处的字幕非常简单，字数不多，内容也仅仅在描写演员的行为与动作，如图 7-71 所示。

在图 7-71 中，两处字幕一处描写了演员的动作，一处描写了演员的声音，简单的两个短句像两声短促的鼓点，敲在了观众的心上，暗示了演员丰富表演的层次。

视频中所有的字幕看似清淡如水、不着痕迹，但却每一处都含义深远，令人回味。这是值得所有视频制作新手学习的，这里不仅仅是学习软件的实操技术，

图 7-71 第二处（左图）、第三处（右图）字幕

更多的是学习如何站在一个导演的角度进行内容与形式的完美表达。

【提示】在实操方面，用 Premiere 为短视频添加字幕的具体操作前面已经讲解过，在此不再赘述。

7.2.2 放大的视频细节

在该短视频的制作中,重点编辑制作是放大的那一小段。该处的画面内容是男演员自扇耳光,如图7-72所示。

显而易见,制作时想要放大的重点不仅是演员自扇耳光的动作,更是其真实的演绎与自我牺牲的精神。正是这个放大,促成了短视频中的一个小高潮,超过100万观众点赞的原因或许就在于此。

在实操中,制作人员也可以通过对视频的"高潮"部分进行放大,来达到强调、突出剧情的作用。在Premiere中对短视频中的某一段进行放大的具体操作如下。

图7-72 放大的自扇耳光画面

第1步:打开Premiere,新建项目,导入视频素材与音频素材,并为该素材新建序列。

第2步:在左边的工具栏中,单击选择"剃刀工具",如图7-73所示。

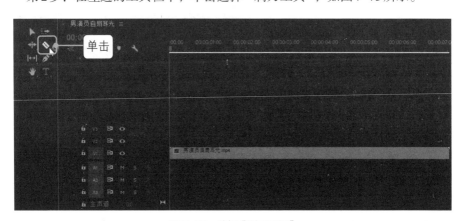

图7-73 选择"剃刀工具"

第3步:标记需要放大的视频片段的开头。用剃刀工具在需要放大的视频片段的开头单击进行标记,如图7-74所示。

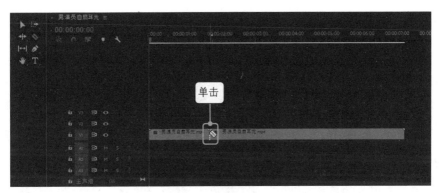

图7-74 标记视频片段开头

第4步：标记需要放大的视频片段的结尾。用剃刀工具单击需要放大的视频片段的结尾，进行标记。这时，已经将需要放大的视频片段标记成独立的片段了，如图7-75所示。

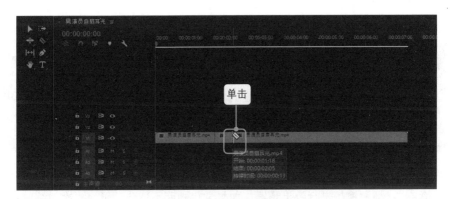

图7-75 标记视频片段结尾

第5步：选择"选择工具"，如图7-76所示。

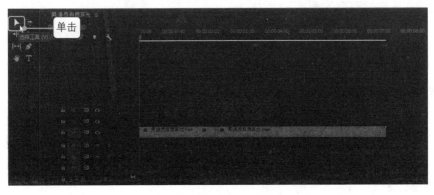

图7-76 选择"选择工具"

第6步：单击选中需要放大的视频片段，如图7-77所示。

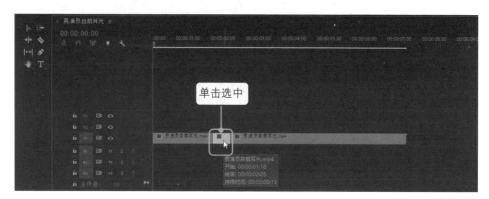

图7-77　选中视频片段

第7步：在页面左上角，❶单击"效果控件"选项卡，❷将"缩放"选项后的数值设置为"150"，如图7-78所示。

图7-78　设置缩放

第8步：播放视频进行效果预览。如果觉得画面不适合，可以再次对缩放数值进行调整，直至效果满意为止。

7.2.3　无声胜有声的配乐

通常情况下，需要为短视频配上一段风格相宜的音乐，以强化短视频的情绪表达，增加趣味性，让短视频更生动。而在这段视频中，制作人员却给配乐做了"减法"——除了开头有一小段缓慢、低沉的音乐进行引入，从某一时间点开始，短视频所有的声音就只剩下视频的原声。

这个"减法"的高明之处在于，配乐停止的时间点，恰好是字幕显示"喘息声粗重"的时候，从此时开始，观众只能听到演员因为情绪高度紧张而产生的喘息声，以及接下来演员自扇耳光的"啪啪"声。这样的听觉体验让观众好似身临其境，真实感十足，堪称"此时无声胜有声"。

由此可见，在学习短视频的制作中，不仅需要熟练地掌握软件的剪辑、配音等技术，更需有好的策划思想，只有两者的紧密结合才能创作出即有内涵又有视觉震撼力的短视频，从而赢得粉丝的点赞。因此，短视频创作者需要多看、多想、多实践，才能制作出更高质量的短视频。

7.3 AI助力：使用Premiere的"场景编辑检测"功能对素材进行自动检测与剪辑

Premiere是一款强大的视频编辑软件，其中的"场景编辑检测"功能可以帮助用户自动检测素材中的场景变化，从而快速进行剪辑。使用该功能进行自动检测与剪辑的步骤如下。

第1步：打开Premiere，新建项目，导入需要进行检测与剪辑的视频素材。

第2步：新建序列。将图像素材拖动到"项目"面板右下角的"新建项"按钮上，新建项目序列，如图7-79所示。

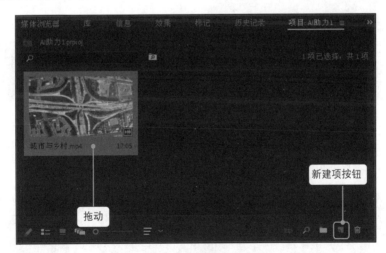

图7-79 新建序列

第3步：在新建的视频序列中，❶右击时间轨道上的视频素材，❷在弹出选项中选择"场景编辑检测"选项，如图7-80所示。

图7-80 选择"场景编辑检测"选项

第4步：弹出"场景编辑检测"对话框，勾选"在每个检测到的剪切点应用剪切""从每个检测到的修剪点创建子剪辑素材箱"和"在每个检测到的剪切点生成剪辑标记"复选框，单击"分析"按钮，如图7-81所示。

第5步：弹出"场景编辑检测"对话框，Premiere会分析视频内容，并显示分析进度，如图7-82所示。

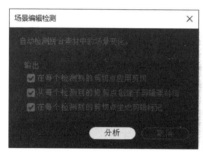

图7-81 勾选多个复选框

图7-82 分析视频内容

第6步：如果有场景发生变化，则会自动标记场景变化的位置，并根据场景变化自动分割视频，其效果如图7-83所示。

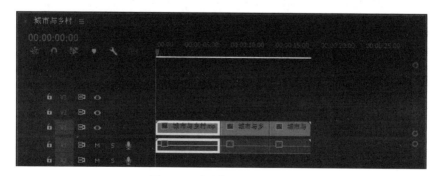

图7-83 自动检测与剪辑素材

7.4 AI助力：使用Premiere的"场景编辑检测"功能合成剪辑片段

Premiere的"场景编辑检测"功能，主要是用于自动检测视频素材中的场景变化，帮助用户快速定位并剪辑视频。但"场景编辑检测"功能本身并不直接用于合成剪辑片段，可以在检测完场景后，基于这些检测结果进行剪辑片段的合成。

第1步：打开Premiere，新建项目，导入需要进行合成剪辑的视频素材。

第2步：新建序列。将图像素材拖动到"项目"面板右下角的"新建项"按钮上，新建项目序列，如图7-84所示。

图7-84 新建序列

第3步：在新建的视频序列中，选择"视频1"轨道上的视频素材，然后在菜单栏中，执行"编辑"|"场景编辑检测"命令，如图7-85所示。

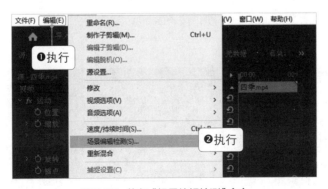

图7-85 执行"场景编辑检测"命令

第4步：弹出"场景编辑检测"对话框，勾选"在每个检测到的剪切点应用剪切""从每个检测到的修剪点创建子剪辑素材箱"和"在每个检测到的剪切点生成剪辑标记"复选框，单击"分析"按钮，如图7-86所示。

第5步：弹出"场景编辑检测"对话框，Premiere会分析视频内容，并显示分析进度，如图7-87所示。

图7-86 勾选多个复选框

图7-87 分析视频内容

第6步：如果有场景发生变化，则会自动标记场景变化的位置，并根据场景变化自动分割视频，其效果如图7-88所示。

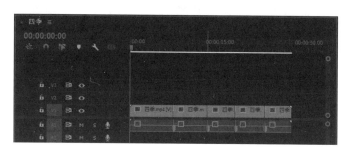
图7-88 自动检测与剪辑素材

第7步：选择需要删除的片段，按"Delete"键删除，并移动末尾片段的位置，如图7-89所示。

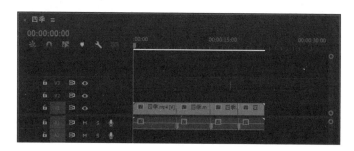
图7-89 删除与移动片段

第7章 使用 Premiere 编辑短视频

第8步：❶选择所有视频片段，右击鼠标，❷在弹出的快捷菜单中选择"嵌套"选项，如图7-90所示。

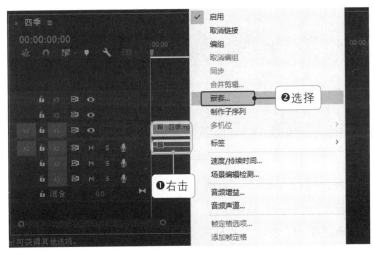

图7-90 选择"嵌套"选项

第9步：打开"嵌套序列名称"对话框，修改嵌套序列名称，单击"确定"按钮，即可创建嵌套序列，从而完成整个视频片段的合成操作，如图7-91所示。

图7-91 创建嵌套序列

7.5 AI助力：使用Premiere的"自动"功能完成画面调色

Premiere中的"自动"功能可以帮助用户快速进行画面调色，使视频素材的颜色更加协调统一。图7-92展示了使用Premiere"自动"功能完成画面调色前后的效果对比。

图7-92　自动调色前后画面的效果对比

下面将介绍使用Premiere的"自动"功能来完成画面调色的步骤。

第1步：打开Premiere，新建项目，导入需要进行调色的视频素材。

第2步：新建序列。将图像素材拖动到"项目"面板右下角的"新建项"按钮上，新建项目序列，如图7-93所示。

第3步：在"效果"面板的搜索框中输入"自动"，将搜索出"自动"视频效果，在"过时"列表框中，依次选择"自动对比度"和"自动色阶"视频效果，将其添加至"视频1"轨道的视频素材上，如图7-94所示。

图7-93　新建序列　　　　　　　　图7-94　选择多个视频效果

第4步：在"效果控件"面板中，修改"自动对比度"和"自动色阶"选项区中的各参数值，如图7-95所示。

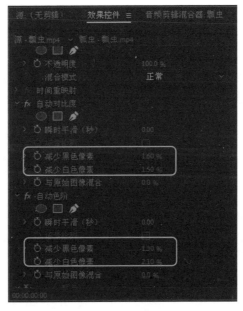

图7-95 修改各参数值

第5步：在"效果控件"面板中，选择"Lumetri颜色"视频效果，将其添加至"视频1"轨道的视频素材上，然后在"效果控件"面板中的"Lumetri颜色"选项区中，展开"色轮和匹配"列表框，调整阴影、中间调和高光的色轮，如图7-96所示。

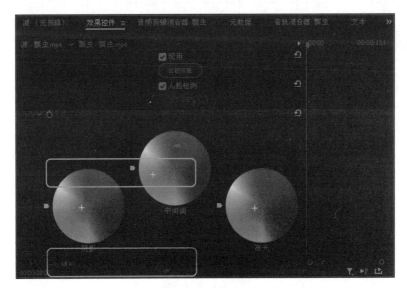

图7-96 调整色轮

第6步：稍后将完成视频画面的色彩调整，可在"节目监视器"面板中预览最终的效果，如图7-97所示。

图7-97　调整画面色彩

7.6　AI助力：使用Premiere的"语音识别"功能自动生成字幕

在Premiere中，使用"语音识别"功能自动生成字幕可以大大提高字幕添加的效率。下面将介绍使用Premiere的"语音识别"功能自动生成字幕的具体操作步骤。

第1步：打开Premiere，新建项目，导入需要进行语音识别的音频素材。

第2步：新建序列。将音频素材拖动到"项目"面板右下角的"新建项"按钮上，新建项目序列，如图7-98所示。

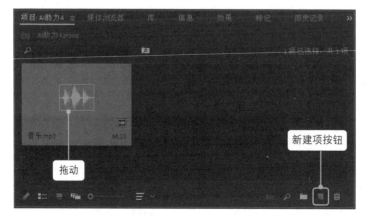

图7-98　新建序列

第3步：选择"视频1"轨道上的音频素材，在"文本"面板的"转录文本"选项区中，单击"转录序列"按钮，如图7-99所示。

第4步：打开"创建转录文本"对话框，在"语言"列表框中选择"简体中文"选项，在对应列表框中选择"音频1"选项，如图7-100所示。

图7-99　单击"转录序列"按钮

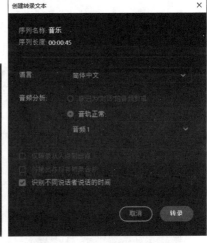

图7-100　设置转录参数

第5步：单击"转录"按钮，开始转录文本，并显示转录进度，如图7-101所示。

图7-101　显示转录进度

第6步：转录完成后，在"转录文本"选项区中将根据对应的音频识别出字幕，如图7-102所示。

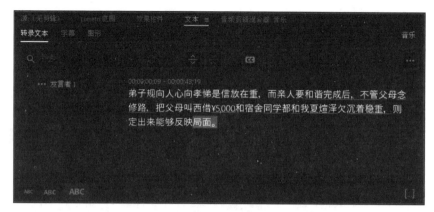

图 7-102 识别字幕

第 7 步：识别好字幕后，当字幕中有错误文本时，需要对错误的字幕进行更正，其最终的字幕效果如图 7-103 所示。

图 7-103 修正字幕

7.7 秘技一点通

1. 如何提升 Premiere 的运行速度

许多人都会遇到 Premiere 运行卡顿的情况，这让他们非常疑惑：明明自己的电脑配置不差，空间也是足够的，为什么 Premiere 却那么卡呢？

解决这一问题的方法是：在菜单栏中，依次单击"文件"|"项目设置"|"常规"命令，打开"项目设置"对话框，在此对话框中，可以为项目命名，并对该项目进行其他设置。在"常规"选项卡中，展开"渲染程序"的下拉栏，如图 7-104 所示。

第 7 章 使用 Premiere 编辑短视频

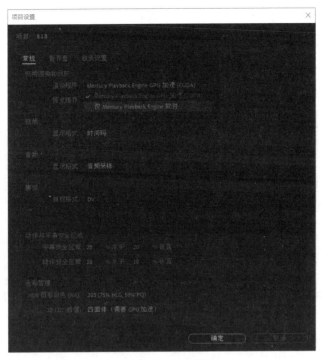

图7-104 项目设置

"渲染程序"的下拉栏中有两个选项：第一个选项意思是调用显卡加速，第二个选项意思是不调用显卡进行加速。很多初级视频编辑人员在新建项目时，没有进行这些项的设置，系统就默认选择了第二个选项，因此，造成了在使用Premiere编辑视频时容易卡顿。

2. 使用"素材箱"有效管理各类素材，提高工作效率

在Premiere中，"项目"面板往往用来存放和管理不同的素材。当同时需要导入多个视频素材、音频素材及图片素材时，"项目"面板则会乱成一团，从而影响工作效率。这时，可以通过在"项目"面板中建立"素材箱"对各类素材进行有效的管理。

建立"素材箱"的步骤如下。

第1步：在Premiere的"项目"面板中的空白处❶单击右键，❷选择快捷菜单中的"新建素材箱"选项，如图7-105所示。

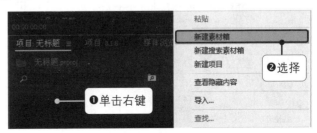

图7-105 新建"素材箱"

第2步:"项目"面板中新建了一个"素材箱",然后按照自己的习惯为"素材箱"命名,如图7-106所示。

一般情况下,可以新建3~4个"素材箱",分别存放视频素材、音频素材、图片素材及需要用在视频中的电影片段等,如图7-107所示。

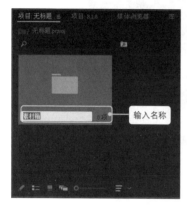

图7-106 为"素材箱"命名

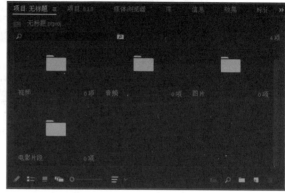

图7-107 常见的"素材箱"分类

3. 怎样将视频声音变速,又不改变音质音调

有时需要将视频的声音进行变速(加倍或减慢),但难免就会改变其音质音调,怎样才能避免这个问题呢?我们通过下面的方法即可解决。

第1步:打开Premiere,单击"新建项目"按钮,如图7-108所示,新建一个项目文件。

第2步:导入音频。按"Ctrl+I"快捷键,在弹出的对话框中❶选择需要处理的音频文件,❷单击"打开"按钮,如图7-109所示。

图7-108 单击"新建项目"按钮

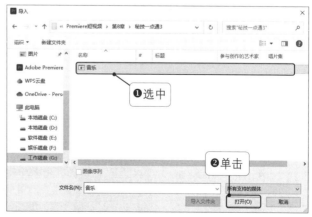

图7-109 导入音频文件

第 7 章 使用 Premiere 编辑短视频

第3步：将音频文件从左侧的状态栏拖入右侧的序列中，如图7-110所示。

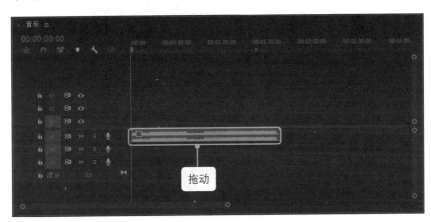

图7-110 将音频拖入右边序列

第4步：❶选中音频文件，右击鼠标，在弹出的快捷菜单中❷选择"速度/持续时间"选项，如图7-111所示。

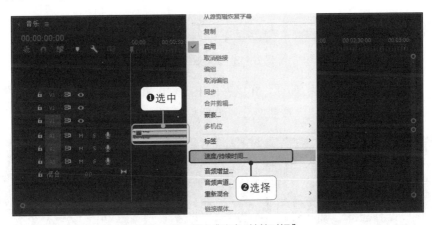

图7-111 单击"速度/持续时间"

第5步：❶在弹出的"剪辑速度/持续时间"对话框中设置速度，这里输入"120"，即将视频速度调整为原本的1.2倍。❷勾选"保持音频音调"复选框，❸设置完成后单击"确定"按钮，如图7-112所示。

第6步：❶单击菜单栏中的"文件"菜单，在子菜单中❷选择"导出（E）"|"媒体"选项，如图7-113所示。

图7-112 设置音频速度

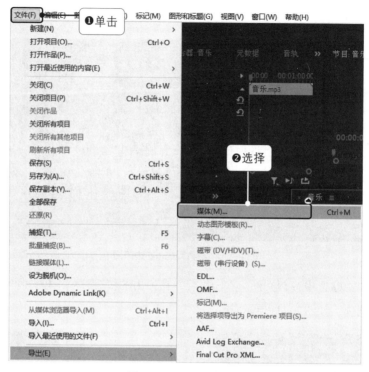

图7-113 试听效果确认

第7步：进入"导出"界面，在该界面中进行设置。❶在"格式"下拉框中选择"MP3"，❷单击"导出"按钮即可，如图7-114所示。

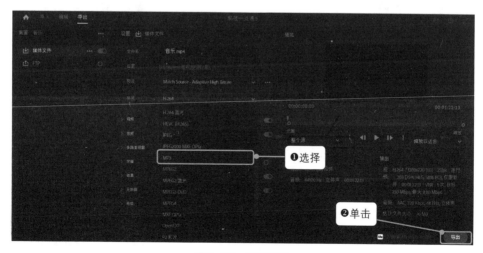

图7-114 导出音频

7.8 实战训练

（1）使用Premiere软件为一段视频素材添加音乐、字幕及转场特效。

（2）使用Premiere的"场景编辑检测"功能对一段视频素材进行自动检测与剪辑。

（3）使用Premiere软件的"语音识别"功能为一段视频素材自动生成字幕。

08 使用抖音拍摄、编辑与发布短视频

Chapter

▶ 本章导读

虽然专业的单反相机可以拍摄出精美的照片和视频，但其价格昂贵，操作复杂，不易携带。而如今的智能手机，拍摄功能越来越强大，不仅可以拍出高质量的照片和视频，而且操作简单，便于携带。同时，手机内置了很多功能强大的视频拍摄和编辑App（如美拍、小影、秒拍、抖音、剪映等），非常方便拍摄后期的编辑处理。本章将以抖音App为范本来讲解如何使用手机拍摄和编辑制作高质量的短视频作品。

▶ 本章要点

★ 了解抖音App的功能界面
★ 掌握抖音常用的拍摄技巧
★ 掌握抖音常用的编辑技巧
★ 掌握封面设置的方法

第8章 使用抖音拍摄、编辑与发布短视频

8.1 了解抖音App的功能界面

抖音App的页面设计十分简洁，但各种功能又十分完善。想要入驻抖音的新手，在进行短视频制作前，应当了解抖音App的各个功能界面。

以抖音14.0.0版本为例，进入抖音，便进入了抖音App的"首页推荐"界面，如图8-1所示。

图8-1 抖音"首页推荐"界面

"推荐界面"上各功能按钮介绍如下。

- 【直播】：抖音的直播入口。点击该按钮便可进入该账号的直播页面，可以通过该直播页面进入其他正在进行直播的账号。
- 【地区推荐】：展示用户所在位置附近的短视频推荐。点击进入后，页面会以封面的形式展示用户附近位置的短视频，该页面还可切换到其他地区，也可以查看"同城红人榜"。

- 【关注】：展示用户关注的所有播主近期发布的短视频，以及这些播主中，正在进行直播的直播间入口。

- 【搜索】：通过输入关键词查找短视频，以及查看抖音的各项榜单。点击进入后，显示的页面包含搜索框、"历史记录""猜你想搜""抖音热榜"等等。

- 【短视频内容播放区】：该区域为展示短视频内容的区域。用户可以通过单击该区域暂停或播放短视频。双击该区域，则自动为该视频点赞。长按该区域，页面则跳出对话框，在该对话框内可以对视频进行"收藏""不感兴趣""保存本地"等操作，用户还可以分享该视频给自己的好友。

- 【播主头像】：显示播主头像。用户点击播主头像便可进入该播主的个人首页。另外，如果推荐页面展示的短视频来自用户未曾关注的播主，那么在页面中，播主头像下会显示一个红色的"+"，用户点击该"+"图标便可直接关注播主。

- 【点赞】：单击心形按钮可为视频点赞，该按钮下面显示的数字为该视频目前所获赞数。

- 【评论】：点击该按钮可查看评论或评论该短视频。该按钮下面显示的数字为该短视频目前所获的所有评论总数。

- 【转发】：用户点击转发按钮，可以将该视频以私信形式转发给抖音App内的好友，或以动态形式分享到App内、微信朋友圈、QQ空间等。转发按钮的功能还包括举报、保存本地、收藏、合拍、抢镜、动态壁纸、不感兴趣等等。转发按钮下面显示的数字为该视频目前被转发的总次数。

- 【播主昵称】：显示播主昵称。用户点击该播主的昵称可进入播主的个人首页。

- 【视频文案】：显示该视频的文案。文案中可能涵盖插入的话题，话题以"#"为标志。同时，文案中还会显示播主@的好友，即其他播主。若用户点击相应的话题会进入话题专属页面，该页面展示所有带有该话题的短视频；若用户点击其他播主的昵称，则会进入该播主的个人首页。

- 【配乐名称】：显示配乐名称与制作者。点击配乐名称会进入该配乐的专属页面，该页面会展示所有使用该配乐的短视频，用户还可在该页面点击"拍同款"按钮，进行视频制作。

- 【配乐】：显示配乐的封面。点击"配乐"按钮进入该配乐的专属页面。

- 【朋友】：显示用户的好友在近期拍摄的短视频，该页面的功能排版与首页推荐大致相同。

- 【短视频制作】：短视频拍摄及制作的入口。点击该按钮，用户便可现场拍摄一段短视频并进行编辑，或是直接编辑本地素材。拍摄及制作过程中，可利用抖音App内提供的各种特效及贴纸。用户也可以通过该入口进行直播。
- 【消息】：展示用户收到的各种消息，包括关注提醒、互动消息、服务订单、系统通知、抖音小助手的消息及用户与好友的私信等等。用户还可以在"消息"功能中选择好友创建群聊。
- 【我】：用户的个人主页。个人主页展示用户自身资料信息与获赞、关注、粉丝数量，包括用户所有发布的作品、喜欢的作品等等。

除了首页推荐外，短视频制作者需要重点关注的，就是抖音App内的短视频制作页面了，该页面的各部分功能介绍，如图8-2所示。

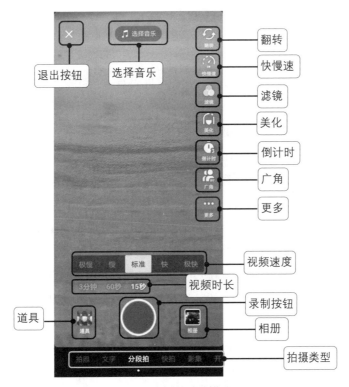

图8-2 抖音短视频制作界面

- 【退出】：点击该按钮即可退出短视频制作页面。
- 【选择音乐】：点击该按钮，跳转至短视频配乐专属页面，用户可在该页面搜索配乐，或是听推荐配乐，或在歌单分类中寻找合适的配乐。还可以直接进入"我的收藏"查看过去收藏的配乐。

- 【翻转】：点击"翻转"按钮，即可切换后置/前置摄像头。
- 【快慢速】："视频速度"功能的开关键。一般情况下，该按钮的状态为"on"，即"视频速度"功能出现在页面中；此时点击该按钮，则关闭"视频速度"，按钮状态切换为"off"，"视频速度"功能消失。
- 【滤镜】：添加滤镜。点击该按钮，可为即将拍摄的短视频选择合适的滤镜风格。
- 【美化】：对视频进行美化处理。点击该按钮，用户可为即将拍摄的人物调整美颜程度，包括腮红、立体、白牙、黑眼圈等方面。
- 【倒计时】：延时拍摄功能。点击该按钮后，用户可设置在3秒或10秒倒计时后，开始视频录制。
- 【广角】：广角拍摄功能开关键。一般情况下，"广角"功能默认关闭，点击该按钮，"广角"功能马上开启。
- 【更多】：点击该按钮后，即可进入对闪光灯与防抖功能进行调节的页面。
- 【视频速度】："快慢速"选项控制开关。选择录制视频时对应的播放速度，共有5种不同的速度可供选择。
- 【视频时长】：选择拍摄视频的总时长。用户可选择录制15秒、60秒或3分钟的短视频。
- 【道具】：添加道具。用户可为即将拍摄的短视频添加有趣的道具。
- 【录制按钮】：点击该按钮或是长按该按钮，开始录制视频；再次点击按钮，则暂停录制，在长按按钮的情况下，松开按钮也可暂停视频录制。
- 【相册】：单击该按钮，进入本地照片、视频素材页面，用户可在该页面中导入本地的照片或视频。
- 【拍摄类型】：可选择不同的拍摄类型，包括"文字""拍照""分段拍""快拍""影集"，以及"开直播"。其中，"文字"并不需要进行拍摄，可直接点击屏幕进行输入，而"开直播"则是直接开始进行视频直播。一般情况下，进入短视频制作页面后，默认"分段拍"。

第8章 使用抖音拍摄、编辑与发布短视频

8.2 抖音常用拍摄技巧

既然抖音内置的拍摄功能如此丰富,那么,缺乏专业拍摄设备的创作者们当然要将这些功能利用起来。下面介绍常用的抖音拍摄功能,满足创作者们使用一部小小的智能手机,就能拍出大片的需求。

8.2.1 设置滤镜与道具并进行拍摄

在抖音App自带的短视频制作功能中,可以自行设置滤镜与道具,为短视频增加更多趣味,打造不同的风格,具体操作步骤如下。

第1步:打开抖音App,点击"+",进入短视频制作页面,如图8-3所示。

第2步:在短视频制作页面中点击右侧"滤镜"按钮,如图8-4所示。

第3步:滤镜页面中有多款滤镜可供选择。选择"郁金香"滤镜,点击"郁金香",如图8-5所示。

图8-3 进入短视频制作页面

图8-4 进入滤镜

图8-5 选择滤镜

第4步:点击空白处退出滤镜选择,此时可以看到郁金香滤镜已经覆盖。点击"道具"按钮,如图8-6所示。

第5步:进入道具页面后,可看到多款道具可供选择,选择"圣诞烟花边框"。 ❶点击"最新"分类,❷点击"圣诞烟花边框"按钮,如图8-7所示。

图8-6 进入道具

图8-7 选择道具

第6步：道具已经覆盖，点击屏幕空白处，如图8-8所示。

第7步：滤镜与道具效果设置完成。可以开始录制带有滤镜与道具特效的短视频，长按"录制按钮"开始拍摄视频，如图8-9所示。

图8-8 点击屏幕空白处

图8-9 设置成功

第8步：录制完成后❶松开录制按钮，视频拍摄完成，❷点击"√"符号，可以看到视频录制过程中滤镜与道具时刻覆盖，视频录制完成，如图8-10所示。

第 8 章　使用抖音拍摄、编辑与发布短视频

图8-10　视频录制完成

> 知识看板
>
> 虽然在抖音拍摄时已使用过滤镜效果，但在视频拍摄完成后，或上传本地视频后，还可以为短视频添加滤镜效果。而道具效果，只能在视频拍摄前进行设置。

8.2.2　视频分段拍摄与合成

在短视频拍摄中，需要先分别拍摄所有需要的素材，再使用视频剪辑软件将每段独立的素材视频进行合成。使用抖音中的"分段拍摄"即可将不同的镜头分别进行拍摄，系统会将它们自动合成为一段视频，省去了许多烦琐的程序。其具体操作步骤如下。

第1步：打开抖音App，点击"+"，进入短视频制作页面。

第2步：在页面中找到拍摄"目标1"的拍摄起始位置，❶长按"录制按钮"进行拍摄。拍摄完"目标1"后，❷松开"录制按钮"，可以看到第一段视频已经保存，还可继续拍摄第二段视频。此时，如果对第一段视频的拍摄效果不满意，则可❸点击"×"按钮，删除第一段视频，重新进行拍摄，如图8-11所示。

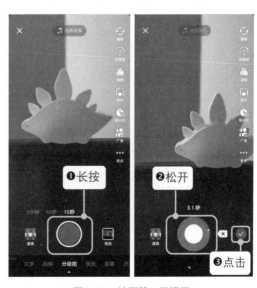

图8-11　拍摄第一段视频

第3步：拍摄完"目标1"后，接着进行"目标2"的素材拍摄。在"目标2"的拍摄起始位置，❶长按"录制按钮"进行拍摄，拍摄完毕后❷松开"录制按钮"，❸点击"√"进行预览，如图8-12所示。

第4步：预览视频拍摄效果，可以看到两段视频已经自动合成为一段视频。此时，如果需要继续拍摄后续视频，可点击"<"按钮，回到拍摄页面继续进行拍摄，如图8-13所示。

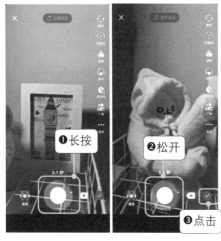
图8-12 拍摄第二段视频

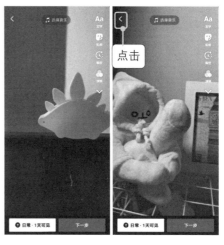
图8-13 预览视频效果

> 抖音也可以将上传的两段视频素材按照素材的选择顺序进行拼接，自动合成为一段视频。

8.2.3 调整拍摄速度让视频更加有趣

许多短视频剪辑软件，都具备调整视频速度的功能，而在抖音中，我们可以直接拍摄出或快或慢的视频素材，省去了使用软件进行编辑的工作。在抖音中调整视频拍摄速度的具体操作步骤如下。

第1步：打开抖音App，点击"+"，进入短视频制作页面。

第2步：在页面中设置视频速度。点击"极慢"按钮，然后拍摄"一把剪刀开合一次的过程"极慢速度的短视频，如图8-14所示。

第 8 章 使用抖音拍摄、编辑与发布短视频

第3步：❶长按"录制按钮"，开始录制极慢视频，录制剪刀开合一次后，❷松开"录制按钮"，视频拍摄完毕。可以看到，在实际过程中，仅花去不到5秒的剪刀开合一次的过程，在极慢速度下，录制时间为9.4秒，❸点击"√"进行预览，如图8-15所示。

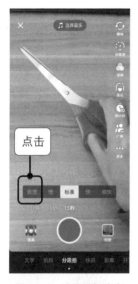

图8-14 设置视频速度

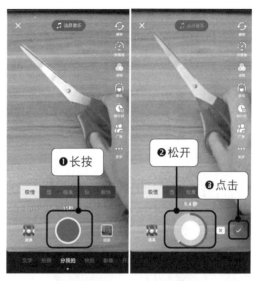

图8-15 拍摄变速视频

第4步：预览视频拍摄效果。可以看到，视频将剪刀开合的过程放慢了许多，如图8-16所示。

8.2.4 制作合拍视频

与播主或好友进行合拍，是抖音中一项颇具特色的功能，它不仅可以让用户自己拍摄的内容与大V内容同框，在音乐类短视频中更是妙用多多，可以拍摄出各种类型的合唱视频。在抖音中如何与喜欢的短视频进行合拍呢？其具体操作步骤如下。

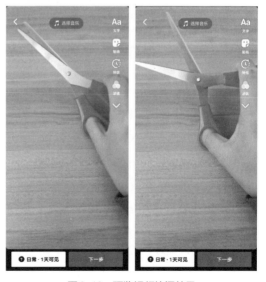

图8-16 预览视频拍摄效果

第1步：打开抖音App，点击"+"，进入短视频制作页面。

第2步：在页面中找到喜欢的短视频，点击右侧的"转发"按钮，如图8-17所示。

第3步：在弹出的页面中点击"合拍"按钮，如图8-18所示。

第4步：页面自动跳转，生成与该视频进行合拍的界面，左边为用户拍摄的部分，右边为短视频最开始的画面。此时，用户可自行开始录制，在录制时，右边的短视频也会自动播放，如图8-19所示。

图8-17 点击"转发"　　图8-18 点击"合拍"　　图8-19 拍摄合拍视频

8.2.5　AI助力：使用抖音"AI效果"一键生成数字分身

抖音的"AI创作"功能（含AI效果和AI写真馆等）是一项创新的技术应用，它允许用户利用人工智能技术生成个性化的数字内容。用户只需上传或实时拍摄一张照片，并选择喜欢的AI特效，就能一键生成具有独特风格的数字分身。这种数字分身不仅可以保留用户的个人特征，还能融合所选特效的艺术风格，从而打造出令人惊艳的视觉效果。

抖音的AI创作功能提供了多款特效供用户选择，每种特效都有其独特的艺术风格。无论用户喜欢复古的黑白色调、现代的抽象艺术，还是其他任何风格，都能在这里找到满意的选项。这种多元化的选择使每个用户都能找到适合自己的创作语言，展现出独特的艺术品位。要通过抖音"AI效果"一键生成数字分身，可以遵循以下步骤。

第1步：打开抖音App，在主界面中，点击底部菜单栏中的"⊕"按钮，如

第 8 章 使用抖音拍摄、编辑与发布短视频

图8-20所示。

第2步：点击"模板"中的"AI效果"按钮，即可看到各种拍摄和编辑选项，点击选择一种AI效果风格，如图8-21所示。

第3步：点击相应的上传按钮，从相册中选择图片，如图8-22所示。

第4步：上传图片后，抖音会开始使用AI技术对图片进行创作处理，提示"AI生成中"，如图8-23所示。这个过程可能需要一些时间，具体取决于设备性能和图片大小。

图8-20 点击"📷"按钮

图8-21 点击"模板"中的"AI效果"按钮

第5步：AI生成后，即可看到完整的AI数字人，如果对该结果满意，可点击"下一步"发布视频内容，如图8-24所示。

图8-22 选择照片

图8-23 提示"AI生成中"

图8-24 完整的AI效果

根据以上步骤，即可快速生成AI数字人分身，抖音的"AI创作"功能是一项

具有创新性和实用性的技术应用,它为用户提供了一个全新的创作平台,推动了艺术与科技的融合发展,同时也提升了用户在平台上的互动体验和创作满足感。

8.3 抖音常用编辑技巧

拍摄完短视频,下一步就是对短视频进行编辑,让它更具有表现力。在抖音App中也不例外,完成视频的拍摄后,可以直接利用抖音进行基本的视频编辑。不管是为短视频添加背景音乐,还是添加各项特效,都可以轻松实现。

8.3.1 为视频添加背景音乐

为短视频添加背景音乐是创作者必须掌握的一项工作。抖音的内置短视频制作板块,当然也不会少了这项功能,为视频添加背景音乐的具体操作步骤如下。

第1步:打开抖音App,点击"+",进入短视频制作页面。

第2步:在短视频制作页面点击"选择音乐"按钮,如图8-25所示。

第3步:进入配乐选择页面后,可看到许多可供选择的配乐,❶点击"我的收藏",❷点击"周杰伦Mojito前奏"的音乐封面上的播放键进行试听,如图8-26所示。

图8-25 点击选择音乐

图8-26 寻找并试听合适的配乐

第4步：试听音乐后，如果确认使用该配乐，则点击"使用"按钮，如图8-27所示。

第5步：页面跳转后，可以看到"选择音乐"按钮，已经变为滚动显示配乐名称，表示已经成功添加该音乐作为视频配乐。当长按录制按钮时，就会听到配乐同步响起，如图8-28所示。

图8-27　使用合适的配乐

图8-28　成功添加背景音乐

8.3.2　为拍摄好的视频添加贴纸与特效

特效与贴纸能够增加视频的生动性，增强视频的表达效果，抖音App的短视频制作功能也能为视频添加贴纸与特效，帮助剪辑者产出更加有趣的短视频，其具体操作步骤如下。

第1步：打开抖音App，点击"+"，进入短视频制作页面。

第2步：拍摄一段视频，或上传一段本地视频，点击右侧"贴纸"按钮，如图8-29所示。

第3步：进入贴纸页面，可看到多款贴纸可供选择。向上滑动页面，点击选择"躲猫猫"贴纸，寻找喜欢的贴纸，如图8-30所示。

 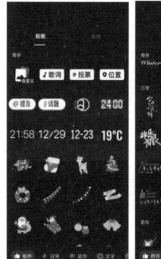 

图 8-29　点击贴纸　　　　　图 8-30　选择贴纸

第 4 步：调整贴纸的位置。页面自动跳转后，可以看到贴纸已经添加在视频中。❶按住贴纸，将其拖动到合适的位置。❷点击右侧"特效"按钮，如图 8-31 所示。

图 8-31　调整贴纸位置

第 5 步：进入特效页面后，可看到多种特效可供选择，选择"镜像对称"特效，并在视频开始就添加该特效。❶点击底部"分屏"选项卡，❷在需要添加特效的位置，长按"镜面对称"按钮，如图 8-32 所示。

第 8 章 使用抖音拍摄、编辑与发布短视频

第6步：预览与保存。添加特效完成后，可❶点击播放键进行效果预览，效果满意后，❷点击右上角"保存"按钮即可保存该视频，如图8-33所示。

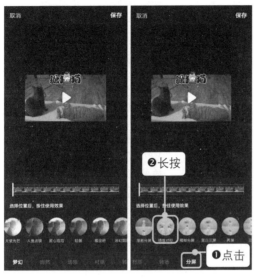

图8-32 选择特效

图8-33 预览与保存

8.4 将短视频发布到抖音平台

短视频编辑制作完成后，就可以发布到抖音App平台，其具体操作步骤如下。

第1步：打开抖音App，点击"+"，进入短视频制作页面。

第2步：制作完一段视频后，系统会跳转到发布页面。在该页面中，❶点击"日常·1天可见"，则该视频会被快速上传到用户的抖音动态中，显示1天的时间。如果需要长期展示该视频，则❷点击"下一步"按钮，进行更多设置，如图8-34所示。

第3步：进入发布页面，用户需要为短视频❶编辑文案，并在其中添加话题或@好友，❷完成短视频发布的各项设置，包括设置定位、选择是否添加小程序，以及设置可观看视频的人群，❸选择合适的封面。

图8-34 选择视频发布状态

全部设置完成并确认无误后，❹点击"发布"按钮，这样就将视频上传发布到抖音平台了，如图8-35所示。

8.5 设置好看的视频封面

短视频的封面就像一个人的脸，是决定旁观者第一印象的重要因素。因此，设置一个赏心悦目又抓人眼球的视频封面显得尤为重要，在抖音中设置短视频封面的具体操作步骤如下。

图8-35 发布视频

第1步：完成短视频制作后，在发布页面点击"选封面"，如图8-36所示。

第2步：进入封面选择页面后，用户可❶按住红色方框，向右拖动，❷在适合作为短视频封面的画面位置停止，❸为视频封面添加文字，因为此处短视频本身已经有了歌曲字幕，所以这里选择不添加。完成全部设置后，❹点击右上角"保存"按钮，如图8-37所示。

图8-36 点击选封面

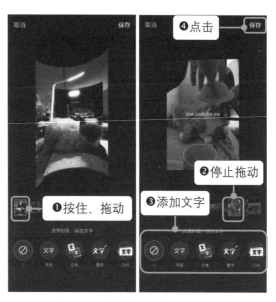

图8-37 选择封面、添加文字并保存

第 3 步：页面跳转回发布页面，可以看到短视频封面已经设置完成，如图 8-38 所示。

图 8-38 封面设置成功

知识看板

抖音不支持上传照片作为短视频封面，只能选用视频内的画面来设置封面。如果想单独设计短视频的封面，可以用其他视频编辑软件将制作好的封面添加在短视频的开头，再上传至抖音，这时可将封面设置为第一帧的特定图片。

8.6 AI助力：使用抖音的"AI创作"功能快速生成视频封面

可以通过抖音自带的AI创作功能或其他专门的AI图像生成工具来快速生成视频封面。以抖音为例，生成视频封面的步骤如下。

第 1 步：进入视频作品发布页面，点击"选封面"按钮，进入视频封面设置页面，如图 8-39 所示。

第 2 步：进入封面选择页面，点击"智能推荐"按钮，选择系统推荐的封面，点击"下一步"按钮，如图 8-40 所示。

第 3 步：进入封面设计页面，可以直接套用符合视频主题的模板，即可看到生成图，点击"保存封面"按钮，如图 8-41 所示。

根据以上操作，即可快速生成视频封面。

图 8-39　点击"选封面"按钮　　图 8-40　点击"智能推荐"按钮　　图 8-41　点击"保存封面"按钮

8.7　秘技一点通

1. 你不知道的抖音隐藏功能——在拍摄过程中，直接放大视频细节

为了放大视频中的某处细节，在编辑短视频时，有经验的编辑人员通常在短视频的高潮处，对需要放大的部分进行暂停或慢速播放处理。其实，使用抖音就可以在进行视频录制的过程中轻松实现。其具体操作方法如下。

进入抖音 App 自带的拍摄页面，点击或长按录制按钮即可拍摄视频。如果需要对某处进行放大拍摄，则可运用抖音的这一隐藏功能：长按录制按钮，在需要放大拍摄时，按住录制按钮的手指向上滑动，即可对画面进行放大。向上滑得越远，放大的倍数越高。在操作过程中，拍摄者要时刻谨记"手指不要离开屏幕"，除非视频录制完成。

2. 使用抖音制作"时光倒流"短视频

常言道"覆水难收"，然而，这个看似简单的道理，在短视频的世界中却是可以被推翻的。不仅"覆水"能"收"，甚至还可以让掉落的树叶重新回到树上，凋谢的花朵瞬间恢复饱满……而这些魔术般的表演，其实就是运用了倒放视频技术。

利用抖音的"时间特效"功能可以轻松实现倒放视频。不管是新拍摄的视频，还是已保存在本地的视频，都可以在抖音的视频发布页面，为视频添加倒放特效。

第 8 章　使用抖音拍摄、编辑与发布短视频

其操作方法如下。

进入视频发布界面，拍摄一段视频或上传一段视频后，找到"特效"功能，在"时间特效"中选择"时光倒流"，即可获得一段神奇的倒放视频。

3. 一键生成最受欢迎的Vlog画面——上下留白，中间视频

要生成具有上下留白、中间视频效果的Vlog画面，你可以借助专业的视频编辑软件或在线工具。通过导入Vlog视频，调整画面布局为适合Vlog的上下留白比例，最后导出编辑好的视频即可。

而通过抖音生成上下留白、中间视频效果的Vlog画面非常简单。在抖音App中选择你要编辑的视频，然后进入视频编辑页面。在这里，你可以找到画面调整或裁剪功能，通过调整画面比例或裁剪区域，轻松实现上下留白的效果。确保视频居中显示，留出适当的空白区域。最后，预览并保存你的编辑，抖音将为你生成一个具有吸引力的上下留白的Vlog画面。

另外，为了增强Vlog的个性和吸引力，你还可以在空白区域添加图形、文字或滤镜等元素。无论是使用视频编辑软件还是在线工具，都能让你快速实现这一效果，提升Vlog观看体验。

8.8　实战训练

（1）使用抖音平台的滤镜和道具拍摄一条人物短视频。

（2）为一条风景主题视频制作好看的视频封面。

09 Chapter 使用剪映App制作奇趣的短视频

▶ 本章导读

随着短视频App的崛起,大众媒体迎来了"全民短视频"的时代,这个全民短视频不仅指大部分民众都浏览短视频,更是指很多民众都可以随时随地成为短视频的拍摄者。

许多开发者也瞄准了这个风口,众多手机剪辑软件应运而生,让毫无专业经验的普通民众,也能进行低门槛、易上手的短视频剪辑,利用这些软件制作出新奇、有趣的短视频。本章就向读者朋友介绍目前市场上最受欢迎的手机剪辑编辑短视频的App之———剪映的使用方法和编辑技巧。

▶ 本章要点

★ 掌握剪映App的基本操作
★ 掌握使用剪映App制作不同主题视频的方法

第 9 章 使用剪映 App 制作奇趣的短视频

9.1 了解剪映 App 的功能界面

剪映是由抖音官方推出的一款手机视频编辑工具，可用于短视频剪辑制作和发布，常用于抖音视频剪辑。剪映 App 的页面设计简洁，功能却很完善，大家可在短视频制作前，了解剪映 App 的各个功能界面。

以剪映 4.8.0 版本为例，进入剪映，系统默认进入剪映 App 的"剪辑"界面，如图 9-1 所示。大家可点击"开始创作"按钮来选择已有的视频或点击"拍摄"按钮来拍摄新视频。

除此之外，大家还可以点击下方的功能区按钮，如"剪同款""创作学院""消息"或"我的"等。

"功能区"各功能按钮介绍如下。

● 【剪同款】：内含近期的热门及推荐的专题，可以选择自己想要剪辑的类型，在类型中选心仪的模板。

图 9-1 剪映"剪辑"界面

● 【创作学院】：内含各类与视频相关的课程，如新手入门、拍摄技巧、创作构思等，在此可以学习更多视频方面的内容。

● 【消息】：用户登录后，可接收与抖音 App 同步的消息，如评论、点赞、新增粉丝信息等。

● 【我的】：个人信息页面，包括自己剪辑过的视频和喜欢的视频。

这里点击"开始创作"按钮，进入视频剪辑页面。剪辑页面主要分为 3 个面板，分别是显示面板、操作面板和功能面板，如图 9-2 所示。

"剪辑页面"上各功能按钮介绍如下。

● 【显示面板】：可以对操作的视频进行剪辑、观看，以及后期对素材进行剪辑编辑。

图 9-2 视频剪辑页面

- 【操作面板】：可在线查看自己在编辑中的视频效果，以便对视频进行调整。
- 【功能面板】：可对视频进行编辑，如添加音频、文本、贴纸等。

9.2 智能抠像，轻松抠出视频中的人物

剪映的智能抠像是一种高效且便捷的视频编辑功能，它能够帮助用户快速而准确地从视频背景中抠出人物或其他主体，以便在后期编辑中进行更多的创意操作。使用剪映智能抠像功能抠出视频中的人物，可以遵循以下步骤。

第1步：打开剪映App，在主界面中，点击底部菜单栏中的"✂"按钮，如图9-3所示。

第2步：❶选择视频素材，❷点击"添加"按钮，如图9-4所示。

第3步：选中人物镜头，点击"剪辑"按钮，如图9-5所示。

图9-3 点击"剪辑"按钮　　图9-4 点击"添加"按钮　　图9-5 点击"剪辑"按钮

第4步：在剪辑功能中，找到并点击"抠像"按钮，如图9-6所示。

第5步：系统会自动进行抠像处理，如图9-7所示。

第6步：处理完成后，视频中的人物就已经被抠出来了，如图9-8所示。

大家还可以拖动屏幕上的人物，调整其位置和大小，以达到最佳效果。值得注意的是，在使用智能抠像功能时，可能需要根据视频的实际情况进行微调，以达到最佳的抠像效果。

第 9 章 使用剪映 App 制作奇趣的短视频

图 9-6　点击 "抠像" 按钮　　图 9-7　系统自动进行抠像处理　　图 9-8　人物抠出

9.3 音乐踩点，制作有节奏感的卡点短视频

剪映的音乐踩点是一种强大的视频编辑功能，它允许用户根据音乐的节奏点来精确调整视频素材的剪辑和排列。通过这个功能，用户可以实现视频素材与音乐完美同步，创作出更具节奏感和动态感的视频作品。

抖音卡点视频的火爆上映，也让很多卡点音乐跟着热起来了，而照片音乐卡点视频则是其中制作最为简单的一种。使用剪映制作照片音乐卡点视频的具体操作步骤如下。

第 1 步：打开剪映 App，登录个人账号。

第 2 步：在主界面中，点击底部菜单栏中的 "剪同款" 图标，如图 9-9 所示。

第 3 步：❶点击 "卡点"，选择想要的主题模板，选择 "超暖卡点" 模板，❷点击 "超暖卡点" 模板，如图 9-10 所示。

第 4 步：进入 "超暖卡点" 模

图 9-9　进入 "剪同款"　　图 9-10　选择模板

板后，可以看到该模板的效果展示。点击"剪同款"按钮，如图9-11所示。

第5步：选择素材。进入素材选择页面，该视频需要导入9张照片素材。❶点击选择9张素材图片，❷点击"下一步"按钮，如图9-12所示。

图9-11 预览示范视频

图9-12 选择素材

第6步：预览制作成果。素材自动导入，同步制作好的视频自动播放，可预览效果，检查效果是否满意，如图9-13所示。

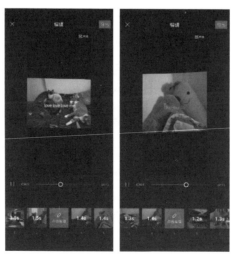

图9-13 预览效果

第7步：照片音乐卡点视频制作完成，导出视频即可。

第 9 章 使用剪映 App 制作奇趣的短视频

9.4 打字效果，展示动态录入特效

剪映的打字效果是一种非常实用的视频特效功能，它能让文字以逐字或逐句的形式出现在屏幕上，模拟出打字机的效果。这种效果不仅能使视频内容更加生动有趣，还能帮助观众更加清晰地了解视频信息。要通过剪映的打字效果功能展示动态录入特效，可以遵循以下步骤。

第 1 步：打开剪映 App，在主界面中，点击底部菜单栏中的"✂"按钮，如图 9-14 所示。

第 2 步：❶选择视频素材，❷点击"添加"按钮，如图 9-15 所示。

第 3 步：选中镜头，点击"文本"按钮，如图 9-16 所示。

图 9-14 点击"✂"按钮

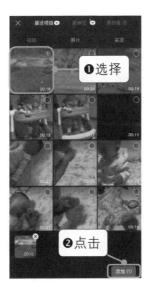
图 9-15 点击"添加"按钮

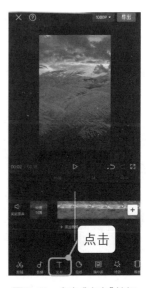
图 9-16 点击"文本"按钮

第 4 步：点击"新建文本"按钮，输入文本，如图 9-17 所示。

第 5 步：文本生成后，选中文本，点击"动画"按钮，如图 9-18 所示。

第 6 步：选择动画效果（这里以选择"打字机"效果为例），即可看到打字效果的字幕，如图 9-19 所示。

完成上述步骤后，预览视频以查看打字效果是否满足你的要求。如果需要，可以继续调整字幕样式、位置、速度等参数，直到达到理想的效果。最后，点击"导出"按钮，保存并分享你的视频作品。

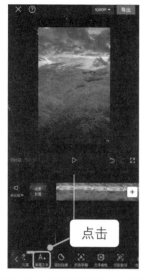  

图9-17 点击"新建文本"按钮　　图9-18 点击"动画"按钮　　图9-19 点击"打字机"效果

9.5 分屏功能，展示多画面效果

剪映分屏是一种实用的视频编辑功能，它允许用户在同一个画面中同时展示多个视频画面，使观众能够在同一时间内看到不同的内容。这种功能极大地提高了视频的观赏性和信息量，为创作者提供了更多的表达方式和创作空间。

具体来说，剪映分屏功能支持多种分屏方式，包括画中画、上下分屏、左右分屏等，用户可以根据自己的需求选择合适的分屏方式。在使用分屏功能时，用户需要注意选择适合的分屏方式，并注重画面的整体效果，避免出现杂乱无章的画面。

剪映分屏功能的应用场景非常广泛。例如，在旅游视频中，可以使用分屏功能展示不同的景点和风景，让观众更全面地了解旅游地点。在教学视频中，分屏功能可以用于展示教师和学生的画面，帮助观众更清楚地看到教学过程。此外，分屏功能还可以用于展示产品的不同角度、对比不同场景下的效果等。使用剪映App制作分屏效果的作品的具体步骤如下。

第1步：打开剪映App，登录个人账号。

第2步：在主界面中，点击底部菜单栏中的"剪同款"图标，如图9-20所示。

第3步：选择模板。❶在顶部搜索框输入"多视频同屏播放"，选择想要的主

第 9 章　使用剪映 App 制作奇趣的短视频

题模板，这里选择"双屏合拍"模板，❷点击"双屏合拍"模板，如图9-21所示。

图9-20　进入"剪同款"

图9-21　选择模板

第4步：进入"双屏合拍"模板后，能看到该模板的效果示范。点击"剪同款"按钮，如图9-22所示。

第5步：选择素材。进入素材选择页面，该视频需要导入2段视频素材。❶点击选择2段视频素材，❷点击"下一步"按钮，如图9-23所示。

图9-22　预览示范视频

图9-23　选择素材

第6步:预览制作效果。素材自动导入,同步制作好的视频自动播放,可预览效果,检查效果是否满意,如图9-24所示。

9.6 识别歌词,提取音频歌词内容

剪映的识别歌词是一种非常实用的功能,可以帮助用户快速地将音乐视频中的歌词识别并添加到视频中,提高视频制作的效率和观感。在剪映中识别歌词并提取音频歌词内容,可以按照以下步骤操作。

第1步:打开剪映App,添加视频素材后进入编辑页面,点击"文本"按钮,如图9-25所示。

第2步:点击"识别歌词"按钮,如图9-26所示。

图9-24 预览效果

图9-25 点击"文本"按钮

图9-26 点击"识别歌词"按钮

第3步:点击"开始匹配"按钮,如图9-27所示。

第4步:系统自动完成歌词识别,展示歌词,如图9-28所示。

第 9 章 使用剪映 App 制作奇趣的短视频

图9-27 点击"开始匹配"按钮

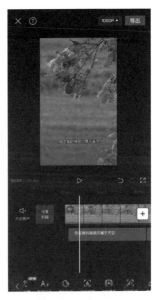

图9-28 展示歌词

识别完成后，可以在视频轨道上看到新生成的歌词轨道，这就是提取的音频歌词内容。需要注意的是，识别歌词的准确率可能受到多种因素的影响，如音频质量、歌词清晰度、背景噪声等。如果识别结果不准确，可以尝试手动调整或编辑歌词内容。此外，剪映还提供了丰富的文本编辑功能，你可以对识别出的歌词进行字体、样式、颜色等方面的修改，甚至添加动画效果，使其更符合视频的整体风格。

9.7 色度抠图，快速除去背景

剪映的色度抠图是一种高级的视频编辑功能，它允许用户基于特定的颜色范围从视频中精确地抠出图像，从而实现对特定对象或元素的突出展示。

这个功能的工作原理主要是通过对选定颜色进行识别，然后将该颜色及其相近颜色的区域从视频背景中分离出来。用户可以调整色度抠图的参数，如颜色选择、强度等，以实现更精细的抠图效果。

剪映色度抠图功能的优点在于其高效性和精确性。通过精确的颜色识别，用户可以轻松地从复杂背景中抠出目标对象，而无须进行烦琐的手动抠图操作。此外，该功能还支持实时预览和调整，使用户能够直观地看到抠图效果，并及时进行调整和优化。这里以抠除蓝色背景为例,具体操作步骤如下。

第1步:打开剪映App,添加视频素材后进入编辑页面,点击"剪辑"按钮,如图9-29所示。

第2步:点击"抠像"按钮,如图9-30所示。

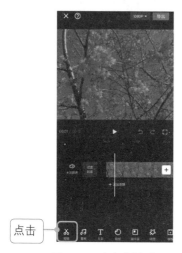
图9-29　点击"剪辑"按钮

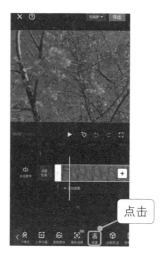
图9-30　点击"抠像"按钮

第3步:点击"色度抠图"按钮,如图9-31所示。

第4步:用取色器选取需要抠除的颜色,如图9-32所示。

第5步:点击"强度"按钮,调整强度,即可看到抠除背景后的效果,如图9-33所示。

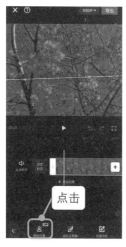
图9-31　点击"色度抠图"按钮

图9-32　选取需要抠除的颜色

图9-33　点击"强度"按钮

第 9 章　使用剪映 App 制作奇趣的短视频

完成抠图后，预览视频以检查抠除效果。如果发现有未完全抠除或抠除过度的部分，可以返回抠图界面进行进一步的调整。需要注意的是，为了获得最佳的抠图效果，建议确保绿幕背景颜色纯正且均匀，同时避免绿幕与视频中的其他元素颜色过于接近，以免误抠。

9.8　AI助力：使用剪映的"图文成片"功能生成短视频

剪映的"图文成片"是一种智能视频创作功能，用户只需输入一段文字，剪映便能智能匹配图片素材、添加字幕、旁白和音乐，自动生成视频。这一功能极大地简化了视频制作流程，使那些擅长撰文但不擅长剪辑的创作者能够轻松进入视频创作领域，进一步降低了视频创作的门槛。以下是一个详细的步骤指南。

第1步：打开剪映App，在主界面中，点击"图文成片"按钮，如图9-34所示。

第2步：进入"图文成片"页面，点击"自由编辑文案"按钮，如图9-35所示。

第3步：输入想要生成视频的文字内容。可以是文章段落、标题、广告语等任何形式的文字，点击"应用"按钮，如图9-36所示。

图9-34　点击"图文成片"按钮　　图9-35　点击"自由编辑文案"按钮　　图9-36　点击"应用"按钮

第4步：选择成片方式（这里以选择"智能匹配素材"为例），如图9-37所示。

第5步：系统提示"视频生成中"，如图9-38所示。

第6步：剪映会根据输入的文字和选择的风格，智能地匹配图片素材，添加字幕、旁白和音乐，自动生成视频，如图9-39所示。

图9-37 点击"智能匹配素材"按钮

图9-38 "视频生成中"提示

图9-39 生成的视频

生成视频后，可以预览视频效果。如果发现有不满意的地方，或者想要进行进一步的个性化编辑，可以使用剪映提供的剪辑工具进行调整。你可以剪辑视频长度、更换图片、调整字幕样式、更换音乐等。

需要注意的是，虽然"图文成片"功能可以自动生成视频，但有时候生成的效果可能并不完全符合你的预期。因此，在生成视频后，建议进行一定的预览和编辑，以确保最终的视频效果符合你的要求。

总的来说，剪映的"图文成片"功能为那些想要快速生成短视频但又不想花费太多时间在剪辑上的用户提供了一个很好的解决方案。通过简单地输入文字和选择风格，就可以轻松生成具有专业水准的短视频。

9.9 AI助力：使用剪映的"一键成片"功能生成Vlog片头

剪映的"一键成片"是一种快速、高效的视频创作功能。它采用视频采集技术、

第 9 章 使用剪映 App 制作奇趣的短视频

实时视频编辑技术和视频输出处理技术，帮助用户轻松完成视频制作。

"一键成片"功能允许用户选择已有的视频素材，然后智能生成视频。用户只需点击相应的按钮，系统便会自动进行视频剪辑、添加特效、配乐等处理，最终生成一段完整的视频。这一过程中，用户还可以根据自己的需求对视频进行个性化编辑，如调整视频时长、添加字幕、更改背景音乐等。

Vlog作为一种新形式的短视频，吸引了越来越多观众的眼球，它的主题内容不尽相同，但风格大多数都偏向正能量、治愈这一类型。其实，想要制作一个画面精良、主题突出的Vlog片头并不难，在剪映中可以使用一键生成治愈型Vlog片头，其具体操作步骤如下。

第1步：打开剪映App，登录个人账号。

第2步：在主界面中，点击底部菜单栏中的"剪同款"图标，如图9-40所示。

第3步：选择模板。❶在顶部搜索框输入"可爱治愈"，选择想要的主题模板，这里选择"Vlog片头"模板，❷点击"Vlog片头"模板，如图9-41所示。

图9-40 进入"剪同款" 　　　　图9-41 选择模板

第4步：进入"搜索玩法"模板后，能看到该模板的效果展示。点击"剪同款"按钮，如图9-42所示。

第5步：选择素材。进入素材选择页面，该视频需要导入1张照片素材。❶点击选择照片素材，确认无误后，❷点击"下一步"按钮，如图9-43所示。

图9-42 预览示范视频　　　图9-43 选择素材

第6步：页面跳转后，可以看到Vlog片头已经生成完毕。如果对模板自带的文字不满意，可以点击"文本编辑"选项卡进行更改，如图9-44所示。

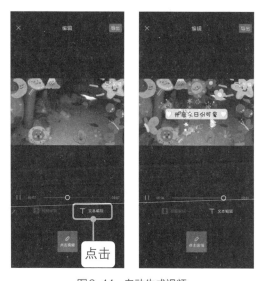

图9-44 自动生成视频

9.10 AI助力：使用剪映的"模板"功能生成短视频

剪映的"模板"是一项强大且实用的功能，旨在帮助用户快速创建具有专业水

第 9 章 使用剪映 App 制作奇趣的短视频

准的视频。以下是关于剪映"模板"功能的详细简介。

剪映内置了多种类型的视频模板，包括但不限于宣传片、广告、MV 等。这些模板都经过精心设计，具有不同的风格和主题，如电影、纪录片、生日、旅游、婚礼等，以满足不同用户的需求。用户可以根据自己的视频内容和风格，选择最合适的模板作为起点。

这些模板都具有高度的可编辑性。用户可以根据自己的需要，替换模板中的视频、图片、字幕、音乐等元素，或者对模板中的特效进行调整。此外，剪映还提供了丰富的编辑功能，如文字添加、音乐配音、滤镜调整、特效添加等，用户可以根据自己的创意进行个性化的编辑，使视频更符合自己的要求。

使用剪映"模板"功能非常简单。用户只需要在剪映应用中选择合适的模板，然后根据模板的提示进行编辑即可。下面以生成一个关于"圣诞节"主题的模板视频为例展开讲解，具体步骤如下。

第 1 步：打开剪映 App，登录个人账号。

第 2 步：在主界面中，点击底部菜单栏中的"剪同款"图标，跳转到"剪同款"页面，如图 9-45 所示。

第 3 步：在"剪同款"页面中有许多短视频推荐模板，可以❶在顶部的搜索框中进行关键字搜索，也可以❷在分类菜单中查找想要的短视频模板，如图 9-46 所示。

第 4 步：找到想要的主题模板，这里选择"圣诞快乐"主题模板。点击"圣诞快乐"模板，如图 9-47 所示。

图 9-45 进入"剪同款"

图 9-46 搜索模板

图 9-47 选择模板

第5步：进入"圣诞快乐"模板后，可以看到该模板的效果展示，点击"剪同款"按钮，如图9-48所示。

第6步：选择素材。该模板只需导入一段视频素材或一张照片素材，这里选择照片素材，❶点击"照片"选项卡，或❷点击"拍照"按钮，直接拍摄所需素材，如图9-49所示。

第7步：导入素材。在图片页面中选择素材，点击"下一步"按钮导入素材，如图9-50所示。

图9-48 示范视频预览　　图9-49 选择素材　　图9-50 导入素材

第8步：预览效果。素材自动导入，同款主题视频已经生成，并自动播放，如图9-51所示。

第9步：一键生成同款主题视频制作完成，导出视频即可。

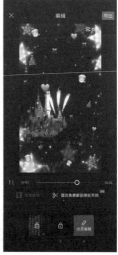

图9-51 预览效果

第 9 章　使用剪映 App 制作奇趣的短视频

9.11　秘技一点通

1. 使用剪映制作"动态朋友圈"

通常，我们看到的朋友圈一般都是静态的图文展现形式，缺少活力，而使用剪映制作的"动态朋友圈"则给人一种新奇的感觉，更加引人注目。制作"动态朋友圈"的具体操作步骤如下。

第1步：打开剪映 App，登录个人账号。

第2步：在主界面中，点击底部菜单栏中的"剪同款"图标，如图9-52所示。

第3步：选择模板。❶在顶部搜索框输入"朋友圈"，选择想要的主题模板，这里选择"九宫格|动态朋友圈"模板，❷点击"九宫格|动态朋友圈"模板，如图9-53所示。

图9-52　进入"剪同款"　　　　图9-53　选择模板

第4步：进入"搜索玩法"模板后，能看到该模板的效果预览。点击"剪同款"按钮，如图9-54所示。

第5步：选择素材。进入素材选择页面，该视频需要导入3段相同的视频素材。❶点击合适的视频素材，反复添加3次，确认无误后，❷点击"下一步"按钮，如图9-55所示。

251

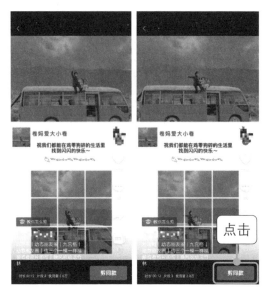

图9-54 预览示范视频　　　　图9-55 选择素材

第6步：文本编辑。❶点击"文本编辑"选项卡，❷点击底部文本方框1，如图9-56所示。

第7步：重新编辑"微信昵称"。❶点击"点击编辑"方框，❷在跳转的页面中输入合适的文字，❸点击"完成"按钮，如图9-57所示。

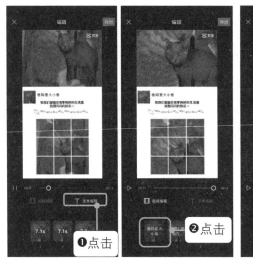

图9-56 编辑文本　　　　　图9-57 编辑视频中的文字

第8步：重新输入朋友圈文案。❶点击底部方框2，❷点击"点击编辑"按钮，

第 9 章 使用剪映 App 制作奇趣的短视频

❸输入新的朋友圈文案，❹点击"完成"按钮，如图9-58所示。

图9-58 重新输入朋友圈文案

第9步：预览视频效果，"动态朋友圈"视频制作完成，如图9-59所示。

2. 使用快影快速切换横竖屏

虽说在今天，短视频已经进入了"竖屏时代"，但在短视频制作环节，拍摄团队仍然可能由于诸多方面因素的影响，只能录制横屏素材。这时，作为剪辑者，难道直接上传视频让观众把手机横过来，或是扭过头看视频吗？当然不是，利用快影App，其实就能迅速切换横竖屏。利用快影切换横竖屏的具体操作步骤如下。

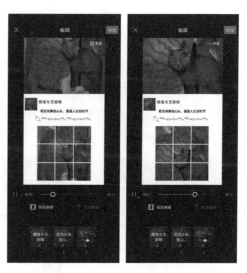

图9-59 预览视频效果

第1步：打开手机上的快影App。

第2步：在主界面中，点击上方的"剪辑"按钮，如图9-60所示。

第3步：进入素材页面。❶点击需要进行横竖屏切换的素材，确认无误后，❷点击"完成"按钮，如图9-61所示。

第4步：素材导入后，可以看到视频本身的比例为16∶9，需要转化成适合短视频App观看的竖屏比例。点击视频上方的"比例"按钮，如图9-62所示。

图9-60 进入"剪辑"页面　　图9-61 选择素材　　图9-62 点击"比例"按钮

第5步：进入"比例调整"页面，❶点击"9∶16"按钮，视频已经出现了9∶16的预览效果，确认无误后，❷点击"√"按钮，如图9-63所示。

第6步：视频已经从横屏变成了竖屏模式，剪辑者可以继续进行其他编辑，或是点击右上方的"做好了"，如图9-64所示。

第7步：在"导出设置"页面，剪辑者可自行调整分辨率与帧率，调整后可选择"直接导出"或是"导出并分享"，如图9-65所示。

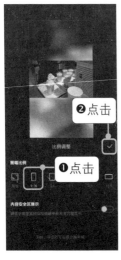

图9-63 调整比例　　图9-64 进行其他编辑　　图9-65 导出设置

3. 使用快影为视频添加贴纸

未经加工的原始视频素材，其实很难将制作者的意图、情绪等，准确地传达给观众。所以剪辑者为短视频添加配乐，让观众直接"听出"短视频的情绪；同时也在关键处添加字幕或贴纸，让观众直接"看到"短视频想要说的话，也让短视频更加妙趣横生。利用快影App为短视频添加贴纸的具体步骤如下。

第1步：打开手机上的快影App。

第2步：在主界面中，点击上方的"剪辑"按钮，如图9-66所示。

第3步：进入素材页面。❶点击需要添加贴纸的素材，确认无误后，❷点击"完成"按钮，如图9-67所示。

第4步：在视频制作页面，点击底部菜单栏中的"素材"按钮，如图9-68所示。

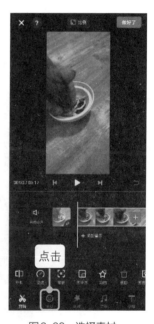

图9-66 进入"剪辑"页面　　图9-67 寻找理想的模板　　图9-68 选择素材

第5步：在素材页面，点击"贴纸"按钮，如图9-69所示。

第6步：页面下半部分出现贴纸，剪辑者可自行选择。这里为了贴近猫咪吃食的视频内容，选择"好饿"贴纸，点击"好饿"贴纸，可看到贴纸出现在视频中，如图9-70所示。

第7步：调整贴纸的大小与位置。❶按住贴纸移动至理想的位置，双指按住屏幕调整贴纸的大小，调整后❷点击"√"按钮，如图9-71所示。

图9-69　点击"贴纸"按钮　　　图9-70　选择贴纸　　　图9-71　调整贴纸

第8步：页面跳转到视频编辑主界面，可看到贴纸已经添加至视频指定位置。可点击播放键进行预览，如图9-72所示。

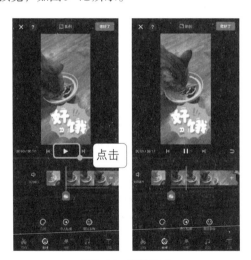

图9-72　预览效果

9.12　实战训练

（1）使用剪映App完成一条人物抠像的视频。

（2）使用剪映App的"图文成片"功能，生成一条关于"旅游"的视频作品。

（3）使用剪映App的"模板"功能，生成一条关于"生活记录"的视频作品。

Chapter 10 高效推广短视频

▶ 本章导读

众所周知,短视频之所以成为近几年商家争夺的财富风口,说明它具有很大的商业价值。广告和电商是目前短视频达人和网络红人变现的主要途径。短视频凭借其巨大的传播潜力,已然成为个人与企业宣传推广的新战场。在完成短视频的制作后,接下来的重点工作就是发布与推广,让更多的用户能看到你的短视频。那么,如何做好短视频的推广呢?作为短视频的运营推广人员,需要不断学习,掌握短视频推广的基本技能,并且结合时下热点,充分突出自己的特色,从细微处入手,让宣传效果达到最强,将短视频流量越推越高。

▶ 本章要点

- ★ 掌握设计短视频名片的要点
- ★ 学会最大化短视频发布的效用
- ★ 了解视频权重与账号权重
- ★ 学会使用DOU+工具
- ★ 掌握分析短视频数据的方法
- ★ 掌握合作推广、线下活动推广、社交媒体推广、付费推广的方法

10.1 设计吸引粉丝的短视频名片

一个优质的短视频，不仅内容会对观众产生影响，其账号的各方面细节设置也能影响观众对短视频的印象。在这些细节中，短视频名片就是重中之重，是非常能体现短视频账号个性的地方。

10.1.1 什么是短视频的名片

观众如果浏览到陌生播主发布的十分有趣的短视频，很可能会点击浏览页面播主的头像，进入其个人主页，观看播主的其他视频作品。播主的个人主页如图10-1所示。

图10-1中，左图为短视频播主的个人主页，其中许多细节部分构成了播主独特的短视频名片。该部分内容包括：账号昵称、账号头像、视频标题、个人简介及视频封面。以图10-1所示的短视频账号为例，账号的昵称为"粥粥和小伙"；账号

图10-1 播主的个人主页

头像则是昵称上方的播主照片；视频标题与封面则是图10-1中右图所示的内容；该账号的个人简介是位于抖音身份认证"抖音音乐人、乐队/组合"下方的所有文字部分。

短视频的名片很大程度上会影响账号的形象风格定位，甚至会影响短视频的播放量。观众在浏览播主个人主页时，如果短视频播主的个人主页布局精美，昵称颇具特色又有记忆点，签名也充分展现了播主的个性，这样风格鲜明的短视频名片就十分容易俘获观众的心，给观众留下深刻的印象。

10.1.2 起一个好听好记的昵称

账号昵称就相当于一个人的名字，好的姓名能给人留下更深刻的印象，也容

易让人获得更好的外部机遇。而好的账号昵称除了给观众留下好印象，还能在一定程度上降低传播成本。那么如何拟定一个既能展现个性，又易于传播的账号昵称呢？短视频运营者可以从以下四个方面着手。

1．简洁易记

在账号昵称中用复杂的字眼博得眼球的时代已经过去了，在今天，账号昵称应该足够简洁，避免生僻字与发音，便于记忆与书写。根据这个原则拟定的名字，既便于用户记忆，还方便后期进行品牌植入与推广。例如，抖音号"知了"，该账号的播主是一位相貌姣好的女模特，其视频内容主要是通过剧情植入来进行服装展示，达到卖货的目的。该账号昵称"知了"，简单明了又便于记忆，个人主页如图10-2所示。

图10-2 "知了"的抖音主页

2．谐音命名

谐音命名的目的是体现创意，以及便于用户进行联想记忆。例如，抖音号"浪胃仙"，就是典型的以谐音为昵称的账号。

"浪胃仙"作为一个知名美食账号，将大家熟知的零食"浪味仙"中的"味"，替换为同音字"胃"，在朗朗上口的同时方便记忆，又暗示了自身美食账号的属性，不得不说这一取名方式十分巧妙、高明。

3．关键词定位

在账号昵称中加入关键词，不仅可以增强人们对于账号的亲切感，也可以提示账号的内容。而嵌入昵称的关键词，既可以是某地域名称，也可以是特定的领域分类。

例如，抖音号"横店西门吹雪"，该账号的内容大多是记录横店拍戏的搞笑花絮，而账号昵称加入了关键词"横店"，既言明了地点，也借用横店影视城的属性，表明了账号的内容与影视拍摄有关。

以领域为关键词的账号，不得不提到抖音号"绵羊料理"，"料理"点出视频内容，表明这是一个美食账号，"绵羊"则既好听又便于记忆，该账号目前在抖音平台已经拥有超过690万粉丝，其同名账号在哔哩哔哩平台也拥有超过1130万粉丝，如图10-3所示。

4. 以数字命名

数字的特点是简洁易记，在命名中又显得稀有且个性，所以许多播主都会用数字为账号取昵称，这种方式十分巧妙，不仅简洁利落，还引导观众思考推敲这些数字所代表的含义。

以抖音号"彭十六elf"为例，该账号的认证为抖音音乐人，播主是一位嗓音优美的高颜值女生。该账号直接用姓氏加上数字"十六"，以及英文名，组合在一起作为账号的名称，很容易就让观众记住了这个名字，抖音号"彭十六elf"如图10-4所示。

图10-3　"绵羊料理"个人主页与视频作品　　　图10-4　以数字命名的账号

10.1.3　上传符合定位的头像

头像是辨认账号的重要标志之一，在一定程度上，头像甚至比昵称更能吸引用户的注意。除此之外，合适的头像能提升账号的格调，吸引更多粉丝。头像的选取需要符合两个原则，如图10-5所示。

对于短视频创作团队而言，通常有五种富有代表性的头像选取方式，团队可以

图10-5　头像选取原则

按照账号的调性及自身的需求进行选择或创新。

1. 真人头像

真人头像的一大优势是：用户可以直观地看到播主的形象，便于用户将播主的形象与账号在脑海中"绑定"在一起。这种头像设置方式在一定程度上拉近了播主与用户的心理距离，就好像播主与用户是社交平台中熟悉的

图10-6　真人头像账号

好友一样。例如，著名旅行账号"itsRae"与明星账号"杨采钰Ora"，都使用了真人头像，这十分有助于其个人IP的打造，如图10-6所示。

在短视频领域中，尤其是美妆类的账号，以一张养眼的真人照片作为头像不仅利于个人IP的打造，也侧面进行了内容输出，呼应了短视频的主题。

2. 图文LOGO头像

图文LOGO头像是指，头像照片的内容仅仅包括LOGO与昵称，而不包含任何其他元素，抖音平台的电影媒体账号"1905电影网"与美食Vlog播主"蜀中桃子姐"的头像都是以此方式进行设置的，如图10-7所示。

以图文LOGO为头像，可以

图10-7　图文LOGO做头像的账号

明确账号的内容方向，增强账号的辨识度，同时也有利于强化品牌形象。

3. 动漫角色头像

在短视频App中，不乏以动画内容为主的短视频账号，"一禅小和尚"就是其中比较典型的一例。该账号发布的短视频内容往往都是通过一禅与阿斗老和尚的对话来说明一个道理。"一禅小和尚"的头像如图10-8所示。

与"一禅小和尚"类型相似的账号，也可以尝试将视频内容中的角色作为头像，这可以与短视频内容起到相互促进的作用，产生更好的营销效果，角色形象也更加深入人心。

4. 账号名头像

账号名头像与图文LOGO头像只有些许差别，相较图文LOGO头像而言，账号名头像更加直观，也更具冲击力。通常情况下，账号名头像会使用纯色的背景，以突出账号名本身，达到强化IP的目的。例如，账号"瞳创摄影工作室"，其头像如图10-9所示。

图10-8　动画角色做头像的账号　　　　图10-9　账号名做头像的账号

5. 卡通头像

卡通头像通常情况下比较俏皮，风格偏搞怪，许多类型比较轻松的短视频账号，都会使用卡通头像，且一般是与自身视频内容比较相符的头像。以卡通头像示人的短视频账号，如图10-10所示。

图10-10　卡通头像账号

在图10-10中，左图所示的账号为知名的搞笑媒体人"王尼玛"，其播主是一个戴着白色卡通头盔的男生，于是其头像用的也是标志性的头盔卡通画像。

而右图所示的账号"iPanda熊猫频道"，它的视频内容主要是关于大熊猫的可爱日常，于是选择了可爱的大熊猫卡通图像作为头像，不仅与短视频内容进行呼应，也符合大熊猫萌萌的属性。

10.1.4 撰写吸引目光的视频标题

短视频标题是短视频运营团队需要精心打磨的，它的质量对于播放量影响非常大，有时甚至会出现，因为标题的一字之差，导致播放量截然不同的情况。因此，短视频标题是单个短视频的"门面"，短视频创作团队需要了解好标题对短视频的意义，学习拟标题的要点与步骤。

1. 好标题到底有什么意义

标题是播放量之源，它不仅可以引导观众观看短视频，还能在视频发布初期，凭借关键词等要素，获得更多初始流量。除此之外，好的标题还可以吸引用户进行评论、点赞，进一步增加短视频的热度。

（1）好标题具备社交属性。

好的标题具备社交属性，这句话是什么含义呢？例如，在抖音平台有一段关于狗狗的视频，如图10-11所示。

图10-11所示的短视频标题为"朋友家的傻狗，大家能给他取个名字嘛"，观众在看到这样的标题后，就会对视频中的狗狗为什么被称作"傻狗"而感到好奇，在观看视频之后便完全理解了这一点，原来视频中的狗狗不管在什么场合都一直在蹦跳，显得十分呆萌。

在观看完视频后，观众会因为被可爱的狗狗"萌到"，而留下点赞与评论，许多观众也会为这

图10-11 具备社交属性的标题

只可爱的狗狗想一想适合的名字，评论区自然而然就热闹起来了。这就是具有社交属性的标题的含义，这样的标题能引起大家的共鸣，让用户自觉转发传播，视频的播放量也自然而然提高了。

（2）好的标题能获取算法流量。

大数据时代，推荐算法能帮助平台精准地捕捉用户的兴趣点，所以抖音、美拍等App都采用推荐算法渠道，并且现在越来越多的平台也开始采用这种方法。推荐算法渠道的基本流程，如图10-12所示。

机器解析
提取关键词
按标签推荐
推送给相关用户
用户点击

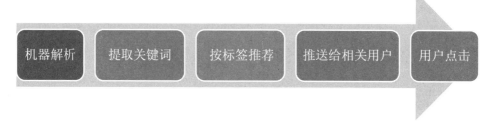

图10-12　推荐算法渠道的基本流程

由于机器算法对图文解析的优先级是高于视频图像的，所以，对于短视频创作团队而言，获取推荐流量最直接有效的获取途径就是：精准地拟定短视频的标题、描述、标签、分类等。

（3）好的标题引导用户行为。

短视频的关键行为数据，即评论量、收藏量、完播率等方面数据，在很大程度也会受到标题的影响。短视频创作团队需要掌握在标题中引导用户点击的能力。例如，图10-13所示的两个标题对用户行为的影响就完全不同。

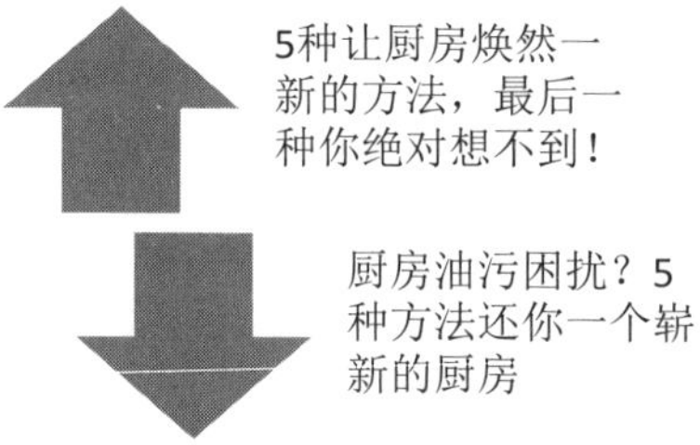
5种让厨房焕然一新的方法，最后一种你绝对想不到！
厨房油污困扰？5种方法还你一个崭新的厨房

图10-13　标题对比分析

在图10-13所示的两个标题中，上边标题因为语气更加强烈，且藏有悬念，所以更容易引导用户点击；而下边的标题相比于上边的标题，语言较为平实，语气不那么强烈，更关键的是没有引人入胜的悬念设置，对用户的吸引力不如上边的。短视频创作团队在拟定类似题材的视频标题时，应当尽量向前者靠拢。

> **知识看板**
>
> 什么是推荐算法？
>
> 推荐算法是计算机专业中的一种算法，具体指结合用户的一些行为，加之一系列数学算法，推测出用户可能喜欢的内容。目前应用推荐算法比较多的有淘宝、今日头条、抖音等App。

2. 拟标题的三大要点

在了解好标题对于短视频的重要意义后，短视频创作团队需要掌握拟标题的要点，围绕这些要点，再根据拟标题的步骤来对标题进行反复打磨。通过研究标题的内容及平台运营的特点，可以总结出三条拟短视频标题要点。

（1）明确受众标签：在发布短视频之前，短视频创作团队需要将视频的受众进行精准定位，并通过增加人群标签提升代入感，由此提升相关用户的行为数据。人群标签的类型十分丰富，可以利用的维度有很多，如年龄、身份、性别、职业、爱好等。例如，常见的短视频会以"00后""JK""养猫"等作为标签，这就是典型的人群标签。

（2）明确受众痛点：好的短视频，不一定完全捕捉到了受众的痛点，但捕捉到了受众痛点的短视频，一定是好的短视频，且这段视频的点赞量与评论量也一定不会太少。例如，某瑜伽账号的一条短视频的标题为"床上玩手机必练动作"，这条短视频获赞超过了217万，如图10-14所示。

图10-14 抓住用户痛点的标题

对于该账号的受众群体而言，困扰他们的是微胖的身材，以及没有专门的时间进行运动，而这条视频恰巧帮助他们抓住了每天睡前的时间来进行瑜伽训练，解决了用户们想要在家轻松完成瑜伽训练的问题。

（3）找到情绪的共鸣点：有情绪共鸣点的标题可以让观众感同身受，并且还能代替特定的人群发声，某情感故事类短视频账号曾发布一条短视频，标题为"人总是活在他人的看法里，却忘了自己才是决定人生的人"，如图10-15所示。

图10-15所示的标题呼应的是当下越来越多人关注的"独立与自我"的问题。人作为社会的一份子，总会与身边的人产生千丝万缕的联系，这也导致大家不可避免地顾及身边人的想法与看法，甚至一定程度上忽略自己的真实感受。许多观众在看到这个标题时，或多或少会与自己或是身边人的经历产生联想，这个标题引发了追求独立的观众们的共鸣，同时因为情绪共鸣，用户会主动进行点赞、评论或是转发，于是加强了视频的传播性。

图10-15 找到情绪共鸣点的标题

3. 拟标题步骤

一个好的标题并不是脑海中灵光一闪的恩赐，而是短视频创作团队通过特定的方法与技巧不断打磨出来的。新手短视频创作团队在发布视频之前，需要掌握标题拟定的步骤，培养出对标题的准确审美，短视频才能获得更多流量。

（1）确定关键词：标题中含有"高流量"的关键词，可以起到吸引观众眼球的作用。而短视频创作团队想要做到这一点，在实际操作中可以有两个方法：增加关键词和普通词升级，具体如图10-16所示。

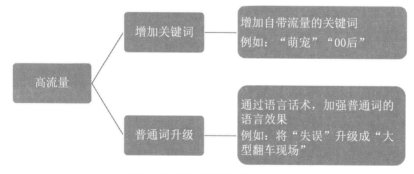

图10-16 增加关键词与普通词升级

（2）斟酌句式：不同句式的标题，其表达效果是完全不同的。在思考标题的句式时，短视频创作团队可以学着使用一些小技巧，来提升标题的吸引力。

第一，多用短句，句式尽量多样化。短句的节奏非常短促，每个都像一个鼓点，可以很好地控制文字的节奏情绪，短视频创作团队应该为标题进行合理断句。另外，除陈述句式外，可以多尝试用疑问、反问、感叹、设问等句式，以引发用户思考，增强情绪代入感。

以小米手机的宣传语为例，"一面是科技，一面是艺术"，这句宣传语由两个精简的短句组成，结合手机这一主体商品，"科技"强调了手机的技术含量，"艺术"暗示手机之外的卖点，表明企业在手机的外观及其他方面也下足了功夫。

第二，多用两段式和三段式标题。相比于一句话就完结的一段式标题，两段式和三段式能承载更多的内容，情绪上也层层递进，表述层次更为清晰，如"石榴的三种新吃法，你肯定不知道，有一种一吃就爱上！""三种方法快速剥核桃！最后那个只需1秒！"等。

（3）敲定字数：据统计，短视频的标题字数在20个字上下时，标题长度与播放量会呈正相关，且标题长度在25～30个字时，视频的播放效果最好。当然，各渠道的标题最优字数不同，如今日头条的标题最好是10～20个字，美拍的标题需要的字数则多一些，抖音的标题字数限制在55个字以内最好。

（4）最终优化：当一个标题的基本框架已经成型时，短视频创作团队可以借助以下3种方式优化标题，具体操作方法如图10-17所示。

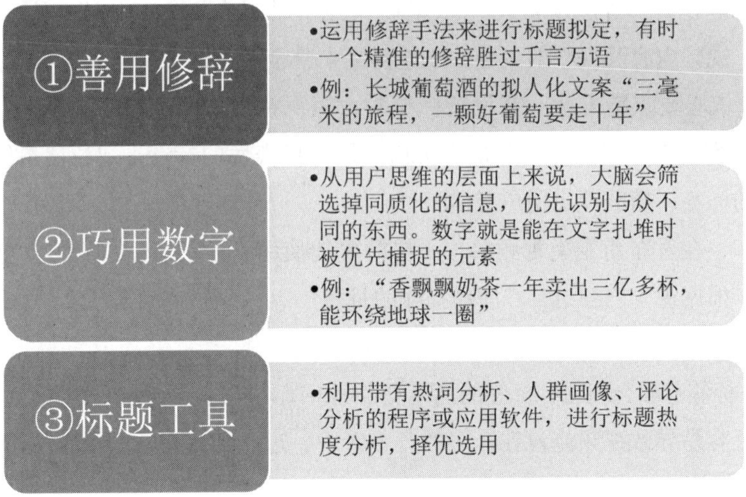

①善用修辞	• 运用修辞手法来进行标题拟定，有时一个精准的修辞胜过千言万语 • 例：长城葡萄酒的拟人化文案"三毫米的旅程，一颗好葡萄要走十年"
②巧用数字	• 从用户思维的层面上来说，大脑会筛选掉同质化的信息，优先识别与众不同的东西。数字就是能在文字扎堆时被优先捕捉的元素 • 例："香飘飘奶茶一年卖出三亿多杯，能环绕地球一圈"
③标题工具	• 利用带有热词分析、人群画像、评论分析的程序或应用软件，进行标题热度分析，择优选用

图10-17 标题优化的3种方法

10.1.5 策划方便推广视频的分类标签

在浏览短视频时，用户会收到大量的标签化推荐信息。那么标签的含义到底是什么呢？它在短视频推荐中有什么作用？短视频创作团队又应当如何依照标签的特性，来为即将发布的短视频设置合适的标签呢？

1. 标签的意义

标签对平台与用户具有不同的意义。对平台而言，精确的标签就像是在给用户画像，有助于命中算法逻辑，获取平台推荐，直达用户群体。

对用户而言，标签则是搜索符合自身感兴趣短视频的一个通道。短视频的标题处一般会展示3～5个标签，用户可以通过对这些特定的标签进行搜索，到达相应的短视频。所以，标签也是短视频非常重要的流量入口。

2. 如何设置标签

严格来说，标签是短视频仅有的文字中十分重要的一部分，它对短视频初始推荐量拥有较大的影响。在发布短视频时，短视频创作团队要有技巧地设置标签，提升标签对于短视频热度的助推效果。

（1）控制标签字数和数量：对于一段短视频来说，通常每个标签的字数限制在2～4个字，标签数量3～5个为最佳。标签过少不利于平台的推送和分发，标签太多则会淹没重点，错过核心粉丝群体。

例如，抖音平台中，某短视频的内容为某大学的女生在宿舍拍照的过程，该视频的标签包含"当代大学生""摄影""宿舍拍大片"，共3个标签，涵盖近期热点标签、视频内容及视频的主题，概述得也十分全面。

（2）核心要点精准化：在设置标签时，短视频创作团队要尽量挖掘、提炼出短视频内容的核心要点，以及最有价值、最具代表性的特性，定位出最符合短视频内容的标签，精准锁定用户群体。

例如，在发布萌宠类视频时，不要简单地使用"萌宠"这类范围过大的标签，而是可以根据视频内容选择"沙雕猫咪的日常""小奶猫""橘猫日常"等更为具体的标签。

（3）标签范畴合理化：标签的范畴要合理，既不能过于宽泛，又不宜过于细致。过于宽泛容易导致视频淹没在众多的竞争者中，过于细致会限制视频的用户群体，损失大量的潜在用户。

例如，一条标题为"150小个子女孩早春穿搭"的短视频，如果仅仅选用"150小个子""早春"为标签，那么该账号容易损失掉很大一部分观众，更为合适的标签是"微胖""穿搭""梨形身材穿搭""早春"等等。

（4）标签内容相关化：许多视频为了"蹭热度"，会将热门标签强加在毫无关系的视频内容中，这种做法是不推荐的。假设观众按图索骥，用搜索标签的方式来到这条视频，结果发现严重的"名不副实"的情况，十分容易引起观众的反感。

因此，标签的关键词一定要与视频内容相关，不能为了流量而强加标签。正确的标签通常包括与视频内容相关的关键词，与行业相关的关键词、品牌词等，优先填写有搜索流量的关键词。标签的相关性越高，越容易被感兴趣的目标人群搜索到，视频流量也就越高。

（5）热点追逐时效化：追踪热点事件是短视频创作团队需要长期进行的一项工作。各视频平台对热点话题都会有一定的流量倾斜，例如，各大平台每到国庆节、开学季等特定的时间点，都会推出对带有特定话题的内容给予推荐量加倍的短视频征集活动。短视频创作团队也可以将其运用到标签设置中，将时间、热点要素加入标签内容中，往往可以获取更多流量倾斜。

10.1.6　撰写引发兴趣的简介

以抖音平台为例，简介就是账号主页中，位于官方认证下方的，一行由播主自行编辑的，对于账号进行简单介绍的话语。以支付宝的抖音账号为例，其简介如图10-18所示。

"支付宝"的简介内容是"就是你们熟悉的那个支付宝"。这条简介个性十足，观众看到时也许会情不自禁地笑出声来。"支付宝"简介的撰写人十分聪明地利用了支付宝的广泛知名度，撰写出了属于它的独一无二的简介。当短视频创作团队撰写简介时，如果都能做到这样的效果，是十分理想的。

图10-18　个性十足的支付宝签名

从"支付宝"的简介案例中可以得出，个性十足的简介能够更好地留住观众。但短视频创作团队在对简介进行设置时也不能天马行空，而是需要遵循一定的规则，在固定规则的基础上追求效果与个性。

（1）介绍为主：简介作为账号主页占有一席之地的板块，其首要目的就是对短视频账号进行介绍,让用户了解账号的内容定位与短视频创作团队的个性态度,在此基础上,引导用户关注。

因此,在撰写简介时,可以结合自身账号的特色、作用、领域,去展示自己账号的亮点,这也是机构、企业、商家和一些自媒体人经常使用的方法,如图10-19所示。

除介绍账号外,由于其字数限制并不严格,还可以添加文字引导用户关注账号。添加了引导语的账号简介,如图10-20所示。

图10-19 展现账号领域的简介

(2)表达自身看法:除了介绍账号、引导关注外,简介还能借机表示播主的看法、观点和感悟。许多播主都会在简介中表达一些感悟与观点,充分展示个性,让用户了解自己,并吸引调性相同的用户关注,如图10-21所示。

图10-20 引导用户关注的简介

(3)注意敏感词汇:在撰写简介时,部分账号为了吸引合作者及更多用户关注,会将自己其他平台的账号也放入简介中,但其实这种做法是违反平台规则的。所以,如果短视频创作团队需要引导用户关注自己其他平台的账号,简介中最好不要出现"微信""微博"等词,而是转化为与"微信""微博"相近的同音词或字母代替,如"VX""围脖""WX"等,或者用"爱心"的表情代表微信号,用"围脖"的表情代表微博号,如图10-22所示。

图10-21 表达自身观点的简介

第 10 章 高效推广短视频

图10-22 规避"敏感词"的签名示例

10.1.7 编辑让人忍不住点击的封面

封面也被称为"头图",是用户进入账号主页后,看到的面积占比最大的内容,所以,封面很大程度上会影响用户对视频乃至账号的第一印象。优秀的封面可以在一瞬间让用户了解每段视频的基本内容,在一定程度上增加视频的点击率。对于短视频运营者来说,视频封面设置应遵循以下原则。

(1)与内容相关:短视频封面要与视频内容保持一致,做到简明扼要地概括,能让用户了解短视频的内容。封面风格统一的短视频账号,如图10-23所示。

图10-23 风格统一的短视频封面

271

在图10-23中，左图为搞笑剧情账号"熊猫兄弟伙"的封面设置，可以看到该账号团队将同系列短视频的封面进行了统一设置，最后呈现出"标题+出镜播主"的双要素形式；而右图所示的电影解说账号"婧公子"，则以三段视频为单位进行组合设置，同一水平线上的三段视频封面组合成一张电影海报，并统一在右上角标出电影名。

以上两种不同风格的封面图设置各有千秋，其相同点在于都点明了视频的主旨，同时又十分赏心悦目。这样精美的封面设置充分表现出短视频创作团队的诚意，非常能吸引观众。

（2）坚持原创性：现如今，各大短视频平台都推崇原创。短视频原创要求播主个人或团队独立策划短视频的各方面内容。因此，在设置短视频封面时，短视频创作团队可以选取短视频内容的一帧作为封面图，也可以专门设计一个封面。但无论选择何种形式，都要遵循原创性的原则。

（3）不要强加水印：以抖音平台为主的短视频平台，并不推崇播主在视频中加上水印，视频封面也一样，强加水印容易导致视频审核无法通过，即使侥幸通过，视频也难以获得高流量，这就与短视频运营的初衷相违背了。

10.2 短视频发布也有讲究

短视频的发布可不是"一键上传"这么简单，在发布短视频时，需要选择主要受众群体集中在线的时间，并提前编辑好适合的文案等等，力求在短视频发布的第一时间，争取到最多的初始推荐量，为后期进入更高的流量池蓄力。

10.2.1 用"@"功能提醒粉丝观看

以抖音平台为例，"@"是播主们常用的促进短视频推广，以及提高账号关注度的功能，进行"@"操作的目的是利用主账号与好友账号的热度，更多地吸引粉丝，赚取流量。在抖音平台，播主在发布视频时，可以在发布页面点击"@好友"键，如图10-24所示。

点击"@好友"键后，跳转页面显示主账号已经关注的用户，播主可从其中选择一位用户进行"@"，或是在页面上方的搜索框内对用户昵称进行搜索，如图10-25所示。

图10-24 "@好友"页面

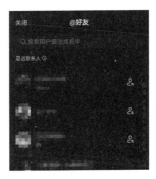
图10-25 选择"@"的用户

播主在选择"@好友"的对象时,有两点需要注意:一是相关性,即"@好友"的对象一定要与即将发布的短视频有一定关联,例如,短视频为播主与好友合拍等;二是"@"的用户需要有一定热度,播主应该选择那些粉丝比较多的用户,从而利用短视频的优质内容,吸引对方粉丝关注自己的账号。

10.2.2 选择高效的发布时间段

每个短视频平台都拥有自己的观看流量高峰,播主在高峰时间段发布视频,可以增加视频发布的曝光率。但是,不同类型的短视频,要注意选择适合账号受众或是视频内容的发布时间。

从账号受众的层面上来说,短视频创作团队需要在账号受众集中在线的时间段发布短视频,才能获得更好的效果。例如,以都市白领、大学生等人群为主要受众的软件教学类账号,建议选在工作日的下班时间或是周末进行短视频发布,因为这两个时间段才是账号受众能闲下来浏览短视频,学习技能的时间。

从视频内容上来说,如果是情感故事类短视频,可以选择在深夜发布,这样可以获得更多"夜猫子"的共鸣与点赞。而制作元气早餐这类短视频,则可以选择在早晨发布,用特殊时间段来加深用户的联想。如此,短视频才能真正做到为用户创造价值,并给用户留下深刻印象。

> **知识看板**
>
> 抖音的流量高峰期
>
> 抖音官方数据显示,大众流量高峰期常出现在工作日的中、晚饭时间前后,所以在抖音App发布短视频的黄金时间是11:00~13:00、18:00~19:00、21:00~22:00。

10.2.3 发布规律要明确

资深短视频运营团队都知道，账号的风格定位需要保持长期垂直统一，所以，在选定合适的发布时间后，短视频创作团队应当遵循属于自己账号的发布规律，如"每晚19:00更新"，或是"每周日上午10:00更新"。

有规律地发布短视频，不仅仅可以打造出属于自己的短视频制作与发布周期，更重要的是培养用户的习惯。用户习惯并非一朝一夕就能养成，而是要经过长时间的培养，但是养成后对于平台或是账号是极为有利的，"双十一购物节"就是一个典型的例子。在平台用户形成"每年11月11日就是应当购物的节日"这一概念后，"双十一"的销售额逐年攀升，屡破新高。这一规律在短视频领域也同样适用。

在短视频领域中，播主想要培养用户习惯需要经历三个步骤，如图10-26所示。

图10-26 选择用户

视频内容质量高的账号可以将这三个步骤做到一步到位，而在三个步骤全部完成后，用户则会心甘情愿按时来"蹲点"播主的短视频或是直播。这种行为的形成就是短视频对用户造成了影响，培养了用户习惯，也无形中增强了账号与用户之间的黏度。

10.3 提升视频权重与账号权重

权重，是新媒体领域十分重要的一个概念。权重可以理解为某个账号或是视频，在平台所占的比重。在今天这个内容为王的时代，也会有许多人说"好内容不如高权重"，可见权重的重要性。

10.3.1 平台流量池及推荐核心算法

在了解权重之前，新手短视频创作团队需要先弄清楚短视频平台的推荐规则，了解清楚后才能更好地与权重概念相结合，让自身账号在平台中获得更多优势。

1. 平台流量池

流量池机制是短视频平台的重要流量机制之一,所有账号发布的短视频,都需要经过流量池机制的推荐,才能逐步达到热门。

以抖音为例,平台会给到每段新发布的短视频200～500左右的基础流量,之后根据该视频的点赞、评论和转发等数据来判断是否继续推荐。如果数据不错,接下来该视频就会被放入下一个流量池,具体过程如图10-27所示。

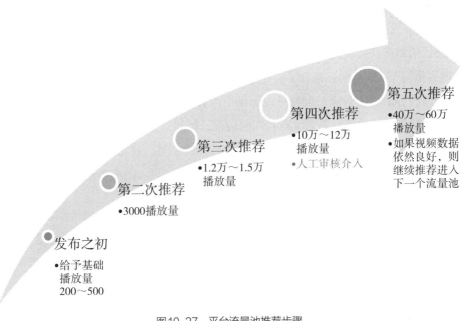

图10-27 平台流量池推荐步骤

如果短视频数据持续保持良好的走势,平台则会不断地将其推荐进入下一个流量池,如果短视频到达了图10-27中的40万～60万的流量池,数据依然一路高涨,那么平台则会继续将该视频向下一个流量池推荐——第六次推荐在200万～300万播放量,第七次推荐在700万～1100万播放量,第八次推荐会进行标签人群推荐,这时候的量级在3000万左右。

因此,团队需要注重短视频在每一个阶段的数据,以便短视频能更快地实现流量池升级。在播放量还处于初级阶段时,也要耐心对待,不论播放量多少都是一个很好的开端。

2. 核心算法

为什么某些视频在发布后,持续很长一段时间播放量也只有十位数甚至个位数呢？依旧以抖音平台为例，在抖音的算法机制中，有一个十分强大的功能：可以快速识别内容是否重复、是否优质、是否低俗、是否色情、是否涉及政治等。因此，如果团队发布的内容不够优质，如视频内容低俗、画面不清晰，或者疑似搬运，与平台上太多视频重复，那么平台就会判定这部分内容为垃圾内容，不会给到正常的流量。

至此，许多新手会感到疑惑：明明在短视频平台上看到许多换汤不换药的内容，它们依旧流量火爆，这是为什么呢？

的确，许多短视频平台都存在这一现象，在某内容火爆之后，其他播主纷纷跟拍，依旧能获得高流量，甚至流量反超原视频。那么此处的原理与之前所言的"内容重复"就并非同一概念了。在平台算法中，导致此种情况产生的本质原因属于热门内容的算法升级。也就是说，某一内容在火爆后，平台算法会自动将这一内容判断为热门内容，是受大众喜欢的内容，因此，无论是谁转发或跟拍此内容，流量都不会太差。即使是粉丝极少且权重较低的新号，发布此类热门视频，也会被平台算法认定为优质内容，并直接将短视频推荐到更大的流量池中。

10.3.2 什么是新作品流量触顶机制

许多粉丝数量在300万以下的账号都有这样的体验：如果账号发布的某条短视频在短时间内获得了超高流量，那么账号会获得大量的曝光，粉丝数量也会不停上涨。然而这种令短视频创作团队喜闻乐见的现象一般不会超过一周，且在此之后，爆款视频乃至整个账号都会迅速冷却下来，甚至后续发布的一些作品也很难再有较高的推荐量，这是为什么呢？

这就是短视频平台的流量触顶机制。以抖音为例，因为平台每天的总推荐量是基本固定的，在总推荐量固定的基础上，一方面，平台完成了内容相关标签的人群的基本推荐，而其他非精准标签人群反馈效果差，就会停止推荐；另一方面，平台在原则上并不希望某一账号在短时间内迅速蹿红，而是希望通过账号的长期表现，考验其内容再创新能力，也就是持续输出优质内容的能力。

除此之外，平台也希望将流量分给更多有潜力的账号，而不是将"鸡蛋"放在一个"篮子"里。即便如此，新手短视频创作团队也不要因此灰心丧气，只要持续进行优质作品的创作，高推荐量也会重新降临。

> **流量触顶的应对方法**
>
> 在面临流量触顶时，短视频创作团队的账号"被迫"冷却，短时间内再度火爆是比较难的，这几乎是所有新手账号的共同困境。这时，持续进行优质内容的创作是最根本的应对方法，除此之外，短视频创作团队还可以尝试两种应对方法：一，将个人号升级为企业号，这种方式能有效地清空限流标识；二，建立矩阵账号，多方面地降低冷却风险。

10.3.3 视频权重与账号权重的作用

虽说各大平台对于权重的计算方法都秘而不宣，但权重确是短视频不得不重视的一个指标，它可以简单地理解为：事物本身在其所属的环境中的重要性，在短视频平台中也是一样。

在短视频平台中，存在视频权重与账号权重两个概念。视频权重是指单个视频的权重，由视频本身的内容及数据表现决定，如视频是否清晰，是否含有违禁词，点赞量如何等，但并不影响该账号中其他视频的数据。而账号权重则与账号的粉丝量，是否进行认证等方面有关。

如果某视频的视频权重很高，那么它将助力单个视频的各项数据。例如，该视频可以获得扶持流量，更有机会进入下一轮的流量池；还可以在同一账号中隐藏后再进行发布，且能通过审核等。

账号权重高则代表该账号比其他账号在平台中，各方面受益更多。例如，更容易统一标签，获得更好的精准流量推荐等。

10.3.4 权重与播放量是何关系

权重与播放量自然是息息相关的，可除了大家烂熟于心的正相关关系外，具体的推荐量是怎样的呢？此处可以以一个新注册的短视频账号为例来进行讲解。

新账号的前5条短视频决定了这个账号的初始权重，而平台在自身并不进行内容创作的情况下，出于想要让创作者拥有更高的创作热情，推动平台的生态发展的目的，会给到新账号的前5条短视频以流量扶持，其中流量扶持最多的是第1条短视频。新账号发布的前几条视频播放量与账号权重的关系，如图10-28所示。

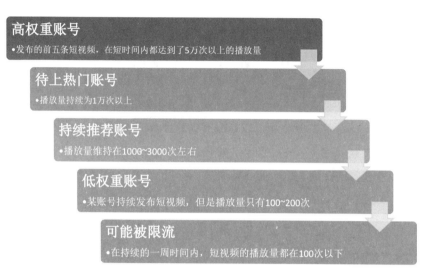

图10-28　播放量与账号权重的关系

如果播主新注册的账号十分幸运地成为高权重账号，那么用该账号发布的短视频就很容易上热门。而在账号成为待上热门账号后，短视频创作团队需要积极参与热门话题，使用热门音乐，与热门短视频合拍，以增加上热门的概率。如果账号成为持续推荐账号，则需要抓紧时间提高短视频质量，避免权重再次降低。

10.3.5　如何根据基础数据测算权重

一个刚注册的短视频账号，其权重往往不会很高。如果以分值作比的话，其权重分大约在400分左右。但这个分值当然不是一成不变的，短视频平台系统会每周对账号进行一次评估，如果该账号一直未能产出优质内容，那么很可能会被扣除权重分。当权重分跌到300分时，该账号就会被定义为低权重账号。此外，如果账号发布的短视频出现了广告营销等违规行为，则会被直接扣分，成为一个低权重账号。抖音平台的权重测算，如图10-29所示。

账号权重评分如果持续下降，直到低于200分，该

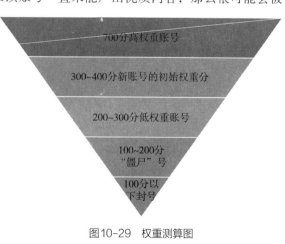

图10-29　权重测算图

账号就会成为"僵尸号"，此时，不管账号发布什么短视频，它的流量都会非常少。

如果账号违规特别严重，扣分至100分，就会被直接封号。相反，如果账号发布的短视频质量很高，收获了很多点赞、评论和粉丝，那么该账号的评分就会涨得非常快，当评分到了700分时，它就会晋升为高权重账号。

10.3.6 提高权重的六大妙招

既然权重对短视频账号有着如此重要的作用，那么短视频创作团队应该如何提高账号的权重呢？这里总结了6种常用的方法供短视频创作团队进行参考。

- 创作优质内容，打造爆款短视频。好的内容既能提高权重，又能吸引更多粉丝的关注，多方面提升视频的数据。
- 使用热门音乐。配乐是短视频的灵魂，当某账号新发布的短视频使用了热门音乐作为配乐，它就能得到平台给予的权重扶持。
- 插入热门话题。官方平台时常会推出不同的话题让创作者参与，这些热门话题包括但不限于开学季、新年等。参与官方热门话题，不仅可以增加短视频的推荐量，还能增加账号的权重。
- 参与官方举行的最新活动。在短视频平台中，只要创作者按照特定要求拍摄短视频，参与官方活动，就可以获得一定的权重扶持。
- 标题"@"抖音小助手。在抖音中，官方很少明确表示哪些方法可以增加流量和提高权重，但是"@"抖音小助手是其中之一。在长期的运营过程中，短视频创作团队可能会发现使用这一方法获得的额外流量较少、权重较低，这也许是使用的人太多造成的。但是对于新人来说，任何权重提升都是好的，所以可以多多采用这一方式。
- 多与粉丝互动。短视频创作团队多多与粉丝进行有效互动，如回复粉丝的评论和私信等，可以有效地提高账号的权重。

短视频创作团队想要保证账号的权重不被扣分，根本方法是持续地产出优质内容，同时，多多留意平台活动，抓住每一个能提高权重的机会，将运营做到极致。如果短视频创作团队能抓住每一个提升权重的机会，不触犯平台的禁忌，账号的权重自然就会上升。

10.3.7 被平台降权后的补救方法

当账号已经积累了一定的粉丝数量，却因不小心违规被降权，导致推荐量、播放量都迅速缩水，这样的尴尬情况其实许多短视频创作团队都遭遇过。在这种情况下，团队如果不懂补救的方法，可能会选择直接放弃账号，如此一来，前期的苦心经营全部都付诸东流，十分可惜。那么，在遭遇降权后，短视频创作团队应当怎样进行合理地处理，才使账号能尽快恢复呢？方法如图10-30所示。

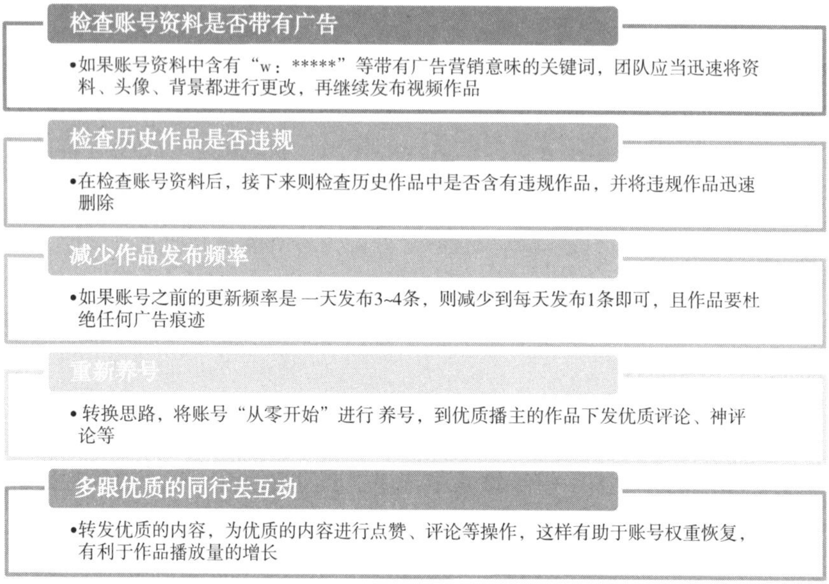

检查账号资料是否带有广告
- 如果账号资料中含有"w：*****"等带有广告营销意味的关键词，团队应当迅速将资料、头像、背景都进行更改，再继续发布视频作品

检查历史作品是否违规
- 在检查账号资料后，接下来则检查历史作品中是否含有违规作品，并将违规作品迅速删除

减少作品发布频率
- 如果账号之前的更新频率是一天发布3~4条，则减少到每天发布1条即可，且作品要杜绝任何广告痕迹

重新养号
- 转换思路，将账号"从零开始"进行养号，到优质播主的作品下发优质评论、神评论等

多跟优质的同行去互动
- 转发优质的内容，为优质的内容进行点赞、评论等操作，这样有助于账号权重恢复，有利于作品播放量的增长

图10-30　账号降权后的补救方法

除了采用图10-30中的5个方法外，短视频账号还要坚持"一机一卡一账号"，不要用一台手机频繁切换账号登录。同时，多用短视频App进行视频拍摄，多用热门音乐，这3种方式也能帮助账号权重尽快得到恢复。

10.3.8　提高点赞量的4个方法

发布的短视频是否能顺利进入下一个流量池，与其点赞量息息相关，所以短视频创作团队应在做好视频内容的基础上，努力做到让浏览视频的观众都留下"小心心"。提高点赞量的方法具体有以下四种。

1. 在结尾处创造"高潮点"

有情节的短视频相当于一个小电影，可以引导观众的情感，让其情绪随着进度条而不断累积，并在结尾处一次性地爆发出来。在合适的情节引导下，观众会对结局的情节设置非常期待，如果结尾处的情节满足了观众的情感期待，那么他们自然会留下点赞。

相反，如果观众看到最后，却发现得不到自己想要的内容，心里难免产生失落感，然后迅速划走进入下一段视频。因此，播主一定要在结尾处安插冲击力足够强的剧情或反转桥段，创造一个"高潮点"，从而让观众主动为短视频点赞。在结尾处设置高潮点的短视频，如图10-31所示。

这段视频时间不长，在视频开头，狗狗叼着碗来找主人，主人以为狗狗饿了，预备给狗狗喂食。然而在主人跟随狗狗来到笼子处时居然看到，家中的小狗与猫咪都在埋头吃原本属于狗狗的粮食，主人这才明白狗狗其实是来"告状"的。这条段视频因为这个"告状"的高潮收获了超过22万的点赞，是一个靠结尾高潮获赞的典型案例。

图10-31　在结尾处创造"高潮点"

2. 让观众"承诺"看完，创造点赞机会

点赞率是衡量短视频是否能进入下一个流量池的重要指标之一，播主在发布短视频后，自然希望所有看到视频的观众能留下"小心心"。据统计，大多数观众都是在接近短视频的结尾处点赞的，因此，短视频策划者一定要想方设法让观众看到最后，尤其是那些时长较长的短视频。

为达到让观众看到最后的目的，许多播主会利用短视频的标题或是字幕来请求观众将短视频看完。除了本就对视频感兴趣的观众外，部分观众原本因为各式各样的原因，在中途离开，但因为标题、字幕中"看到最后"的请求，对视频结尾的内容产生兴趣，在实际行动中答应这一请求，最后在视频结尾处进行点赞。用视频标题及字幕让观众承诺看完的短视频，如图10-32所示。

图10-32　在标题、字幕中请求观众看完

在图10-32所示的短视频中，视频标题与字幕，都包含"一定看到最后"的文字，留住了部分可能因为时长过长，或是对视频内容不感兴趣，想要划走的观众。该视频时长较长，讲述的是两个小女孩在水边玩耍不慎落水后，周围群众听到呼救声纷纷赶来参与救援，最后成功将两个小女孩捞上岸的真实事件，如果没有标题与文案中的请求，那么许多观众可能会因为时长而错过这个充满正能量的故事。正是因为有了这个请求，该视频也成功获得了超过20万的点赞。

3. 创造价值，不点赞就是错过

当短视频内容十分有价值时，部分观众点赞的含义，就不仅仅是对视频表示赞赏了，而是带有"马克一下"的意味，即用点赞来代替收藏。

什么是"马克一下"？

"马克一下"的意思是：做个标记。"马克"这一说法是从英文单词"mark"演变而来，含义是"做记号、做标记"。在浏览网页时，可能会遇到需要收藏或稍后查看的内容，为了方便快速查找到这部分内容，网友会使用这一词语在该内容下留言评论，或进行转载，后期在可以通过搜索关键词来找到对应内容。

当然，现在各大短视频平台本身就设置了"收藏"功能，操作并不复杂，但是却远远不如直接设置在浏览页面的点赞功能那么方便。同时，点赞后的短视频，会统一在某板块中展现，所以部分观众会习惯用点赞功能来代替收藏功能。而能够吸引观众因为害怕错失价值而点赞的内容，大多是实用的"干货"，如图10-33所示。

图10-33所示的短视频主要内容为：展示丝巾的多种系法。这对

图10-33 创造有价值的短视频内容

于喜爱丝巾这类装饰品的女性来说是十分实用的，但短视频App并没有历史浏览

记录，所以当部分观众对视频内容感兴趣时，就会先点赞收藏视频，以作备用。

4．用文案、字幕、声音引导点赞

除了用优质的内容打动观众，让观众因为情绪、价值原因不得不点赞，用文案、字幕、声音引导点赞的案例也是不胜枚举，如图10-34所示。

图10-34所示的短视频展示了某校青少年在训练中，团结有序，不畏艰难，相互帮助的美好精神品质。文案中"为我少年点赞"的话语，十分容易引导观众自发进行点赞。

图10-34　用文案引导点赞

10.3.9　提高评论比的4个方法

短视频的评论不仅能够展示观众对短视频的评价与反馈，还可以增加短视频的热度。笔者接下来将介绍4个提高评论比的小技巧，以帮助短视频运营者提高视频热度。这4个方法，如图10-35所示。

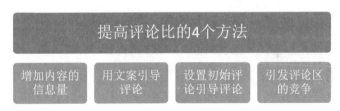

图10-35　提高评论比的4个方法

1．刺激用户情绪

刺激用户情绪的视频内容，通常分为两类，第一类是指剧情类短视频中的情节与部分观众的亲身经历息息相关，让观众产生联想，感同身受，从而产生倾诉欲，留下评论；第二类则是通过十分感人或搞笑等情绪强烈的片段来感染观众，让观众在感动中或是会心一笑后留下评论。

在抖音App中，有一位职业为医护人员的播主，曾发布这样一段短视频，如图10-36所示。

这段短视频的重点在于标题文案，文案十分生动地描述了播主的一段令人捧腹的亲身经历，而左图中的视频内容则从旁佐证了播主职业的真实性，为文案故事增加了可信度。

而在图10-36的右图中，即该视频的评论区，第一条获赞1.1万的评论用与标题文案相同的句式，表达了自己已经被文案"笑死"；接下来获赞1.3万与1.6万的评论分别对播主故事中的主人公——"15床"进行了脑洞大开的揣测，

图10-36　刺激用户情绪的短视频

甚至有许多观众因为这些有趣的评论，专门"@"自己的好友来到评论区进行观赏。该条视频因为其极富感染力的内容，向用户传递了无限欢乐，于是获得了超过59万的点赞与超过11.6万的评论，堪称通过刺激用户情绪提高评论比的典型成功案例。

2. 用文案引导评论

用文案引导评论，一般是指运营团队在短视频标题文案中，提出一个问题，引导观众在评论区中进行讨论。

这类视频的内容通常带有一定的剧情，或者与有趣的现实生活有关。例如，某播主被一只流浪狗跟随了很长时间，于是录制视频向观众提问"大家看看，这只狗是什么品种？好养活吗？"。如此，观众便十分乐意在评论下回复播主的问题，视频的评论自然就会增多了，这条短视频的热度也会上升。

3. 用初始评论引导评论

在浏览短视频时，很容易发现：有许多短视频的评论区中，置顶评论是播主自己留下的。其实这是播主们常用的一种引导评论的方式，即在发布短视频后，自己先进行评论，评论内容可能是对于短视频内容的补充，也可能是在视频内容的基础上，向观众提出的问题。用评论补充视频内容的短视频，如图10-37所示。

图10-37所示的短视频以女主人公的视角，讲述了一位终究没能与有情人终成眷属的男生的故事。在视频中，只有结尾处的字幕点明了男生的故事，并未给出任何后续发展。而在评论区中，播主却留下了一句"两个相似的灵魂终将相遇"，

这句话既像是对男生故事的点评、总结，又像是对女主人公与男生后续故事的暗示，意味深长。这条评论获得了超过2500个赞，以及超过20条回复。

在短视频发布初期，评论数通常难以在短时间内猛涨。这时，播主可以自行创作评论，对观众进行引导，甚至以小号评论、好友评论等方式提升评论区活跃度，用多种形式触发观众的互动。

4. 引发评论区的"竞争"

好的短视频通常能体现一定的价值

图10-37　用初始评论引导评论

观，而大多数粉丝或观众点赞、评论短视频，大多是因为他们认同短视频的核心观点。但有时，也会出现部分观众持反对观点的情况。

面对这种现象，新手短视频创作团队不用慌张，或是急着"灭火"。评论区中出现关于不同观点的讨论并不是坏现象，相反，在观众的互相"抬杠"之下，短视频评论区一般会变得非常热闹，同时，随着视频热度不断攀升，也会吸引更多观众加入讨论。因此，发布容易引发"争议"的短视频，往往能够获得更多的评论。

> **知识看板**
>
> 通过评论相反观点"炒热"短视频
>
> 　　有时，播主发布的视频在红火一段时间之后，播放量就会逐渐走低，这时如果想要再次"炒热"这段视频，就可以用小号在评论区中的高赞评论下，回复持有相反观点的评论，以此来获得更多的关注与回复。但需要注意的是，这一办法并不适宜用得太早。

10.3.10　提高播放量和互动量的九大关键环节

播放量与互动量可以说是决定一段短视频是否火爆的关键因素，二者都受到许多偶然或是必然因素的影响，但短视频创作团队如果想要从根本上提升播放量与互动量，就要从内容选题、视频制作、内容分发三个层面入手，关注九大关键环节，打造具有爆款潜质的短视频。

第一个层面，内容选题。内容选题主要是指短视频的选题，而一段短视频的选题是否具有时效性、是否符合大部分观众的胃口、是否能在短时间内捕获观众的眼球，都是十分关键的，内容选题中的具体环节如下。

- 选题，靠近热点。热点内容是最好的爆款选题，流量基础比较大。这一点并不是鼓励短视频创作团队将当下的热点复述一遍，而是鼓励大家用别具匠心的方式方法，捕捉到热点中大众最关注的部分，产出具有正确价值观的内容。
- 主题，开门见山。短视频开头要注重"黄金3秒原则"，内容能够快速进入主题，不说废话，直击用户痛点。许多并不方便进行这类操作的短视频，会聪明地将视频中最精彩的几秒放在开头。
- 受众，关注群体共性。用户都喜欢有料、有趣、有颜值的内容，短视频创作团队在进行选题策划的时候要多研究用户的喜好，长得好看就是优势，剧情有梗、有反转就能满足用户心理，有争议更能引发用户评论。

第二个层面，视频制作。短视频的策划与创意最终还是以画面来体现的，视频画面是否清晰，剪辑是否流畅都与观众的观感息息相关，视频制作层面需要注意的三个环节如下。

- 拍摄，画质清晰。短视频的拍摄设备一定要保证画质清晰，建议至少是1080p HD，60 fps，这个效果目前的手机基本上都能支持，条件允许的用相机拍摄效果更好。同时，摄影灯布光也能提升画质清晰度，三脚架或是稳定器也要用上，避免抖动，保证效果。
- 剪辑，叙事要清晰，精彩的配音和背景音乐锦上添花。剪辑叙事需要流畅，可以运用一定的技巧，但一定要能让90%的观众理解，在此，不建议短视频创作团队运用蒙太奇等偏意识流的手法，这样容易产生曲高和寡的尴尬。故事要能够在短短几秒钟引起用户的共鸣。当然，演员、剧本也是关键。
- 真人出镜，流量更多。短视频平台更愿意扶持露脸的账号，这与其社交属性是分不开的。同时，选取的演员除了颜值在线，最好在演技上也有一定的造诣，否则容易产生"花瓶演员"难以表达剧本情感的尴尬。

第三个层面，内容分发。内容分发简单来说，就是发布短视频。短视频虽小，却处处都是讲究，处处都是运营，在内容分发环节，需要注意以下三个关键环节。

- 封面，追求精美。封面图能够帮助观众快速检索视频内容，从而找到想看的视频。经过大量的数据统计分析，当用户点击进入抖音个人主页时，视频封面更好看的账号,会吸引用户产生多次点击的欲望,这样能提高单个视频的播放量,同时,能够提高用户的关注量,从而提升粉丝量。

- 标题,反复打磨。标题就是整个视频内容的精华,即便内容不够,也要用标题来凑,反之,内容不错,标题写得好,能够得到更高的完播率、引发更多的评论,也越容易成为爆款。

- 推送时间,适合自己最重要。不同类型的短视频账号因为其受众不同,发布新短视频的最优时间是不同的。例如,剧情类账号可以在深夜发布,而美食类账号可以挑选在"饭点"进行发布。

> **知识看板**
>
> 新账号的黄金发布准则
>
> 对于新账号来说,短视频的发布时间可以参考"四点两天"准则。"四点"是指周一至周五的7点到9点、12点到13点、16点到19点及19点到22点;"两天"则是指周六和周日全天。在该原则中,发布时间的范围定得比较大,短视频创作团队在发布一段时间后,应当通过数据分析,查看自己粉丝的活跃时间度、作品浏览高峰时间,再对作品推送时间进行调整。

10.4 用DOU+工具将短视频推上热榜

DOU+作为抖音平台中,能帮助新手播主为视频流量助力的工具,广泛应用于抖音播主中。DOU+是抖音平台的一款视频加热工具,购买并使用后,可将视频推荐给更多兴趣用户,提升视频的播放量与互动量。

10.4.1 抖音平台的推荐和分发的原理是什么

"得流量者得天下",是所有短视频运营团队的共识。所有短视频创作团队都希望自己发布的短视频能成为热门,获得更多的流量。那么,一段热门短视频是怎样从零开始,一步步攀升为热点榜前几名的呢?获得高流量固然重要,但了解清楚短视频平台的推荐、分发原理,对短视频运营团队同样意义非凡。

以抖音App为例,作为当下热门的短视频平台,其流量推荐分发原理十分有特点，主要体现在以下3个方面。

1. 循环去中心化、流量池原则

去中心化是指：任何用户都可以成为抖音中的明星，从而成为大众关注的中心，同时，任何中心也都不是永久的，会随着情况而改变。抖音不以任何明星、网红等作为固定的中心推荐对象，而是对新发布的视频进行无差别的初始推荐。这一原则给了每一位抖音用户相同的机会，对新手的成长无疑是非常有利的。

流量池原则是一个阶梯性的推荐原则。例如，某账号发布了一条新视频，抖音会将其先放入100～300流量池，如果该视频的各项数据指标都很优秀，就会将其再放入500～1000的流量池，以此类推。如果视频能拥有超过10000的观看流量，那这条短视频就离热门不远了。

在抖音中，去中心化与流量池原则是并行的，不管是谁发布的视频，都只能先进入第一阶梯的流量池，然后系统会依据该视频各个阶段的数据表现，利用算法来判断这些视频是否可以进入下一个流量池。

2. 叠加推荐

许多播主发布的短视频能在一夜之间爆红，大多是因为大数据算法对其视频进行了叠加推荐。叠加推荐机制是以短视频内容的综合权重作为评估标准，而衡量综合权重的关键指标有：完播率、点赞量、评论量、转发量，且每个梯级的权重各有差异，当权重达到了一定量级，抖音平台就会以大数据算法和人工运营相结合的机制进行不断推荐。

当用户在抖音发布一个新的视频，平台会根据关注、附近、地域、话题等标签进行第一轮推荐。如果第一轮推荐中，该视频得到的完播率、点赞量、评论量、转发量相对较多，平台会推断此视频内容质量较高，受用户欢迎。然后将该视频送入下一轮的推荐，这时会有更多用户浏览到该视频，如果第二次推荐又有了比较好的反馈，就可能进入再下一轮的推荐，从而获得更大的流量。

3. 时间效应

一条短视频如果在刚发布时，并没有获得较多的流量，并不意味着它就永远失去了爆红的机会。实际上抖音中存在许多短视频，在刚刚发布时，其数据并不理想，但是隔了一段时间之后却突然爆火了，这是因为一个视频的爆红往往是需要一定的时间沉淀的，这就是时间效应。

抖音会定期挖掘之前没能火起来的优质的老视频，经验丰富的运营团队常将这种现象戏称为"挖坟"。因此，播主在视频发布初期数据不佳的情况下，也不能对视频置之不理，要持续地去为它进行点赞、评论，甚至将视频转发到朋友圈，以此增加视频的曝光度，不断坚持，说不定明天它就成为拥有超高流量的爆款视频。

10.4.2 新账号怎样投DOU+

新账号选择通过投放DOU+来进行视频推广是十分明智的，DOU+可以为短视频进行第二波热量助推，而投放DOU+的过程可分为四个步骤，如图10-38所示。

图10-38 DOU+投放步骤

第1步：进入播主发布的视频主页中，想要投放DOU+的短视频，❶点击画面右下角的三点，之后❷点击"DOU+上热门"按钮，如图10-39所示。

第2步：❶在页面中对期望提升目标、投放时长、定向投放方式及投放金额进行设置，❷完成后进行支付，如图10-40所示。

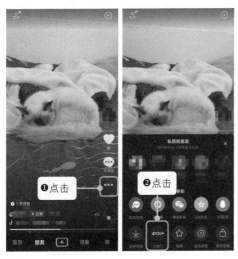

图10-39 DOU+投放入口

图10-40 设置并支付

第3步：设置成功，等待审核通过。播主要注意的是，如果想要将自己的某个短视频投放DOU+，那么自身账号就不能是私密账号。若之前进行了相关私密设置，就需要提前解除这一设置，才能进行投放。

10.4.3 什么样的场景最适合投DOU+

DOU+虽说是一个非常好的热量助推工具，对投放者几乎没有门槛，但并不建议所有的短视频账号，为了获得更多流量毫不犹豫地开始投DOU+。如果短视频本身的质量就不高，那么即便花费再多的成本投DOU+，也只能为该视频带来更多"一次性"的播放量，很难在循环推荐中产生质变，成为热门。在实践过程中，笔者总结出适合投放DOU+的三大场景，如下所示。

场景一：需要更多流量测试视频质量、账号冷启动、账号转型。场景一中的三种情况具体如下。

● 测试视频质量很好理解，在播放量增多时，如果视频质量高，那么自然会换来更多的互动率，去到更高的流量池，反之，如果视频的各项指标变化不大，则视频质量可能需要进行改善。

● 账号冷启动主要是指新账号运营初期，自然养成标签太慢的，很难得到更高的推荐量的时期。于是，为了账号能更快成长，团队通过投放DOU+来加快这一过程。

● 账号转型指的是，在初期不懂运营的时候，账号没有目的地发布了许多视频被贴上了标签，但由于这些视频的内容并不垂直，质量也参差不齐，影响了流量反馈和转化。如今，团队想要更换更合适的标签，于是通过DOU+精准投放标签用户，快速更换账号标签，完成转型。

场景二：视频内容优质但流量少。视频内容优质，是适合投放DOU+的首要要求。在内容为王的时代，内容质量的高低是决定流量多少的关键，但依然会存在视频质量优质，但流量较少的情况，例如，在账号标签不明显的情况下，导致第一轮流量分发不精准，推送的用户不感兴趣，影响完播率、点赞评论互动等数据，以至于短视频无法进入更大的流量池。这时，如果短视频创作团队认为作品本身是十分优质的，可以使用DOU+进行精准用户投放，对作品进行二次加热。

场景三：需要稳定流量。例如，在账号进行一场重要的直播时，需要更多的观众与用户，能看到直播间入口，吸引更多的陌生流量。这时也可以采用DOU+为直播加温。

在短视频平台中，虽说有DOU+这样的付费助推工具存在，但从本质上来说，DOU+这样的工具其实也只是为那些"沧海遗珠"助一把力，无法在朽木上雕琢出花朵，所以，想要成为热门，最根本的方式还是用心打磨短视频内容。

10.4.4 分析DOU+热门的核心逻辑

DOU+能帮助短视频增加曝光率，获得更多的热度，这是众所周知的，那么DOU+具体是在平台推荐的哪个环节中进行了助推呢？它的实现原理是怎样的呢？其实，DOU+助推短视频的逻辑十分简单，如图10-41所示。

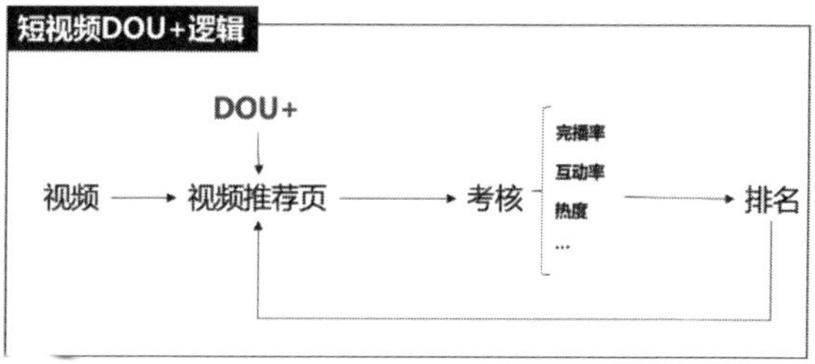

图10-41 DOU+的短视频投放逻辑

从短视频推荐流程的源头说起，在账号新发布一条短视频后，系统算法会在视频推荐页为该视频匹配一定的流量，而匹配流量的多少由该账号的账号特征，即标签、粉丝量等，视频的内容特征，如关键词等，以及当前在线的用户特征，即用户的兴趣、标签等所决定。

在依据上述逻辑匹配到相应的用户后，视频会将内容展示给这些目标用户，并记录用户的反馈，包括：是否看完视频，是否发生关注、点赞行为等。接下来，系统会基于反馈数据为视频内容评分、排序，并决定下一步为视频内容提供多少播放量。

在这个过程中，DOU+投放的行为就是购买播放量，提升视频曝光的行为。但这个曝光并不能直接影响到系统的评分环节。

以点赞率举例，视频A播放量5000，有1000人点赞，那么视频A的点赞率就是20%。如果这个时候，购买了100元DOU+，将获得约5000的播放量，但是投放人却并不知道，5000个观看视频的用户中，有多少人会点赞。

如果点赞率低，或许会拉低该视频接下来获得的播放量；而点赞率高的话，也会增大即将获得的播放量。换言之，在系统的循环推荐中，DOU+仅仅作用于一轮推荐，只为短视频提供一次播放量的增加，但在下一轮的推荐中，系统给予该条视频多少播放量，还需要由视频在上一轮中的表现来决定。

与此同时，DOU+拥有选择投放目的的功能。假设以互动为投放目的，系统会在基于特征和兴趣匹配的基础上，优先为视频选择更加有点赞、评论等互动倾向的在线用户来观看该账号的视频，那么从理论上来说，优秀的视频也的确能够通过DOU+的投放提升进入热门的概率。

10.4.5 DOU+投放技巧与常见问题

DOU+是短视频账号上架引流推广的重要途径之一，可以为视频与账号带来一定的流量与热度。但DOU+的投放需要成本，所有人都希望能用最小的成本，获取更大的效果。在这种前提下，提前了解DOU+投放的相关技巧与常见问题就十分有必要了。

1. DOU+投放时间

在一天中，抖音用户的活跃时间是不同的，因此，DOU+的最佳投放时间也有讲究。正常情况下，下午6点到12点为用户活跃高峰期，团队可以选择这段用户最活跃的时间段进行投放。

另外，如果团队想要进行500元额度的投放，最好选择6小时投放时长，高于500元额度则建议选择12小时以上。大额投放还是需要给平台一个缓冲时间，时间太短的话，容易被平台用低质量的流量来充数，而从下午6点到12点，刚好6个小时。

2. 为什么你的视频无法投DOU+

抖音本身就存在系统审核与人工审核两道关卡，投放抖音DOU+的视频自然也需要经过审核，审核通过后才可投放。不符合规则的都无法进行投放。抖音DOU+视频审核驳回的常见原因，如图10-42所示。

出现联系方式

- 电话、微信号、QQ号
- 二维码、微信公众号、地址等

明显的营销招揽信息

- 标题招揽："没时间辅导孩子功课？就找×××"
- 口播招揽/品牌功效："××护理凝胶，涂在蚊虫叮咬处，10秒快速止痒，各种皮肤小问题均可使用"
- 价格招揽："××洗面奶，原价100元，现在只需49元，全国包邮"

明显的品牌营销信息

- 品牌定帧：在视频中出现某App下载广告的帧数画面
- 商业字幕：视频右上角出现商业字母广告
- 非官方入库贴纸

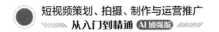

图10-42 抖音DOU+视频无法投放及驳回原因

以上就是抖音DOU+视频无法投放及驳回原因，不仅仅是抖音，其实所有短视频平台对于视频的原创度，以及内容都是非常看重的，短视频创作团队不要在这些方面耍一些"小聪明"，而应当在视频策划与制作方面下功夫，不论是否进行DOU+投放，都最好不要出现上图中的情况。

10.5 短视频播放与推广效果数据分析

短视频的数据，作为流量的数字化，是判定短视频创作团队工作是否成功的重要指标，也是鉴别某账号或视频是否火爆的标准。除了视频本身内容外，短视频数据还与团队的推广工作息息相关，推广决定了数据的高低，但许多新手团队不知道的是，其实数据还可以反过来指导推广工作。

10.5.1 不可不知的衡量指标

众所周知，常见的短视频相关指标包括：点击率、评论率、转发率、收藏率、涨粉量。短视频创作团队需要深刻体会五大指标所代表的含义，以及各自的作用，才能更好地了解指标数据涨跌背后的意义，并利用指标数据对短视频工作进行指导。五大指标的含义与作用如图10-43所示。

图10-43　短视频的五大指标

10.5.2 一定要重视初始推荐量

初始推荐量是影响短视频后期数据的重要因素之一。当视频发布之后，平台会给视频分配到一个流量池，然后根据该视频在这个流量池的表现，决定要不要将这个视频推荐给更多的人看，而在短视频进行初次推广时，给予的推荐量就是初始推荐量。在这个规则作为前提的情况下，不论是新号还是大V，只要能够产出优质内容，就有机会成为爆款视频。

通常情况下，在短视频发布后的一小时内，平台会根据视频的播放量、完播率、点赞数、评论数等数据来判断该视频是否受欢迎，从而决定是否对该视频进行持续推荐。如果视频第一次或某一次转播的效果不好，没能进入更大的流量池，平台就不会持续推荐该视频，这个视频的数据也就很难提高，所以视频发布后的初始推荐量是非常重要的。

10.5.3 同期发布的多个短视频数据差距较大之解惑

短视频创作团队想要解决同期发布的多个视频数据差距较大的问题，首先要了解一个概念——同期数据。

同期数据是指同一个视频在同一时期的播放量，即相同时间内，同一个短视频在不同平台或不同渠道的播放量。因为不同短视频平台对各类短视频的喜好程度是不同的，所以同一视频的数据差距可能会比较大。

因此在发布视频之前，团队需要了解、测试各个短视频平台的活跃度，并熟悉每个平台的类型，然后将自己的短视频投放到合适的平台。同时，在不同平台发布相同短视频时，短视频创作团队可以根据平台的类型与调性，来撰写区别性文案，从而更大程度地获得不同平台的流量。

10.5.4 分析相近题材短视频的数据

新手团队在刚进入短视频行业时，学会分析、评估与自身账号具有类似风格定位的账号的数据，是非常重要的。这项工作可以通过各种数据平台来进行，例如，飞瓜数据、卡思数据等平台。分析与自身账号类似定位的短视频，应当从以下两方面入手。

首先，从对方账号的用户画像入手，分析对方粉丝的性别、年龄、地域、甚至星座等数据。

其次，分析相近题材短视频在平台中的受欢迎程度，受众人群基数及同领域排名较高账号的各项数据，如粉丝数、点赞量、评论量等。

短视频创作团队应当通过整合各类数据，绘制出条形图或折线图，将自身短视频数据与热门短视频进行对比，分析在题材相近的情况下，为什么对方的短视频成为爆款，并从中学习对方的长处。

10.5.5 分析他人的爆款短视频数据

爆款短视频无疑是值得所有短视频创作团队进行学习的，但鲜为人知的是，它的数据也非常具有参考价值，因此短视频创作团队应当将爆款短视频的数据纳入数据分析工作中。

爆款短视频的各项数据维度一般都会比普通短视频的要好，这些数据包括视频播放量、点赞量/率、分享/转发量、评论量/率、收藏量/率、完播率、涨粉量数据。团队可通过数据平台或视频平台，获得当天或当月的爆款短视频名单及数据进行分析。

为什么别人的能够成为爆款视频？除了好的策划，能引起共鸣的内容同样至关重要。如果是同领域短视频遥遥领先，则有可能是竞争对手创了一个新的短视频形式，从而吸引了更多人关注。这种情况对于短视频创作团队来说，可能是一个很好的学习机会及发展机遇，团队可以选择采取跟进的策略，也可以学习对方的制作经验，改良或推出新的视频形式。

10.5.6 根据成绩差距来改进工作

数据分析应当成为短视频策划、发布的指导，并在实践过程中不断地进行验证，所以，将视频发布的成果与预期成绩进行对比是十分关键的。通过二者的对比，可以总结对应短视频制作、发布、互动全过程中的优点并继续保持，以及对仍然不够完美的部分，以进行优化。一般二者对比结果不外乎以下三种。

第一种：顺利完成原定成绩目标。

第二种：超预期完成并取得优秀成绩。

第三种：没能完成原定成绩目标。

作为专业的短视频运营团队，不能只停留在浅层数据分析（点赞量、粉丝量、完播率等）的程度，还需要深入运营的整体诉求及投入产出等目标维度进行对比，才能得出最终成绩，并根据结果来进行下一次的优化改进。

假如短视频的最终成绩和预期成绩差距比较大，那么必须返回根源上进行反省。在此过程中，短视频创作团队可以将短视频账号中的主要数据，以图表的形式制作出来，更加具象化地进行重点优化，从策划和后期制作等方面入手进行改善。

10.6 其他推广方法

推广短视频可采用多种方式，包括与知名品牌或意见领袖合作推广，结合线下活动增加互动与话题性，利用社交媒体平台的流量优势进行广泛传播，以及通过付费推广快速扩大曝光率。每种方式都有其独特优势，应根据短视频内容、目标受众和预算等因素选择最适合的推广策略，并持续优化以取得最佳效果。

10.6.1 合作推广

合作推广是一种非常有效的方式，可以通过与知名品牌、意见领袖或其他创作者进行合作，共同制作和推广短视频，从而扩大视频的曝光度和影响力。这种方式可以借助合作伙伴的资源和粉丝基础，快速吸引更多观众。以下是一些具体的合作推广做法。

- 品牌合作：与知名品牌或企业进行合作，共同制作和发布短视频。这种方式能够借助品牌的影响力，提升短视频的关注度。同时，通过创意的内容呈现，可以加深消费者对品牌的印象，提高品牌的美誉度。

- 网红或KOL（Key Opinion Leader，关键意见领袖）合作：与拥有大量粉丝和影响力的网红或KOL进行合作，邀请他们参与短视频的拍摄和推广。网红或KOL可以通过自己的社交账号分享短视频，引导粉丝观看和互动，从而扩大视频的曝光范围。此外，他们还可以结合自身的特点和风格，为短视频增添更多创意和吸引力。

- 跨平台合作：与其他短视频平台或社交媒体平台进行合作，共同推广短视频。通过在不同平台上的同步发布和推广，可以覆盖更广泛的受众群体，提高视频的播放量。同时，这种合作还可以增加品牌的曝光机会，提升品牌的知名度。

其中，通过网红或KOL机构合作推广短视频最为常见，原因如下。

- 影响力与受众覆盖：网红和KOL机构拥有庞大的粉丝群体和高度活跃的社交媒体账号，与他们合作能够迅速扩大短视频的曝光范围，提高品牌或内容的知名度。

- 专业性与内容质量：网红和KOL机构在特定领域具有专业知识和丰富经验，他们能够创作出高质量、有趣、有吸引力的短视频内容，从而吸引更多观众关注和互动。
- 信任与口碑传播：粉丝往往对网红和KOL机构产生一定的信任感，他们的推荐和分享能够影响粉丝的购买决策和口碑传播，有助于提升短视频的转化率和传播效果。
- 定制化合作与策略：网红和KOL机构可以根据品牌或内容的需求，提供定制化的推广策略和方案，通过精准定位目标受众、制定有效的推广计划，实现更好的推广效果。

以王饱饱麦片为例，王饱饱是于2017年申请注册的商标，致力于做中国人认可的国民品牌。其主要原料为烘焙燕麦片，自创立以来，发展速度很快，并在短时间内实现了品牌的快速成长。在营销策略上，王饱饱麦片充分利用抖音、小红书、微博等社交媒体平台，与网红或KOL进行深度合作推广，通过精准的策略和创新的手段，实现了品牌的有效推广和市场的快速拓展。这种合作方式不仅有助于提升品牌知名度和美誉度，还能够为品牌的长远发展奠定坚实基础。

首先，王饱饱精准选择了与其品牌形象和产品特性相匹配的社交媒体平台。抖音以其短视频的形式，能够直观地展示麦片的制作过程、食用场景及口感特点，吸引用户的注意力。小红书则以其分享性质的内容，让用户能够轻松获取其他消费者的购买体验和心得，增强购买信心。微博则因其广泛的用户基础和传播力，为品牌提供了更大的曝光机会。

其次，王饱饱在社交媒体平台上与网红或KOL进行了深度合作。这些网红或KOL不仅拥有大量的粉丝基础和影响力，更能够凭借其专业的内容创作能力和与粉丝的互动能力，为品牌带来更高的关注度和转化率。其中一些知名的合作对象包括欧阳娜娜等明星及其他在社交媒体上拥有大量粉丝的网红。通过与这些明星网红合作，王饱饱麦片得以在抖音、小红书、微博等平台上获得广泛的曝光和推广。

此外，王饱饱还注重在社交媒体平台上进行内容营销。他们通过发布有趣、有启发性的内容，吸引用户的关注和参与。这些内容可能包括麦片的制作教程、健康饮食的科普知识、消费者的真实反馈等，旨在与用户建立情感联系，增强品牌忠诚度。

合作的效果非常显著。一方面，网红的推广使王饱饱麦片在短时间内吸引了大量关注，提高了品牌知名度和曝光度。另一方面，通过与网红合作，王饱饱麦片能够更直接地触达目标消费者群体，了解他们的需求和喜好，从而优化产品设计和营销策略。

10.6.2 线下活动推广

线下活动推广则是一种将短视频与实体活动相结合的方式，通过组织或参与线下活动，将短视频作为宣传材料或互动环节，吸引现场观众的关注和参与。这种方式可以增加视频的互动性和话题性，提高观众的参与度和记忆度。

线下活动作为推广短视频的一种方式，具有其独特的优势和价值。首先，线下活动能够直接与受众进行面对面的互动。通过举办活动，如产品发布会、体验活动、路演等，可以吸引目标受众的注意，让他们亲身体验短视频的内容和特点。这种互动方式有助于建立与受众之间的直接联系，增强他们对短视频的认知和兴趣。

其次，线下活动能够提供丰富的展示和推广机会。在活动中，可以设置专门的展示区域，播放短视频内容，让受众更直观地了解产品或服务。同时，还可以通过互动环节、抽奖等方式，激发受众的参与热情，增加短视频的曝光度。

此外，线下活动还可以与其他推广方式相结合，形成多元化、全方位的推广策略。例如，可以在活动中邀请网红或KOL进行现场互动，吸引更多粉丝关注；同时，也可以利用社交媒体平台进行线上直播，扩大活动的影响力和传播范围。

例如，王者荣耀作为一款热门的手机游戏，也积极利用线下活动来推广其相关的视频内容。王者荣耀为推广其游戏内的精彩瞬间、英雄故事及玩家攻略等视频内容，举办了一场大型线下电竞体验与赛事活动。活动现场设置了多个互动区域，包括游戏试玩区、电竞比赛区、玩家交流区及专门的视频播放区。

- 游戏试玩区：玩家可以亲自体验游戏的最新版本，感受游戏内的各种新功能和英雄角色。这不仅让玩家对游戏有了更直观的了解，也激发了他们对游戏视频内容的兴趣。
- 电竞比赛区：活动邀请了多支知名电竞战队进行现场比赛，吸引了大批电竞粉丝和观众的关注。比赛过程中，精彩的瞬间被实时录制并制作成短视频，在活动现场及线上平台进行传播。
- 玩家交流区：玩家可以在此区域与其他玩家交流游戏心得，分享自己的游戏经验。同时，活动方还邀请了游戏主播和知名玩家进行现场互动，解答玩家疑问，分享游戏攻略。

- 视频播放区：活动现场设置了大型屏幕，循环播放王者荣耀的官方宣传视频、赛事精彩瞬间及玩家自制的攻略视频等。这些视频内容不仅展示了游戏的魅力，也激发了观众对游戏的热情和参与度。

线下活动效果分析如下。

- 提升品牌曝光度：通过线下活动，王者荣耀成功吸引了大量玩家的关注和参与，提升了游戏的品牌曝光度。同时，活动现场的视频播放也进一步扩大了游戏视频内容的影响力。
- 增强玩家黏性：线下活动为玩家提供了一个亲身参与和体验的机会，让他们更加深入地了解游戏，增强了他们对游戏的喜爱和忠诚度。
- 促进视频内容的传播：活动现场的短视频和官方宣传视频通过线上线下多渠道传播，进一步扩大了游戏视频内容的受众范围，提高了视频的点击率和观看量。
- 增加社交互动：线下活动为玩家提供了一个社交互动的平台，他们在活动中结识新朋友，分享游戏经验，进一步加深了与游戏社区的联系。

综上所述，王者荣耀通过线下活动成功推广了其视频内容，提升了游戏的品牌曝光度和玩家黏性，同时也促进了视频内容的传播和社交互动。这种策略不仅有效提升了游戏的知名度和影响力，也为玩家带来了更加丰富和深入的游戏体验。

10.6.3 AI助力：使用文心一言快速生成线下活动推广策划案

AI技术，特别是自然语言处理和机器学习等领域的发展，使AI在策划和创作方面具备了相当强的能力。通过输入相关参数和要求，AI可以生成包含活动主题、目标、内容、宣传策略等要素的策划案。这里以文心一言为例，生成线下活动推广策划案。

> 提问：
> 请为一个教育类短视频账号设计一个线下活动推广策划案，要求包含活动主题、目标、内容、宣传策略等要素。

> 文心一言回答：
> 教育类短视频账号线下活动推广策划案
> 一、活动主题
> "知识链接生活，学习点亮未来"——教育短视频线下交流体验会

二、活动目标

提升教育类短视频账号的品牌知名度和影响力。

吸引更多潜在用户关注并参与线下活动，转化为忠实粉丝。

为用户提供一个交流学习的平台，增强用户黏性。

三、活动内容

主题讲座：邀请知名教育专家、短视频创作者进行主题分享，内容涵盖教育热点、短视频创作技巧等。

互动体验区：设置多个互动体验环节，如VR教育体验、智能学习设备试用等，让用户亲身体验先进的教育科技。

作品展示：展示账号内优秀短视频作品，让现场观众感受教育短视频的魅力。

交流沙龙：设置圆桌讨论、自由交流等环节，让用户与专家、创作者面对面交流，分享学习心得。

四、宣传策略

线上宣传：

利用短视频账号发布活动预告和宣传视频，吸引用户关注。

在社交媒体平台（如微博、微信、抖音等）进行活动推广，邀请意见领袖、网红转发宣传。

与其他教育类账号或平台进行合作推广，扩大活动影响力。

线下宣传：

在学校、教育机构等目标用户集中的地方设置宣传海报和易拉宝。

与当地社区、商场等合作，举办小型宣传活动，吸引更多参与者。

口碑传播：

鼓励已参加活动的用户分享活动体验，通过口碑传播吸引更多潜在用户。

设置活动话题标签，鼓励用户在社交媒体上发布活动相关内容，提高活动曝光度。

五、预算与时间表

预算：根据活动规模、场地租赁、设备采购、嘉宾邀请等方面的需求，制定合理的预算方案。

时间表：

策划阶段：确定活动主题、目标、内容等，制定详细的策划方案。

准备阶段：进行活动宣传、场地布置、设备调试等准备工作。

执行阶段：按照活动流程进行，确保活动顺利进行。

总结阶段：对活动进行总结评估，收集用户反馈，为后续活动提供改进建议。

通过以上策划案的设计和实施，教育类短视频账号可以成功吸引更多用户参与线下活动，提升品牌知名度和影响力，同时为用户提供一个交流学习的平台，增强用户黏性。

10.6.4 社交媒体推广

社交媒体推广是短视频推广的重要渠道之一，通过在各大社交媒体平台上发布和推广短视频，利用平台的流量和用户基础，快速传播视频内容。同时，利用粉丝互动、分享和转发，可以增加视频的曝光度和传播范围。

社交媒体作为广泛应用的在线平台，为短视频的推广提供了极为便利的渠道。以下是使用社交媒体推广短视频的几个主要原因。

- 广泛的用户基础：社交媒体平台拥有庞大的用户群体，这意味着通过社交媒体推广短视频可以迅速覆盖大量潜在观众。
- 高度的互动性：社交媒体平台鼓励用户之间的互动，如点赞、评论和分享。这种互动性不仅有助于提高短视频的曝光率，还能促进观众与品牌或创作者之间的连接。
- 精准的目标定位：大多数社交媒体平台都提供了用户数据分析工具，允许创作者或品牌根据用户的兴趣、行为和地理位置等信息进行精准定位，从而实现更高效的推广。
- 内容分享便捷性：在社交媒体上，用户可以轻松地将短视频分享到他们的个人主页、群组或朋友圈，这种分享行为可以迅速扩大短视频的传播范围。
- 成本效益高：与传统的广告方式相比，社交媒体推广通常具有更高的成本效益。通过精准定位和有效互动，品牌或创作者可以以相对较低的成本获得良好的推广效果。

常见的社交媒体平台包括微信、微博、抖音、B站、知乎、小红书等，它们各具特色，提供了丰富的社交互动和内容分享功能，使用户能够便捷地发布和获取信息，是推广短视频等重要内容的高效渠道。在选择平台时，需根据目标受众、内容类型和推广策略来确定，以确保推广效果最大化。

小米曾利用微博这一社交媒体平台，成功地推广了一条关于其新款手机功能的短视频。该视频展示了手机在拍照、游戏性能及系统流畅度等方面的出色表现，通过微博的短视频功能进行发布。小米在微博上设置了专门的推广位，将这条短视频置顶，并配以吸引人的标题和描述。同时，小米还邀请了多位知名博主和意见领袖转发和评论该视频，引发了大量粉丝和用户的关注和讨论。此外，小米还通过微博的互动功能，如抽奖、问答等，鼓励用户参与并分享视频，进一步扩大了视频的传播范围。这条短视频在微博上获得了极高的曝光率和转发量，有效地提升了小米新款手机的知名度和用户购买意愿。

10.6.5 AI助力：使用文心一言快速生成微博推广文案

微博文案是一种短小精悍的文字形式，具有简洁、生动、趣味的特点，能够在有限的字数内表达观点或情感，吸引用户的注意力，增加内容的传播性和阅读量。而微博平台本身也支持短视频的发布和传播，因此，通过微博推广文案来推广短视频是完全可行的。

在编写微博推广文案时，可以突出短视频的亮点和特色，如内容新颖、制作精良、有趣有料等，以吸引用户的兴趣和好奇心。同时，也可以结合短视频的主题和风格，选择适合的文案风格和语言，使文案与短视频相得益彰，提高整体的传播效果。

在实际应用中，可以通过文心一言来快速生成推广文案。

> 提问：
> 请为一个美妆账号的防晒霜写一篇微博推广文案，要求文案简短但又具有吸引力，能快速吸引用户下单。

> 文心一言回答：
> 【夏日守护神，防晒霜让你爱上阳光！】
> 夏日，是阳光与海滩的浪漫约会，也是肌肤与紫外线的激烈较量。☀
> 不想让烈日成为你的敌人？我们的防晒霜来拯救你！
> 它像情人的呵护，温柔又坚定，SPF50+的守护，让紫外线无处遁形。
> 涂抹的瞬间，肌肤仿佛喝饱了水，水润不拔干，仿佛恋人的吻，轻轻落在你的脸颊。
> 在这个夏天，让防晒霜成为你的甜蜜守护者，让你自信地迎接每一个阳光灿烂的日子！
> 💖☀🌿
> 快点击链接，把它带回家，享受与阳光的甜蜜约会吧！💦
> #美妆防晒新宠# #夏日甜蜜守护#

10.6.6　AI助力：使用文心一言快速生成知乎推广文案

知乎作为一个知识分享和讨论的平台，聚集了大量的用户群体，具有广泛的传播效应。在知乎上发布与短视频内容相关的文案，可以吸引潜在观众的兴趣，引导他们点击并观看短视频。在实际应用中，可以通过文心一言来快速生成推广文案。

> 💬 **提问：**
> 请以买家回答问题的角度，为一款遮阳帽写知乎推广文案，要求文案营销痕迹较轻，让人在潜移默化中接受产品。

> 🌀 **文心一言回答：**
> 作为一名买家，我想分享一下我最近购买的一款遮阳帽，它真的给我带来了很大的惊喜。
> 之前，我尝试过各种遮阳帽，但总是觉得不太满意。有的帽檐太小，遮不住阳光；有的太重，戴着不舒服。但是这款遮阳帽，真的让我眼前一亮。
> 首先，它的遮阳效果真的非常好。宽大的帽檐可以有效地遮挡阳光，让我不再担心被晒伤。而且，它的材质也很轻薄，戴着几乎感觉不到重量，非常舒适。
> 除了遮阳效果，这款遮阳帽的外观也很时尚。我选择的是一款简约的款式，颜色也很百搭，无论是搭配休闲装还是正式装都很合适。戴着它出门，总能让我感觉更加自信和时尚。
> 另外，这款遮阳帽的透气性也很好。即使在炎热的天气下，也不会感到闷热，让我能够保持清爽的状态。这一点对我来说非常重要，因为我真的很讨厌那种戴着帽子却感觉闷热不透气的感觉。
> 总的来说，这款遮阳帽真的非常棒。它不仅遮阳效果好，舒适度高，而且外观时尚百搭。自从买了它之后，我几乎每天都戴着它出门。如果你也在寻找一款好用的遮阳帽，我真的非常推荐你试试这款。相信我，它一定会给你带来惊喜和舒适的体验。

10.6.7　付费推广

付费推广则是一种更为直接和可控的推广方式，通过投入一定的资金，在广告平台或社交媒体上购买广告位或推广服务，将短视频展示给更多潜在观众。这种方式可以根据预算和需求进行精准投放，快速提升视频的曝光率和点击率。

具体来说，付费推广可以帮助你的短视频在社交媒体平台或搜索引擎中获得更优先的展示位置，让更多人看到。同时，你还可以通过付费推广精准地定位目标受众，确保你的短视频能够触达最可能感兴趣的人群。此外，付费推广通常提供更多的数据分析和优化工具，帮助你更好地了解受众需求和行为，从而优化短视频内容和推广策略。

具体的付费推广短视频的方法多种多样，以下是一些常见的策略。

● 社交媒体广告投放：在主流的社交媒体平台上，如微博、微信、抖音等，通过购买广告位来推广短视频。这种方式可以根据目标受众的性别、年龄、兴趣等进行精准投放，提高曝光效果。

● 搜索引擎营销（Search Engine Marketing，SEM）：利用搜索引擎的付费广告系统，如百度的竞价排名，将短视频的链接展示在搜索结果的前列。这样当用户搜索相关关键词时，就能更容易地看到你的短视频。

● 短视频平台内推广：在一些专门的短视频平台上，如快手、B站等，可以通过购买平台内的推广服务，如首页推荐、热门标签等，来提高短视频的播放量。

● 原生广告：以内容形式出现在媒体或社交平台上的广告，通过制作与平台内容风格相近的短视频广告，降低用户的反感度，提高接受度。

● 内容付费推广：在一些平台或应用中，通过付费给内容创作者或平台，让他们在你的短视频上给予推广或合作，扩大短视频的曝光率。

● 定向推送：根据用户的浏览记录、兴趣偏好等信息，通过技术手段实现定向推送，确保短视频能够精准触达目标受众。

在进行付费推广时，建议根据短视频的内容、目标受众及预算等因素，选择最适合的推广方式。同时，要密切关注推广效果，根据数据反馈及时调整推广策略，以达到最佳的推广效果。

10.7 秘技一点通

1. 关注两大数据，让你瞬间"盘活"DOU+带货

DOU+带货原本就是一门比较复杂的生意，新手不能只关注销售额，还要多方位地关注各项数据，在不同阶段进行对比与总结。其中，进店率与转化率是两大不得不重视的数据指标，好好把握这两大指标，能产生意想不到的收获。

抖音的进店率和转化率，与淘宝相比，存在一定区别。例如，某抖音号的进店率是10万的播放量中，有1万人进店，但进店的1万人里，有多少消费者发生了购买行为，这才是它的转化率。抖音的进店率相对淘宝来说，转化会更低一些，这是由于淘宝是搜索型购买，消费者本来就需要这类产品，所以转化率比较高；而抖音的消费者是被视频所吸引才点进来的，可能产生购买行为，视频本身被刷到就需要一定的概率，转化率自然就会低一些了。

所以，选择在抖音上卖货的商品，要先观察其在淘宝上的转化率，一般来说，在淘宝上转化率达到10%就属于还不错的类型，达到15%就属于很好的品类了，超过20%那就是非常不错的了。

进行DOU+卖货一定要重视数据，真正的信息化一定要利用好第三方工具，更好、更深入地去分析判断经营情况，短视频是讲究数据的平台，在这里进行变现千万不能信马由缰凭直觉。

2. DOU+相关问题解惑：DOU+币是啥？订单消耗怎么计算？

许多新手虽然掌握了投放DOU+的步骤，但对于DOU+的内部原理及如何扣款等问题依然一无所知，笔者接下来就来讲述一些关于DOU+消耗等方面的问题。

首先，DOU+币是抖音平台提供的，可在抖音上消费的虚拟货币。短视频创作团队可利用DOU+币自由购买DOU+流量。

其次，DOU+的订单消耗是如何计算的呢？当平台将投放DOU+的视频展现给一位用户时，系统会自动扣除一部分金额，直到扣减至购买金额或订单投放终止。DOU+的订单数据中，并不包含自然播放量的统计，仅为投放DOU+带来的展现量、播放量、互动量。其中，展现量与播放量是有区别的，展现量为展现给用户的次数，即被用户看到的次数，如展现给了100位用户观看，而播放量则是视频播放的总次数，其中包含重复播放量，如某段视频展现给了100位用户观看，每位用户都将这段视频看了3次，那么播放量就是300。

3. DOU+带货如何选品？先了解抖音购物的四大心理模式

许多新手在抖音带货时，努力了很长时间也没能获得好的效果，难免心灰意冷。很多时候是因为他们没能领悟一个道理：对于带货短视频账号而言，得用户心理者得天下。想要在抖音这个特殊平台上卖货，首先要了解抖音用户在抖音购物的心理模式，从而做到"对症下药"。抖音购物的四大心理模式如下。

- 爱"占便宜"：DOU+带货之所以赚钱是因为观众爱"占便宜"。很多粉丝少、视频少的带货号靠的就不是自然流量，而是付费流量。例如，某面膜官方价格99元，但是DOU+带货就需要给出更低的价格，比如领券后39元，价格低了之后厂家还要给出高佣金，这样消费者确实捡了便宜。

- 打开"新世界"：消费者在抖音上可以挖掘到很多新奇的产品。各种差异化、升级化的产品品类出现，展现形式也很新颖，消费者往往抱着对这些产品好奇、买来试试的心态去下单。

- 羊群效应：一些DOU+种草号的评论区置顶，都是"特别好用""保证好用""我发誓"及各类型见证，这些评论看起来很逼真，点赞也很多，容易引起消费者的跟风消费。

- 试错成本低：哪怕消费者觉得产品并没有那么好，但是试错成本很低，所以也会愿意买单。例如，对于脱发的消费者来说，原价199元的生发液，现在只要49元，试错成本就比较低了。其实也是一种"赌"的心态，消费者会想：万一真的很好用呢！所以影响用户心态的最后决定性因素就是试错成本低。

把握住这四大消费心理，针对用户心理进行选品、打折、宣传，短视频创作团队就能找到属于自己的带货道路。

10.8 实战训练

（1）分析3个小红书账号的简介亮点。

（2）为一段短视频投DOU+。

11 Chapter 短视频变现

▶ 本章导读

商业变现是短视频运营人员进行创作的原动力。在传统的长视频时代，一般通过在视频的片头、片中或片尾插入广告来实现变现，这样生硬的变现形式在短视频上显然是不太行得通的。

那么，在短视频的特定环境中，运营人员应当如何依据短视频自身的产品特性，在保证用户的观看体验的前提下实现变现呢？这个问题是值得所有短视频运营者深思的。本章就给大家讲解短视频常用的几种变现方式。

短视频居高不下的热度，吸引了越来越多的观众。而如此庞大的观众基础，也让更多的商家入驻短视频平台，或是积极寻求与高人气短视频播主的合作。因此，旺盛的市场催生出多种短视频变现的方式，新晋短视频运营者应对这些方式进行深入了解，才能找到适合自身账号的变现途径。

▶ 本章要点

★ 掌握短视频变现的6种方式
★ 寻找适合自身账号的短视频变现方式

11.1 渠道分成

渠道分成是短视频账号收入最直接、也最基本的方式之一。在短视频诞生之初，各个平台都推出了不同的平台补贴政策，短视频账号只需达到一定的条件，就能获得平台分成。

但渠道分成并非短视频运营的主要收入，相比其他变现方式的收入，渠道分成就像是冰山一角。所以，平台一般仅作为短视频变现的渠道，短视频运营人员往往在渠道分成外，还会追求其他的变现收入。

11.2 广告合作

广告是媒体时代随处可见的宣传方式，聪明的商家自然也不会放过短视频这个传播良机。广告合作有5种不同的形式，分别是冠名广告、植入广告、贴片广告、品牌广告和浮窗广告。

1. 冠名广告

冠名是指企业为了提升企业、产品、品牌知名度和影响力而采取的一种宣传方式，它是广告中比较直接、比较生硬的一种形式。冠名广告常见于电视节目中，比如，很多综艺节目中就常常看到一些企业的冠名广告。

冠名广告通常有3种形式：片头标板、主持人口播、字幕鸣谢。通常来说，冠名广告是一种双赢的合作形式，企业通过短视频的广告宣传达到品牌宣传的目的，扩大影响力。而对于短视频创作者而言，不仅加强了对外合作，还实现了赢利。

2. 植入广告

目前植入广告是短视频中运用范围最广的一种。植入广告主要是把产品或服务中具有代表性的视听品牌符号，融入影视或其他传播载体中，给观众留下印象，以达到营销目的。在短视频领域中，植入广告的常见形式，是将产品融入故事情节中，并突出产品的各项优势。例如，抖音号"情绪唱片"，就在短视频故事中，巧妙地植入了商品及其功能介绍，如图11-1所示。

相比于其他广告形式，植入广告能更加不着痕迹地融入短视频中，因此，它更不容易引起观众的反感，也就能达到更好的宣传效果。有时，由于短视频的故事情节实在太有趣,所以观众明明知道这条视频的本质是某产品的广告,也依然愿意为产品买单。这也是短视频与植入广告相结合,想要达到的最终效果。

3. 贴片广告

贴片广告是指通过不同的介质和形式(如视频、海报等)将自身的品牌及LOGO直接展现给大众,以提高自身知名度的一种变现方式。

贴片广告常见于电影中,一

图11-1 短视频中的植入广告

部优秀的影片一般都具有较高的人气,而且影片良好的放映环境也能够保证贴片广告的到达率。但由于贴片广告的表现形式还是比较直接的,因此在短视频中很少采用这种广告形式。

4. 品牌广告

品牌广告即指以品牌为中心,专为企业打造的一种广告。这种广告形式主要是从品牌自身出发,以宣传企业的品牌文化、理念为目的。这种形式的广告变现更为高效,但其制作成本也相对高。

5. 浮窗广告

浮窗广告是在视频播放过程中,悬挂在画面某处特定位置的LOGO或一句话广告。浮窗广告一般出现在视频画面的角落,常见于电视节目,但由于这种广告形式十分直白,可能出现影响观众的观赏体验的状况,因此受到相关政策的限制。

11.3 粉丝变现

粉丝变现是短视频领域的重要变现手段之一。粉丝变现并不是指每一位粉丝都能为创作者带来经济收益,在所有关注账号的粉丝中,只有一部分能为账号带来实际收益,这是由于粉丝与粉丝之间,是存在差别的,如图11-2所示。

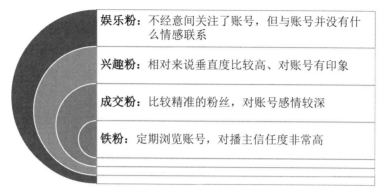

图11-2 不同的粉丝类型

图11-2展现了四种不同的粉丝类型，而不同类型的粉丝，为账号带来的收益是不同的。例如，在粉丝变现的第一种形式"粉丝打赏"中，铁粉往往是打赏次数与金额最多的群体，而娱乐粉很难给账号打赏。

除了直接的打赏，粉丝变现还有一种形式，就是社群卖货。社群卖货是指：账号通过各种各样的方式，将观众引流到社群内，再进行卖货。其中，所有交易都通过社交软件进行，而这类卖货方式，主要针对的群体一般是账号的铁粉与成交粉。社群卖货具有以下优点。

- 受众精准，成交率高：由于只有对营销短视频感兴趣的粉丝才会进群，因此群内的成员基本上都是播主的精准客户，对于播主的商品比较认可，成交率也因此相对较高。

- 受众稳定，便于管理：进群后的粉丝是播主在长期账号经营的前提下累积的精准客户，对于播主有一定的忠诚度。在第一次推广过后，可以持续运营同一社群，向受众推广他们所需的其他商品。

- 推广成本小，有利于测款：在需要进行某款商品的小范围测试时，可以利用现有的社群来进行，这样可以节约推广成本。

- 反馈及时，便于调整经营策略：由于社群的自由性，运营方能及时地获得并处理用户的反馈，如此有利于运营方及时调整经营策略，保持社群的黏度。

进行社群卖货的短视频创作团队，由于通过这样的方式获利，所以，也需要更用心地对社群内外的粉丝进行维护，尤其要警惕冒用自身账号名称进行社群卖货的情况出现。如果出现类似的问题，会对播主的名声造成十分严重的影响。

11.4 电商变现

电商变现是目前主流短视频平台中，十分常见的变现方式之一，主要分为淘宝客与自营电商两种形式。

1. 淘宝客

淘宝客是一种按成交计费的推广模式，它的模式是播主或个体作为推广者，从淘宝客推广专区挑选商品，并获取商品代码进行推广，任何买家经过推广者发出的商品链接进入淘宝平台的卖家店铺完成购买后，推广者就可得到由卖家支付的佣金，赚取差价。其中，买家可以是任何人，包括推广者自己。而推广者发布商品链接的渠道不受限制，对于短视频播主而言，推广渠道就是商品橱窗。

淘宝客作为一种变现方式，操作起来相对简单，短视频播主只需要负责商品推广，商品的生产、发货、库存等都由卖家负责，比较适合规模较小的新晋短视频创作者。通过淘宝客进行变现的播主的抖音橱窗界面，如图11-3所示。

图11-3 淘宝客播主橱窗

在图11-3中的左图中，可以明显看到以淘宝客为变现方式的抖音播主，其橱窗首页中，所有商品右下角均有"来自淘宝"的标识。点击某商品进入购买页面后，商品下方也显示"去淘宝看看"的按钮，如右图所示。如果顾客点击这一按钮继续购买，页面将从抖音跳转至淘宝平台该商品的购买页面。

2. 自营电商

自营电商，顾名思义，是指经营者自己建立品牌进行经营。它的一般模式为，经营者自己推出符合自身的品牌诉求，以及消费者需要的采购标准，来引入、管理和销售各类品牌的商品，并以这些可靠品牌为支撑点，突显出自身品牌的可靠性，进行品牌与电商的双重推进。

自营电商最典型的案例就是"一条"。"一条"建立了自己的线上商城"一条生活馆"，它为观众直接提供了一个交易平台，观众可直接在这个平台上享受服务并进行消费，而无须通过其他平台。"一条"的线上商城，如图11-4所示。

自营电商这种变现形式，可以针对账号自身的用户群体，更加精准地提供商品。除此之外，显而易见，自营电商的运营成本比淘宝客更高，但其盈利也相对更多一些。

11.5　IP形象打造

将短视频账号作品中，某一突出形象打造成一个IP，就是IP形象打造。这类方式常见于动漫作品中，在短视频类型日益丰富后，IP变现这一方式也慢慢适用于短视频。例如，短视频领域十分成功的IP"李子柒"，就拥有十分典型的形象，如图11-5所示。

图11-4　"一条"的线上商城

李子柒通过一系列短视频，成功打造了自己的IP。在形象上，她身着古风服饰，长发飘逸，笑容恬静。在内容上，李子柒用古朴的纯手工方式，制作各类吃食、用品等等。李子柒目前已经成功为自己打上"古风""手工""美女""美食"等标签，以她的名字为品牌的螺蛳粉、火锅底料、鲜花饼等商品，都能获得很高的销量。

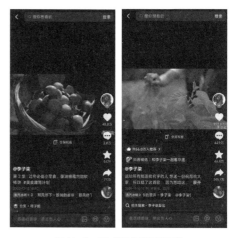

图11-5　IP成功案例李子柒

从李子柒的案例能看出，打造IP的好处是便于日后的各种变现。不管是与IP有关的商品销售，或是线下活动的举行，都可以吸引足够的人流，迅速实现变现。

11.6　知识付费

优质的内容在产出后，可以转变为服务或产品，知识也是一样。例如，逻辑思维的App，该App有很多专栏供用户付费订阅，实现了知识与费用的挂钩。而"问视"也是一个把短视频与知识付费结合在一起的典型案例。

虽说有这样的成功案例，但目前，知识付费在短视频中的市场还未完全打开，但它依旧是一种不可小觑的变现形式，也许在不久的将来，知识付费就会化身短视频行业的一匹"黑马"。

知识付费在形式上分为两种类型，第一种是付费学习某项课程，第二种是付费进行专业咨询。

许多以知识学习为主要内容的付费视频，正在短视频行业中崭露头角。这类短视频的模式往往是先引入情境，表达学习某项课程的必要性，然后"抛出优惠"，如图11-6所示。

而专业咨询付费则是借助短视频，拉近与公众的距离。比如法律咨询，在过去，法律咨询在普通大众眼中是十分昂贵的，真正遇到了问题时，想寻求专业帮助也不知道去哪里找律师。而一部分聪明的运营者利用短视频的低门槛，开设账号，进行一些生活中能用到的法律知识讲解，同时提供免费专业咨询的网站链接，将用户引流到专业网站进行互动，视情况收费，收获了大量的线上客户，具体如图11-7所示。

图11-6　短视频知识付费案例　　　　图11-7　短视频专业咨询付费案例

在图11-7中，左图为短视频播放页面，在此页面中可以看到，播主用文字与图片相结合的方式，开门见山地罗列出他能够提供的法律援助范畴。同时，页面中有一个非常显眼的弹窗，点击"查看详情"按钮，则会进入右图所示的页面，在此页面中，对相关问题作答后，即可预约律师进行专业咨询。

11.7 其他变现方式

除了上述6种变现方式外，短视频的变现方式还有许多，包括版权变现、媒体影响力变现、众筹合作等等。

其实，从根本上来说，短视频就是一种传播方式，而宣传的具体内容可以由创作者自己来决定。在目前的短视频市场上，短视频的类型与内容都越来越丰富多彩。所以，未来也会衍生出越来越多的变现方式。短视频创作团队在进行账号运营时，应将目光尽量放长远，争取创造出更多的可能。

11.8 秘技一点通

1. 巨量星图——让你躺着就能赚钱的抖音功能

许多播主都不知道，在抖音平台中，有一个叫作"巨量星图"的功能入口，它可以让拥有一定粉丝量的播主们不花大力气，就赚到不菲的收益。

播主可以在自身账号的抖音主页中，点击右上方的"≡"按钮，找到"企业服务中心"。进入"企业服务中心"后，找到"我的星图"功能，点击此按钮，在页面跳转后，点击"任务大厅"选项卡，再点击页面上方"我可投稿"，在任务列表中，找到播主力所能及的拍摄任务。以拍摄任务"好衣服不贵应大聚惠"为例，如图11-8所示。

如图11-8所示，该任务有六条"必选要求"，前两条为短视频文案要求，分别为添加某指定话题，以及@指定账号。除

图11-8 "好衣服不贵应大聚惠"任务页面

第 11 章 短视频变现

此之外，其他要求为短视频内容要求，如要求露出品牌与店内实景等，以及三个可选择的拍摄方向。

播主如果选定这一任务，则需要认真审读任务要求，确认自己能完成所有任务要求后，再进行视频拍摄。在视频发布后，收益则会陆续进入播主的抖音账户。

2. 播主与抖音平台如何分成

目前，抖音平台最主要的收益来源于其直播板块，在这个方面，个人播主的分成比例为30%，而公会播主获得的分成比例会更高，大约在40%～50%左右。

公会播主的分成来源于两大部分：固定分成与任务分成。其中，固定分成的比例在40%～45%左右，任务分成为0%～5%左右，分成比例总计在45%～50%，最高分成可达到50%。如果公会为了激励播主而放弃5%的服务费，那么理论上播主最高能够拿到55%的分成比例。

建议有条件的个人播主，可以通过加入公会来提高分成。但直播公会也有不同的级别，其中，S级别公会是分成比例最高的公会，但相对而言进入门槛也会更高。

3. 懒人这样发作品，"躺着"赚钱

抖音平台中其实隐藏着许多轻松赚钱的方法。例如，在发布作品时，通过官方网页进行发布，并申请关联热点，播主就能在家"躺着"等待收益进账了。

想要通过这样的方式赚取收益，播主应多关注抖音"热点榜"，在榜单中，寻找适合自身拍摄相关视频的热点，如变装挑战，或是泼水成冰等。抖音搜索页面中的"热点榜"如图11-9所示。

在拍摄完与某热点相关的视频后，播主在抖音官网中登录自己的账号，然后在发布视频页面中，找到"申请关联热点"，并依照提示，输入热点词，设置完成后，

图11-9 抖音热点榜

按流程发布视频即可,如图11-10所示。

图11-10 发布视频页面

11.9 实战训练

(1)分析任意一个10万粉丝以上的达人的变现方式有哪些。

(2)通过"巨量Prompts星图"参与一个拍摄任务。